3 쿠션 마스터 2
Master of 3 Cushion 2

이 현 저

일신서적출판사

책머리에

　협회의 자료에 의하면 국내 당구동호인의 수가 천만을 넘어섰다고 한다. 전체 국민의 2할 이상이 당구를 즐긴다는 결론이다. 국기인 태권도의 참여인구가 육백만 정도인 점을 감안한다면 당구가 우리에게 가장 친숙한 스포츠라는 사실엔 이론의 여지가 없어 보인다. 그래서인지 조금이라도 번화한 곳, 이른바 '상권'이 형성된 지역을 찾으면 예외 없이 맞닥뜨리게 되는 것이 바로 당구장 간판이다. 수 년 전 정점에 이르렀을 때 각 구청에 등록된 당구장의 총합은 무려 사만에 육박했다. 경기침체와 인터넷 게임문화의 영향으로 지금은 그 수가 현저히 줄었지만, 아직도 만 오천 이상의 업소가 전국 각지에 건재해 있다. 이는 생활체육이 일상화된 미국이나 일본은 물론, 자타가 공인하는 당구 종주국인 벨기에조차 감히 넘볼 수 없는 수치이다.

　그러나 이처럼 훌륭한 인프라에도 불구하고 국제무대에서 한국당구의 위상은 그다지 높은 편이 아니다. 아니, 오히려 부진하다는 표현이 더 적절할지도 모른다. 3쿠션의 경우, 몇 해 전 유명을 달리한 이상천 선수를 제외하면 세계대회 4강의 관문을 돌파한 선수가 전무한 실정이다. 같은 자질이 요구되는 양궁에서 우리 선수들끼리 결승을 치르는 장면이 그다지 낯설지 않은 것과는 다분히 대조적이라 할 수 있다.

　국제무대 성적이 기대에 못 미치는 원인은 몇 가지가 있는데, 대표적인 것이 당국의 정책과 용품의 규격, 그리고 스폰서의 부재이다. 성인이 다 돼서 전용구와 소형테이블로 공을 배우기 시작한 플레이어가 어려서부터 공인구와 규격테이블에 단련된 플레이어를 무슨 수로 이기겠는가. 게다가 생계비를 밑도는 우승상금이라는 현실이 전도유망한 신인들의 프로전향을 가로막는다. 그나마 위안이 되는 점은 세 가지 모두 더디지만 꾸준히 개선되고 있다는 것이다. 정책적으로는 학교 앞 거리제한 철폐나 업소 내 금연 정도가 미결로 남아 있을 뿐이고, 공인구와 규격테이블의 보급이 늘어나는 추세이며, 대기업의 협찬을 이끌어내기 위한 활동도 다각적으로 전개되고 있다.

그렇다면 시간이 지나서 위의 문제들이 해결되면 한국의 3쿠션이 세계를 제패할 수 있을까? 풀이 본격적으로 확산된 지 5년이 채 안 돼서 김가영이라는 챔피언을 배출해 낸 저력으로 미루어 충분히 가능성이 있는 얘기다. 그러나 3쿠션의 특성상 넘어야 할 산이 또 하나 있다. 재능과 연습량에 따라 실력이 좌우되는 여타 종목과는 달리, 3쿠션은 체계적인 이론이 뒷받침되지 않으면 언젠가는 한계에 봉착하게 된다. 샷 하나하나의 구조가 그만큼 복잡하고 난이도가 높기 때문이다.

  그런데 정통한 이론을 배우기가 쉽지 않다는 것이 문제다. 아카데미나 프로가 상주하는 클럽의 수는 너무 적고, 원서를 포함한 기존의 이론서 중 중급 이상의 플레이어에게 충분한 자양을 공급할 수 있는 것은 매우 드물다. 사정이 이러니 대부분의 동호인들이 아까운 재능을 살리지 못하고 애버리지 정체의 늪에서 헤어나질 못하고 있는 것이다.

  필자는 한 차원 높은 지식을 갈구하는 동호인들을 보면서 그들의 기대에 부응할 수 있는 이론서를 구상했고, 15개월의 산고 끝에 결실을 거둘 수 있었다. 몇몇 기연으로 손에 넣게 된 유럽의 일급 정보와 스스로 창안해 충분한 검증을 마친 새로운 기법들을 욕심스레 담아내다보니 분량도 기간도 당초 예상외 두 배가 돼버렸지만, 사랑해 마지않는 3쿠션에 양껏 심취할 수 있어서 행복하고 보람된 시간이었다. 지면이라는 제약을 완전히 극복할 수는 없었지만 재능과 끈기를 겸비한 플레이어라면 이 책을 통해 충분한 성취가 있으리라 믿어 의심치 않는다.

  끝으로 원고를 완성하기까지 숱한 연구와 실험의 나날 내내 든든한 조력자가 되어준 국민생활체육 전국당구연합회 오성규 교육이사와 한없는 신뢰와 애정을 보내준 가족들에게 가슴으로부터 우러나는 감사의 말을 전한다.

이　　현

- 추천사 -

어둑한 지층 당구장에서 이름 모를 상대와 내기당구를 치고 있다.

푹 눌러쓴 모자로 인해 인상착의가 드러나지 않는 그는 절정의 기량을 과시하며 압박해 왔고 시간이 흐를수록 자신감을 잃어가던 나는 결국 무너져버리고 말았다.

가진 돈을 전부 내주고 나서야 비로소 확인할 수 있었던 그의 얼굴은 내게 너무나도 큰 충격을 안겨 주었다.

그는 바로 나 자신이었던 것이다.

십여 년 전 밤잠을 설치게 했던 악몽을 떠올리며 지금의 나를 돌이켜보면 그 시절의 나를 짓누르던 중압감을 완전히 떨쳐냈다는 확신이 서질 않는다. 아마 평생을 수련해도 나 자신을 완전히 극복할 수 없을지도 모를 일이다.

몇 해 전 검도의 고수이신 레슨회원께서 내게 하신 말씀이 생각난다.

"큐가 검보다 더 두렵습니다!"

그분에게 큐 스틱이 무서워 봐야 몸의 털끝 하나 어쩌지 못한다고 하면서도 기분이 영 개운치 않았던 까닭은 무엇이었을까? 나 역시 그 두려움에서 자유로울 수 없기 때문이 아닐까.

청년기에 자신의 한계에 도전해 보고자 시작했던 당구가 어느덧 선수생활만 20년을 채워버렸다. 그간 수많은 시련이 찾아왔고 나름으로 극복도 해보았다. 그러나 언제나 또 다른 난관에 봉착해 있기에 오늘도 여전히 새로운 돌파구를 찾아 헤맨다.

아직도 공을 더 잘치고 싶다.

'과연 어떻게 해야 공을 더 잘 칠 수 있는가' - 이것이 오늘 나의 화두다.

입문시절 스승께 많은 가르침을 받았고 그 수업이 나의 선수생활을 지탱해준 밑거름이 되었다. 하지만 언제까지나 스승 곁에 머물 수는 없는 법, 결국 여타 선후배들과 마찬가지로 혼자서 공과 씨름하는 과정을 겪어야만 했다. 오로지 맹목적인 연습밖에는 없었다. 결코 효율적이라고 할 수는 없지만 당시로서는 유일한 선택이었다.

스승이라는 존재는 제자를 바른 길로 인도해 먼 길을 돌아가는 노고와 시간을 덜어주는 역할을 수행한다. 재능을 갖춘 이가 최고의 스승을 만난다면 어느 누구보다도 빠르게 성장할 수 있다. 그러나 불행히도 그런 스승을 만나는 천운은 누구에게나 찾아오지는 않는다.

그래서 여기에 사제의 연을 얻지 못한 대다수의 동호인들을 위해 스승을 대신할만한 책을 소개한다. 이 현의 **3쿠션 마스터**는 당구인이라면 희구할 수밖에 없는 정묘한 지식들로 무장된 이론서이다.

사실 책의 내용이 워낙 방대한지라 전부 이해하고 실습하기에는 다소 무리가 따른다. 물론 시간적인 여유가 충분하다면 1권의 이론과 2권의 실기를 완전히 습득할 때까지 반복해서 읽고 연습해도 무방하다. 그러나 바쁜 일상 속에서 어렵사리 짬을 내어 당구를 즐기는 동호인이라면 일단 한 번 정독한 후 자신이 취약하다고 판단되는 부분을 찾아내 집중적으로 연습할 것을 권하는 바이다. 기량 향상의 정도는 자신의 단점을 하나하나 극복해 나가는 것이기 때문이다.

바라건대, 많은 이들이 이 책을 통해 성취보다 한 단계 높은 수련과정 즐거움을 공유하게 되기를…

※ 2급 생활체육 지도자
※ 대한당구연맹 서울연맹 경기 이사
※ 2급 경기 지도자
※ 일산 임 윤수 클럽 대표

임 윤수

- 추천사 -

이 책은 당신의 공에 대한 열정이 사라지는 그날까지

영원히 함께할 수밖에 없는 동반자이며,

진정한 당구의 세계로 여행할 수 있도록 해줄

길라잡이입니다.

이 책에는 당신의 여정이 계속되는 한

끊임없이 닥치게 될 여러 가지 시련들을

지혜롭게 극복할 수 있는 해법이 존재합니다.

그것은 3쿠션을 사랑하는 당신에게

마르지 않는 샘물과 같은 용기를 줄 것입니다.

세계 최고의 선수들의 경기하는 모습을 보며 당신은 무엇을 느끼셨습니까?

그들이 모두 천재일까요?

물론 남다른 재능도 갖췄겠지만 선진적 정보에 기반을 둔 체계적인 훈련이 없었더라면 그와 같은 경지에 도달하진 못했을 것입니다.

지금까지 수많은 당구서적이 나왔지만 3쿠션에 대한 궁금증과 욕구를 100% 해소해 주는 것은 없었습니다.

이제 「3쿠션 마스터」를 공부하십시오.

당신이 원하는 기량을 손에 넣을 수 있는 길이 보일 것입니다.

아울러 새로운 이론에 대한 연구와 실험을 함께 할 수 있게 해 주신 이 현 선생님께 감사의 말씀을 드립니다.

※ 대전 당구아카데미 원장(前)
※ 월리암 당구스쿨 원장(前)
※ 국민생활체육 전국당구연합회 교육이사(現)
※ 국민생활체육 전국당구연합회 지도자 강습회 위촉강사(現)
※ 충북 당구연맹 소속 선수(現)

오 성 규

– 차례 –
Vol 2

III 응용(Application)

1 기본진로(Basic Tracks) ········· 16
- 1.1 안으로 돌리기(Inside Angle Shot) ········ 20
- 1.2 밖으로 돌리기(Outside Angle Shot) ········ 28
- 1.3 옆으로 돌리기(Side Angle Shot) ········ 33
- 1.4 빗겨 치기(Bias Angle Shot) ········ 39
- 1.5 대회전(Grand Rotations) ········ 47
- 1.6 테이블 횡단(Cross Table Shot) ········ 53
- 1.7 되돌려 치기(Tumback Shot) ········ 56
- 1.8 빈 쿠션 치기(Rail-first Shot) ········ 59

2 선구(Choices) ········ 69
- 2.1 큰 공 식별(Discerning Big Ball) ········ 70
- 2.2 큐 볼의 위치(Cue Ball Position) ········ 74
- 2.3 스핀 샷(Spin Shots) ········ 77
- 2.4 리버스-엔드 샷(Reverse-end Shots) ········ 80
- 2.5 오펜스와 디펜스(Offence & Defence) ········ 81

3 포지셔닝(Positioning) ········ 83
- 3.1 오브젝트 볼의 진로(Line of Object Ball) ········ 85
- 3.2 두께와 시간차(Thickness & Time Lag) ········ 86
- 3.3 포지셔닝의 원칙(Fundamentals of Positioning) ········ 87
- 3.4 도식화된 포지션(Schematized Positions) ········ 89
- 3.5 피해야 할 위치(Must Avoid Positions) ········ 149

4 난구(Tough Shots) ········ 151
- 4.1 키스의 활용(Utilizing Kisses) ········ 152
- 4.2 인위적인 곡구(Intensive Curve) ········ 162
- 4.3 극단적인 스네이크(Extreme Snake) ········ 165
- 4.4 마이너스 잉글리시(Minus English) ········ 166
- 4.5 테이블 횡단 샷의 응용(Applying Cross-table Shot) ········ 167

5 예술구(Artistic Shots) ·· 169
- 5.1 찍어 치기(Masse) ·· 170
- 5.2 반작용의 이용(Using Reaction) ·························· 177
- 5.3 점프의 이용(Using Jump) ·································· 180
- 5.4 프로들의 샷(Shots From Pros) ··························· 181

IV 단련(Training)

1 연습(Practice) ··· 186
- 1.1 자세 점검(Checking Posture) ···························· 188
- 1.2 스트록 완성(Completing Stroke) ······················· 191
- 1.3 입사점 찾기(Finding Incident Point) ················· 194
- 1.4 밀어 치기와 끌어 치기(Follow Shot & Draw Shot) ····· 196
- 1.5 왼팔과 보조도구(Left Arm & Assist Tools) ············ 198
- 1.6 붙은 공의 처리(Solutions for Frozen Balls) ············ 199
- 1.7 찍어 치기 연습(Masse Exercise) ·························· 200
- 1.8 시간 안배(Time Assignment) ······························ 201
- 1.9 혼자 하는 콜 시합(Self Call-game) ······················ 202
- 1.10 관전(Observation) ··· 204

2 전술(Tactics) ··· 205
- 2.1 워밍 업의 활용(Utilizing Warm up) ···················· 206
- 2.2 테이블 값의 변화(Change of Table Value) ············ 207
- 2.3 큐 스틱 자(Cue Stick Scale) ····························· 209
- 2.4 오펜스와 디펜스의 결정(Decision) ····················· 211
- 2.5 기본 진로와 난구(Basic Lines & Tough Shots) ······ 213

3 정신무장(Mental Control) ································· 215
- 3.1 집중력(Concentration) ····································· 216
- 3.2 자신감(Confidence) ·· 219
- 3.3 중압감의 극복(Conquest Oppression) ················· 221

4 용어사전(Dictionary of Terms) ·························· 223
- 4.1 우리말(Korean) ·· 224
- 4.2 영어(English) ··· 243
- 4.3 일어(Japanese) ·· 276

Vol 1
⟨수록된 내용⟩

I 기초

1 교양
1.1 기원과 역사
1.2 종목
1.3 큐 스틱
1.4 테이블
1.5 당구지
1.6 당구공
1.7 초크

2 예절
2.1 복장
2.2 악습
2.3 품행
2.4 초크 사용법

3 규정
3.1 워밍 업
3.2 래킹
3.3 서브
3.4 득점
3.5 재배치
3.6 파울
3.7 품행 규정
3.8 핸디

4 자세
4.1 스탠스
4.2 브리지
4.3 머리의 위치
4.4 그립
4.5 왼팔
4.6 보조도구

5 정렬
5.1 가상 큐 볼
5.2 주안시
5.3 타점
5.4 시야각
5.5 스쿼트와 커브
5.6 오차허용치

6 타구
6.1 예비 스트록
6.2 상박과 하박
6.3 수평각
6.4 시선
6.5 호흡조절
6.6 리듬
6.7 변화

7 물리법칙
7.1 분리각 이론
7.2 잉글리시
7.3 에너지의 분배
7.4 구름 관성
7.5 반사각

II 시스템

1 개요와 기본기
1.1 숙련
1.2 시스템의 구성
1.3 입사점
1.4 큐 볼의 지름
1.5 나침반 측정법
1.6 소실점
1.7 테이블 값

2 가변 잉글리시 시스템
2.1 5와 1/2
2.2 연장된 5와 1/2
2.3 30 대칭
2.4 리버스-엔드
2.5 마이너스 10
2.6 2/3
2.7 거미줄
2.8 로드리게즈
2.9 일출 일몰
2.10 페루
2.11 뒤쪽 우산
2.12 더블 레일
2.13 볼

3 고정 잉글리시 시스템
3.1 플러스
3.2 플러스 2
3.3 3팁 플러스
3.4 35와 1/2
3.5 도쿄 연결
3.6 역회전

3.7 30 퍼짐
3.8 아코디언
3.9 3팁 횡단
3.10 접시
3.11 세이퍼
3.12 등비
3.13 분열

4 스프레드 시스템
4.1 긴 쐐기
4.2 N자 횡단
4.3 밀고 당기기
4.4 터키 각
4.5 클레이사격
4.6 0팁 플러스
4.7 번
4.8 지그재그
4.9 안쪽 우산

5 등각 시스템
5.1 평행 측정
5.2 십자 측정
5.3 7
5.4 1/2에 1
5.5 플러스 5
5.6 플로리다 예비
5.7 마이너스 5
5.8 3과 4
5.9 99에서 1까지

- 발휘할 수 있는 실력이 진정한 실력이다. -

1 기본진로
Basic Tracks

1.1 안으로 돌리기 Inside Angle Shot

1.2 밖으로 돌리기 Outside Angle Shot

1.3 옆으로 돌리기 Side Angle Shot

1.4 빗겨 치기 Bias Angle Shot

1.5 대회전 Grand Rotations

1.6 테이블 횡단 Cross Table Shot

1.7 되돌려 치기 Turnback Shot

1.8 빈 쿠션 치기 Rail-first Shot

> 3쿠션에 사용되는 진로는 매우 특별한 몇몇 경우를 제외하면 총 여덟 가지 유형으로 압축된다. 이를 '기본진로'라 하는데, 각각의 특성을 완전히 파악해야 어떤 진로를 선택하고 어느 시스템을 운용할지 판단할 수 있게 된다.
>
> 시스템의 운용은 크게 레일-퍼스트 샷과 볼-퍼스트 샷으로 나뉘는데, 볼-퍼스트 샷의 경우는 두께에 따른 병진운동량의 변화를 고려해 스트록의 강약 조절이나 타점이동이 필요할 수도 있다.

본론에 들어가기에 앞서 진로에 관련된 용어들을 정리해볼 필요가 있다. 용어가 의미하는 바를 제대로 이해하지 못하면 영역구분이 불분명해지기 때문이다.

우선 '선회^{rotation}'와 '횡단^{crossing}'의 차이부터 알아보자. 큐볼이 세 번째 입사점에 이르기까지 서로 인접한 레일을 차례로 경유하는 경우를 선회진로라 하고, 하나의 레일에서 맞은편 레일로 직접 이동하는 경우를 횡단진로라 한다. 모두 그런 것은 아니지만 대개 선회진로의 득점확률이 횡단진로보다는 높다.

횡단진로는 다시 마주보는 레일 내에서만 입사점이 형성되는 '순수 횡단$^{pure\ crossing}$'과 인접한 레일에도 입사점이 형성되는 '혼합 횡단$^{blended\ crossing}$'으로 세분한다.

다음은 '안^{inside}'과 '밖^{outside}', '앞^{foreside}'과 '뒤^{backside}'의 차이를 알아보자. 진로의 명칭에 심심찮게 등장하는 이 네 가지 개념은 큐볼이 오브젝트볼1에 충돌하는 방향과 충돌 후 첫 입사점이 형성되는 레일에 따라 구분된다. 자세한 내용은 문장보다는 그림을 보는 편이 이해가 빠를 것이다.

1-1~1-4는 모두 동일한 타점의 1뱅크 레일-퍼스트 샷이지만 각기 다른 형태의 진로를 갖는데, 1-1을 '안'으로 걸어 치기, 1-2를 '밖'으로 걸어 치기, 1-3을 '앞'으로 걸어 치기, 1-4를 '뒤'로 걸어 치기라 한다. 오브젝트볼1에 녹색으로 채색된 접점의 방향과 충돌 후 첫 입사점이 형성되는 녹색 레일의 위치를 비교해보면 서로 어떤 차이점이 있는지 깨닫게 될 것이다.

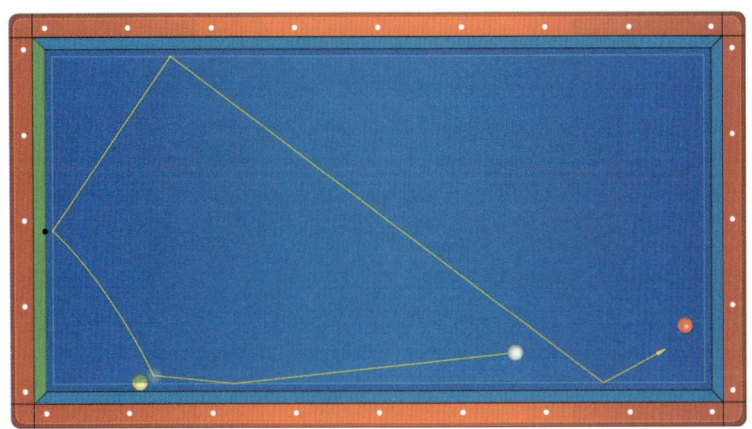

1-1 안으로 걸어 치기

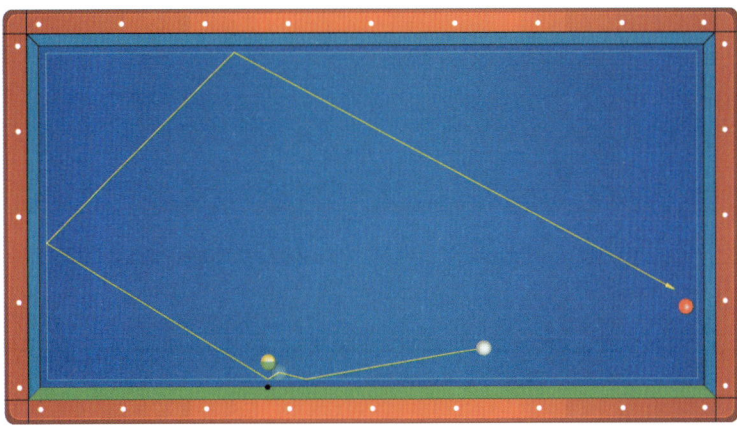

1-2 밖으로 걸어 치기

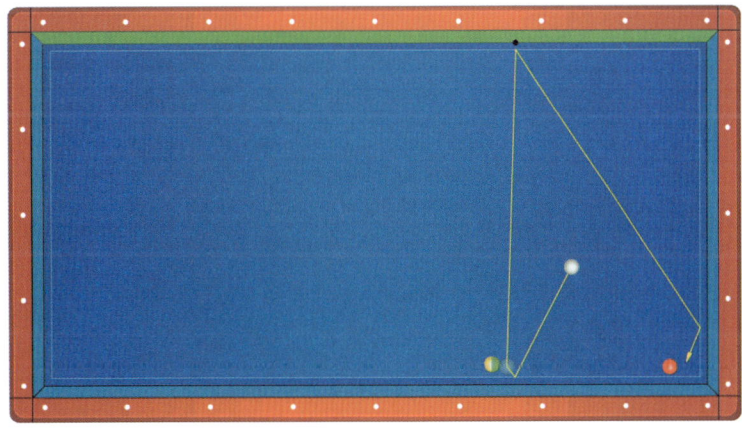

1-3 앞으로 걸어 치기

응용편-기본진로

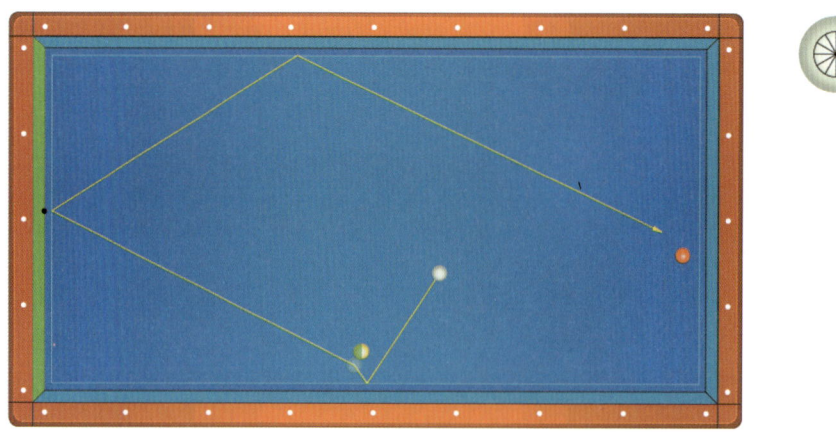

1-4 뒤로 걸어 치기

1.1 안으로 돌리기 Inside Angle Shot

A 형태

오브젝트볼1의 안쪽 면에 충돌한 큐볼이 숏 레일 → 롱 레일 → 롱 레일, 혹은 숏 레일 → 롱 레일 → 숏 레일의 순서로 진행하는 샷이다. 전자를 '짧은 안으로 돌리기', 후자를 '긴 안으로 돌리기'라 한다.

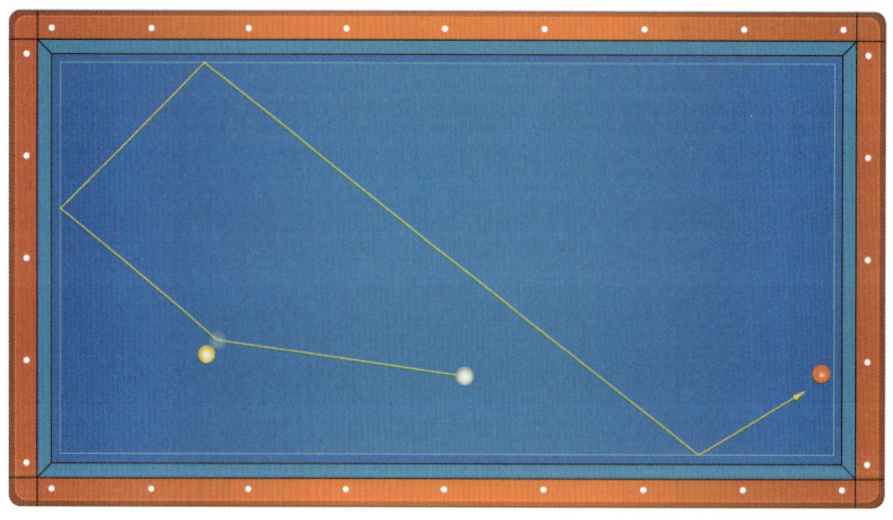

1.1-1 짧은 안으로 돌리기

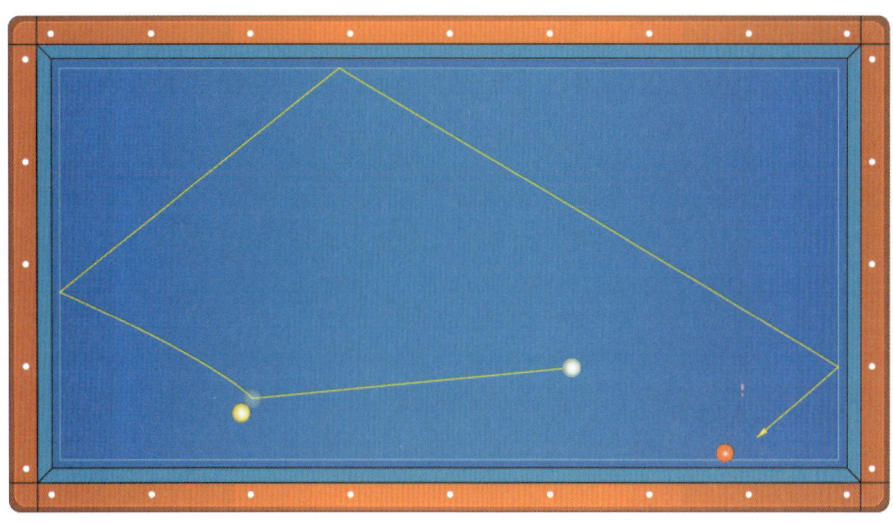

1.1-2 긴 안으로 돌리기

공의 배치, 특히 오브젝트볼2의 위치를 보고 긴 진로와 짧은 진로 중 득점확률이 더 높다고 판단되는 쪽을 선택해야만 한다. 이에 대한 내용은 2.1에서 상세하게 다루기로 한다.

1.1-3처럼 1/2이하의 얇은 두께를 설정하고, 순 비틀기를 배제하거나 약간의 역 비틀기를 가해 최종입사점이 극단적으로 길게 형성되도록 하는 안으로 돌리기를 특히 '길게 치기'라 한다. 일반적인 안으로 돌리기에 비해 정렬이 까다롭기 때문에 상당한 주의가 요구된다.

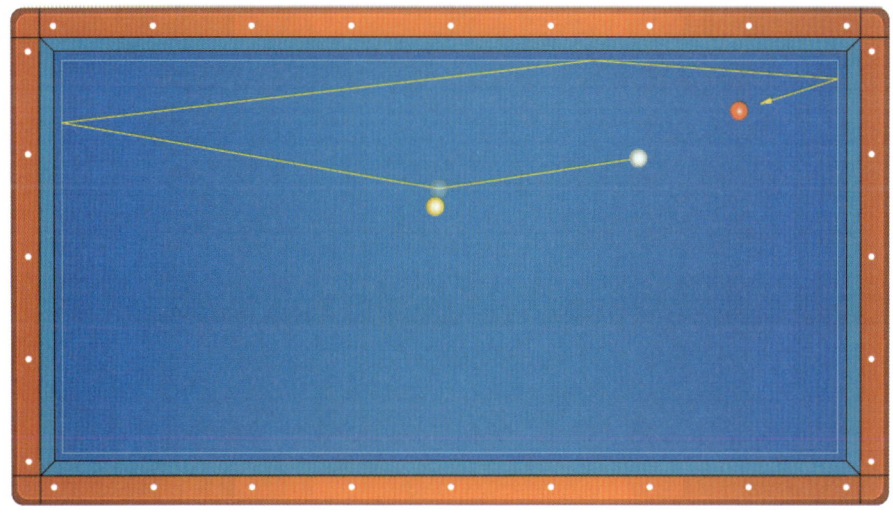

1.1-3 길게 치기

B 장단점

안으로 돌리기의 장점은 진로구성이 단순해서 구상이 용이하다는 것이다. 적용할 수 있는 시스템의 수도 많은 편에 속한다. 그러나 오브젝트볼1이 숏 레일에 붙거나 근접해 있으면 시스템 적용이 불가능하고, 세 번째 입사점이 오브젝트볼2 근처에서 형성되기 때문에 오차허용치가 작다는 단점이 있다.

C 시스템 운용

1개의 가변 잉글리시 시스템(거미줄), 3개의 고정 잉글리시 시스템(플러스, 플러스 2, 3팁 플러스), 3개의 스프레드 시스템(클레이사격, 0팁 플러스, 번), 3개의 등각 시스템(7, 3과 4, 99부터 1까지) 등, 9개의 시스템이 운용 가능하다.

a 거미줄 시스템 : 큐볼 출발점과 세 번째 입사점이 모두 숏 레일에 위치한 긴 안으로 돌리기에 사용한다. 타점이동을 통해 최종 입사점을 조절할 수 있으므로 무리 없는 두께설정이 가능하다.

1.1-4는 시스템 방정식 COfp - 1fp + HPn = 30에서 COfp를 40, 1fp를 20으로 맞춘 경우로, HPn은 10이 되는 것이다.

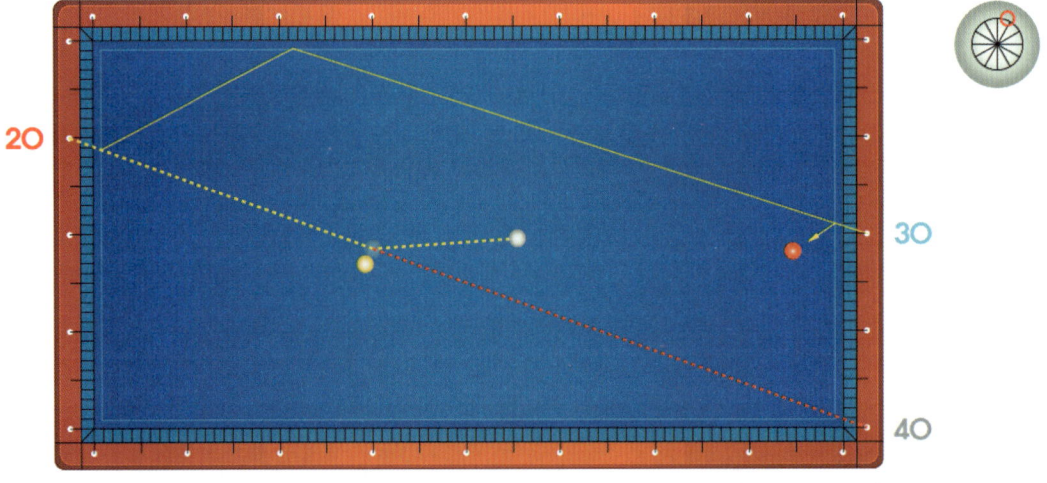

1.1-4 거미줄 시스템을 이용한 안으로 돌리기

   ※ 시스템을 볼-퍼스트 샷에 적용할 땐 나침반 측정법의 중심점이 큐볼이 아닌 가상 큐볼이 된다는 점에 유의해야 한다. 또한 병진운동과 각운동의 비율이 심하게 어긋나지 않도록 두께를 설정하는 것도 중요하다. 당연히 얇을수록 좋겠지만, 스트록에 큰 문제만 없다면 1/4이나 1/3정도까지는 오차허용치를 벗어나지 않는다.

b 플러스 시스템 : 짧은 안으로 돌리기에서 조금 긴 안으로 돌리기까지, 광범위한 영역을 담당한다.

1.1-5는 시스템 방정식 COfp + 1fp = 65에서 COfp와 1fp을 찾는 경우로, 가상 큐볼을 중심으로 나침반 측정법을 이용하면 COfp 35, 1fp는 30이 된다.

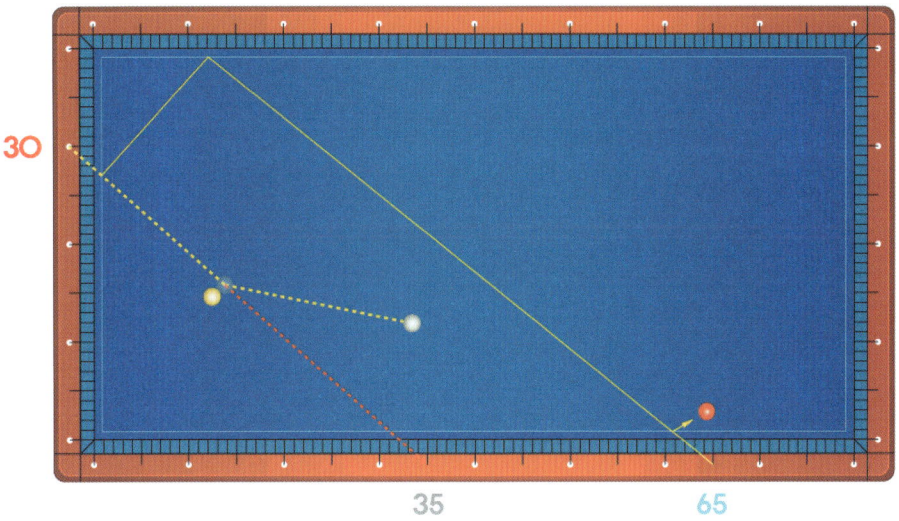

1.1-5 플러스 시스템을 이용한 안으로 돌리기

c 플러스 2 시스템 : 매우 짧은 안으로 돌리기에 적용한다.

1.1-6은 COfp + 1fp + 20 = 37.5에서 COfp와 1fp을 찾는 경우로, 역시 나침빈 측정법으로 COfp 10과 1fp 7.5를 구할 수 있다.

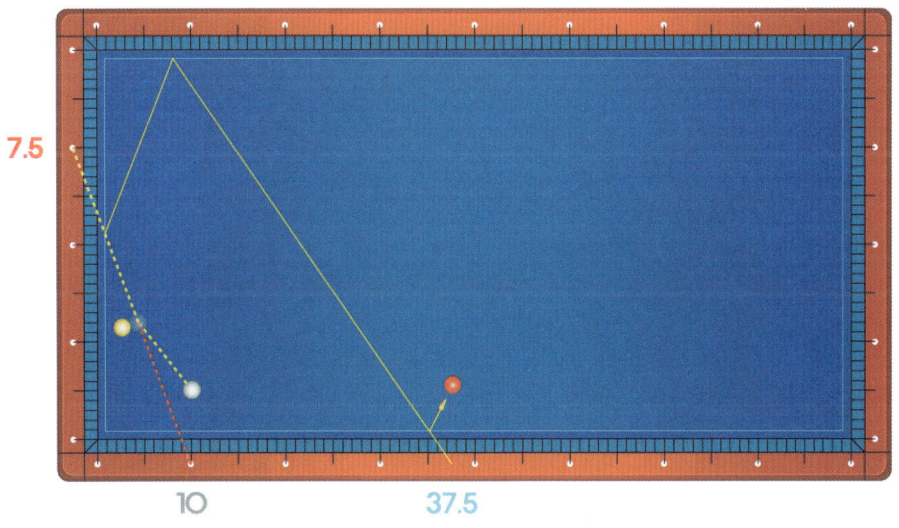

1.1-6 플러스 2 시스템을 이용한 안으로 돌리기

d 3팁 플러스 시스템 : 플러스 시스템의 영역과 중복되지만, 순수 횡 비틀기를 사용함으로써 좀 더 안정적인 결과를 얻을 수 있다.

1.1-7은 COfp - 1fp = 20에서 COfp와 1fp를 구하는 것이다.

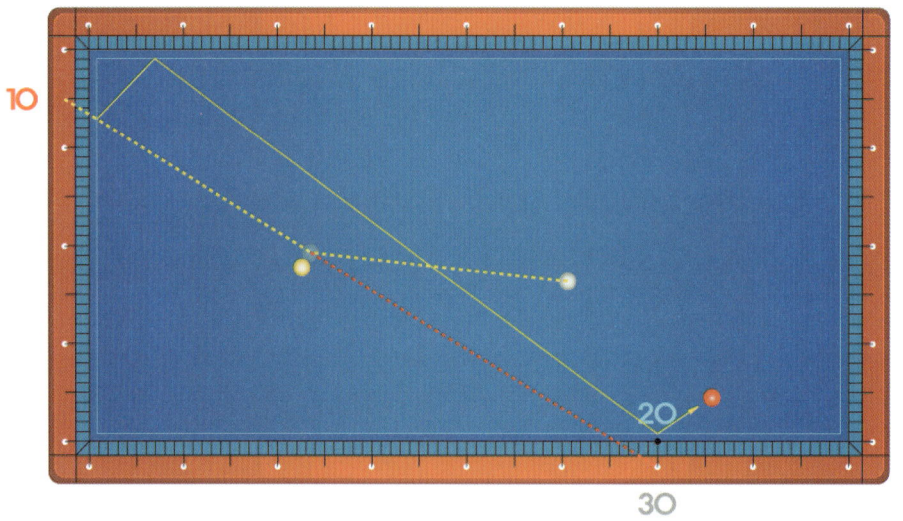

1.1-7 3팁 플러스 시스템을 이용한 안으로 돌리기

e 클레이사격 시스템 : 횡 비틀기가 배제된 긴 진로 중 큐볼 출발점이 롱 레일에 위치한 경우에 운용한다. 큐볼 출발점에 따라 최종 입사점의 위치가 달라진다는 점에 유의해야 한다.

1.1-8은 COfp - 1fp = 30에서 COfp와 1fp를 구하는 것이다.

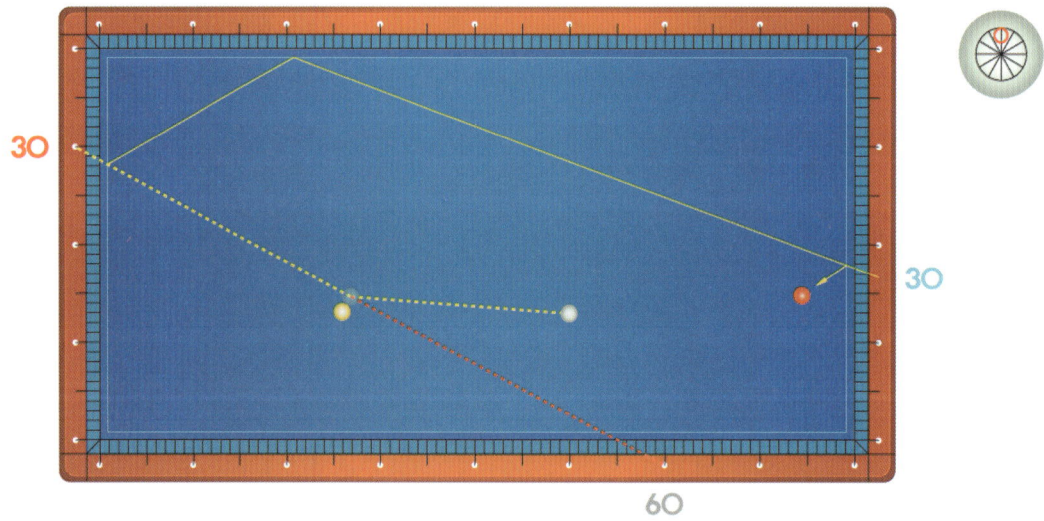

1.1-8 클레이사격 시스템을 이용한 안으로 돌리기

f 0팁 플러스 시스템 : 횡 비틀기가 배제된 탓에 플러스 2 시스템보다 더 짧은 영역을 담당하며, 오브젝트볼2가 네 번째 입사점에 가까운 경우에도 쉽게 적용이 가능하다.

1.1-9는 0팁 플러스 시스템의 소실점을 이용한 정렬을 보여준다.

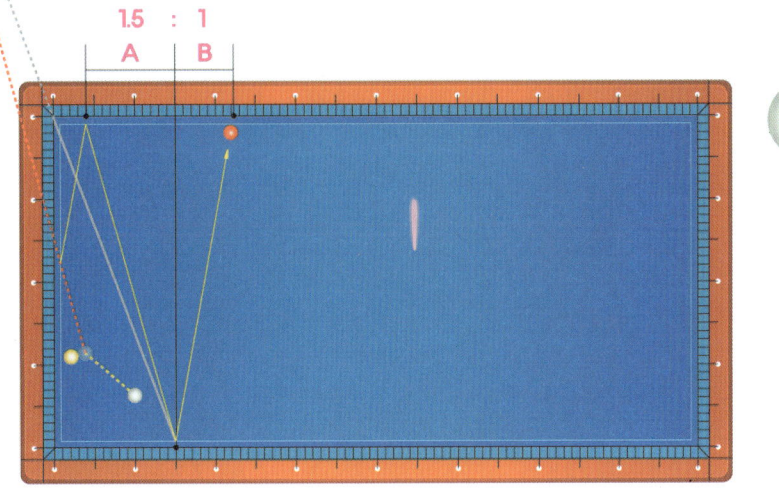

1.1-9 0팁 플러스 시스템을 이용한 안으로 돌리기

g 번 시스템 : 거미줄 시스템과 같은 구역을 담당하지만 횡 비틀기를 배제한다는 점이 다르다.

1.1-10은 COfp − (12 × 1.5) = 1fp, 즉 COfp − 1fp = 18에서 COfp와 1fp를 찾는 과정이다.

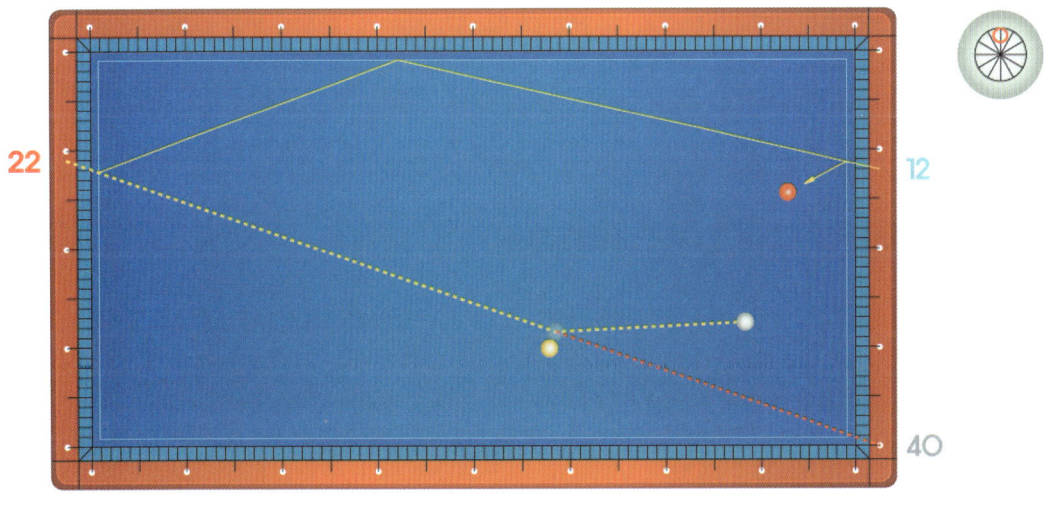

1.1-10 번 시스템을 이용한 안으로 돌리기

h 7 시스템 : 클레이사격 시스템과 번 시스템의 영역을 한꺼번에 담당한다. 다만 구름관성을 배제한다는 점이 다르다.

1.1-11은 COfp × 7 = 1fp에서 COfp와 1fp를 찾는 경우다.

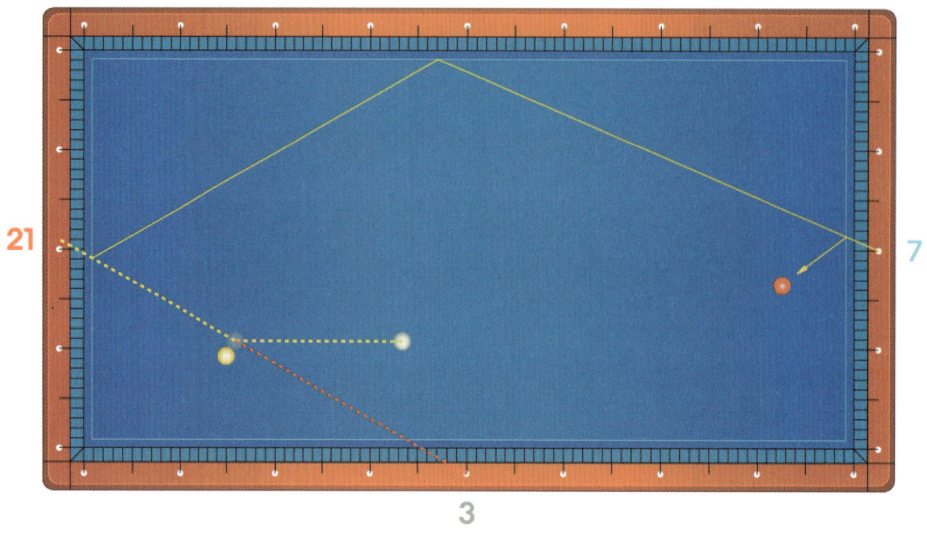

1.1-11 7 시스템을 이용한 안으로 돌리기

i 3과 4 시스템 : 길게 치기 중 오브젝트볼2가 네 번째 입사점이 포함된 롱 레일에 근접한 경우에 적용한다.

1.1-12는 3과 4 시스템을 이용한 정렬을 표현한 것이다.

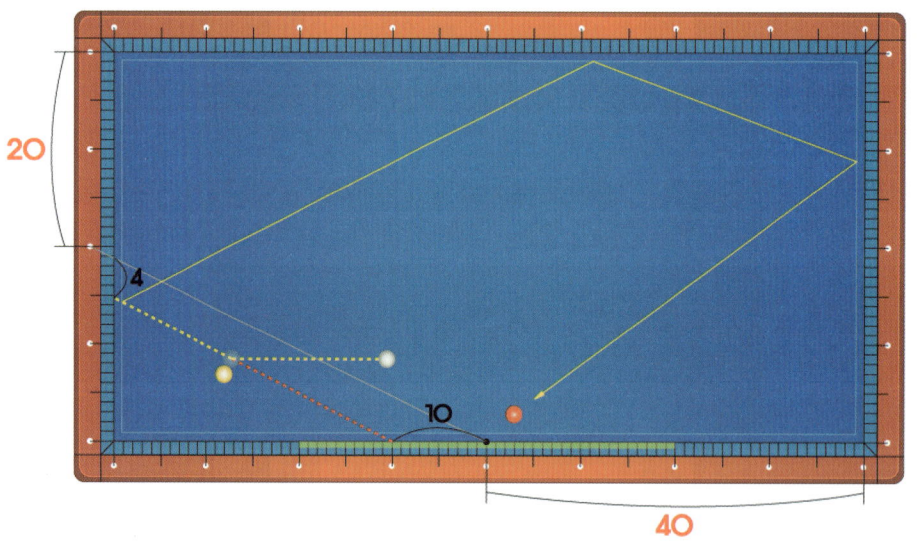

1.1-12 3과 4 시스템을 이용한 안으로 돌리기

j **99부터 1까지 시스템** : 길게 치기 중 오브젝트볼2가 위치한 네 번째 입사점이 첫 번째 숏 레일에 근접한 경우에 사용한다.

1.1-13은 COfp - 20 = 1fp, 즉 COfp - 1fp = 20에서 COfp와 1fp를 찾는 과정을 표현한 것이다.

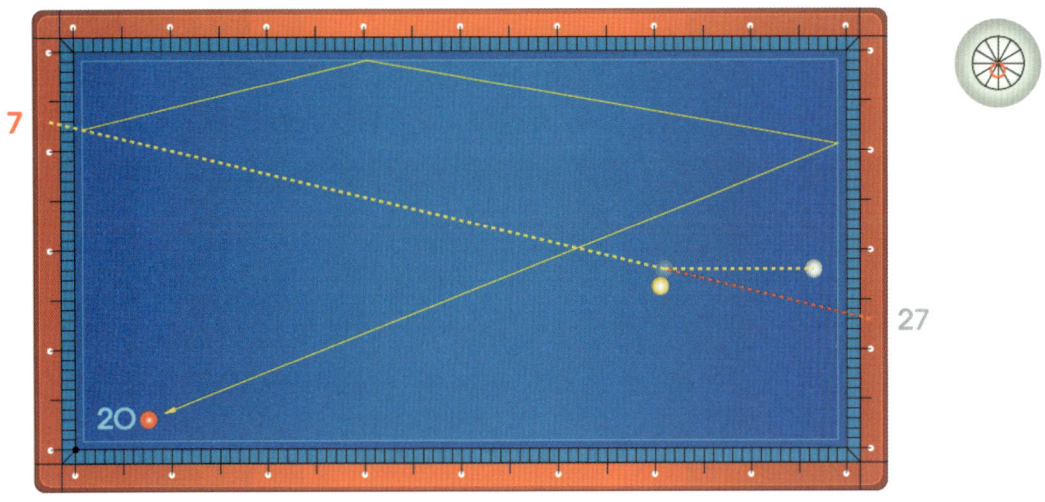

1.1-13 99부터 1까지 시스템을 이용한 안으로 돌리기

1.2 밖으로 돌리기 Outside Angle Shot

A 형태

오브젝트볼1의 바깥쪽 면에 충돌한 큐볼이 롱 레일 → 숏 레일 → 롱 레일의 선회진로를 갖는 샷이다. 안으로 돌리기와 마찬가지로 '짧게'와 '길게'가 있다.

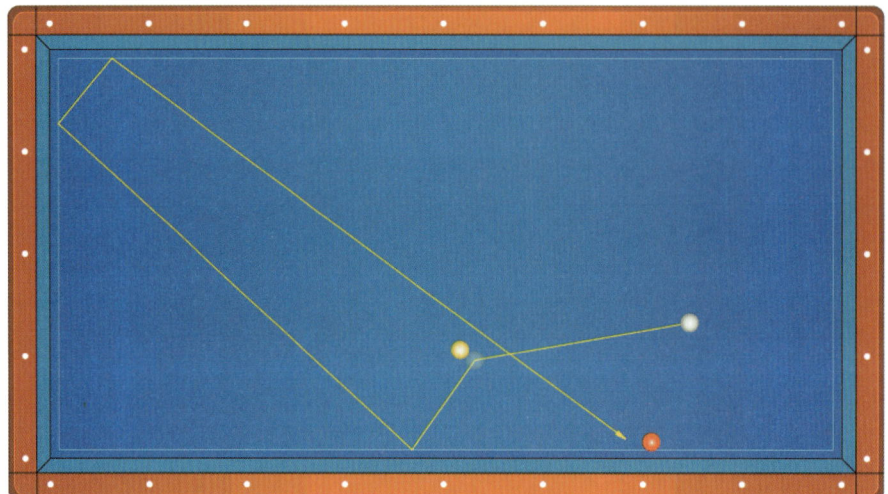

1.2-1 짧은 밖으로 돌리기

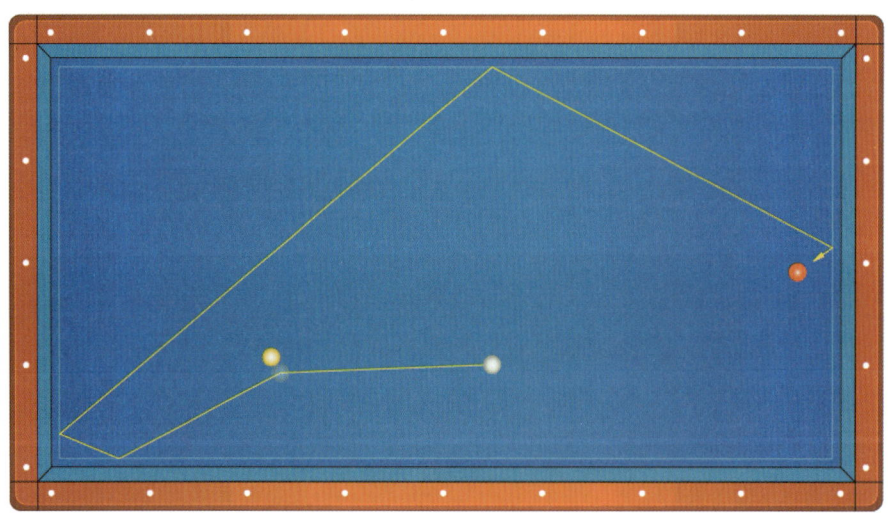

1.2-2 긴 밖으로 돌리기

B 장단점

밖으로 돌리기의 장점은 정렬과 스트록이 일정수준 이상에 도달하면 뒷공의 배치를 매우 유리하게 조절할 수 있다는 것이다. 더구나 세 번의 레일터치가 이루어진 상태에서 최종진로가 형성되므로 안으로 돌리기에 비해 에러마진도 크다. 그러나 큐볼의 진로와 오브젝트볼1의 진로가 교차하는 지점이 많아서 시차계산이 완전히 숙련되기 전까지는 키스가 빈번하게 발생한다는 단점이 있다.

C 시스템 운용

3개의 가변 잉글리시 시스템(5와 1/2, 30 대칭, 2/3), 2개의 고정 잉글리시 시스템(35와 1/2, 3팁 횡단), 1개의 스프레드 시스템(터키 각), 1개의 등각 시스템(마이너스 5) 등, 총 7개의 시스템이 운용 가능하다.

a 5와 1/2 시스템
: 밖으로 돌리기에서 가장 흔히 사용되는 시스템이다. 두께설정만 무리하지 않다면 거의 모든 영역에서 운용이 가능하다. 물론 키스를 피하거나 뒷공의 배치를 조절하다 보면 1/3이상의 두께설정이 불가피할 수도 있다. 이런 경우 타점과 스트록을 조절하는 요령은 4장 1.3에서 자세하게 다루기로 한다.

1.2-3은 COfp - 1fp = 18에서 COfp와 1fp을 찾는 과정으로, 정렬선의 각도가 40°를 조금 초과하므로 타점은 약 1시 35분~1시 40분 3팁을 설정해야 한다.

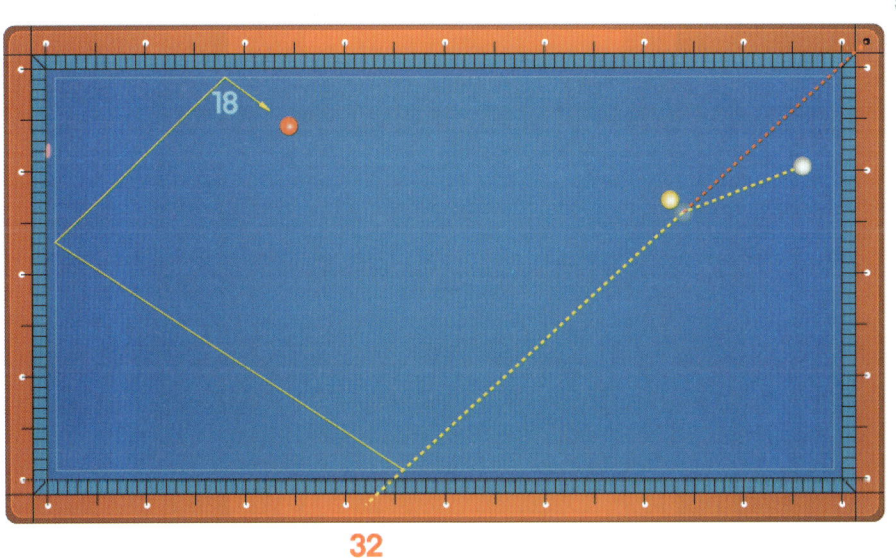

1.2-3 5와 1/2 시스템을 이용한 밖으로 돌리기

b 30 대칭 시스템 : 주로 큐볼 출발점과 최종 입사점이 롱 레일에 위치한 경우에 운용하며, 범위는 제한적이지만 계산과정이 없어서 손쉬운 득점이 보장된다.

1.2-4는 소실점이 필요 없는 경우로, 롱 스트링을 기준으로 최종 입사점의 대칭이 되는 출발점에서 첫 입사점 30을 향해 진행시키면 된다.

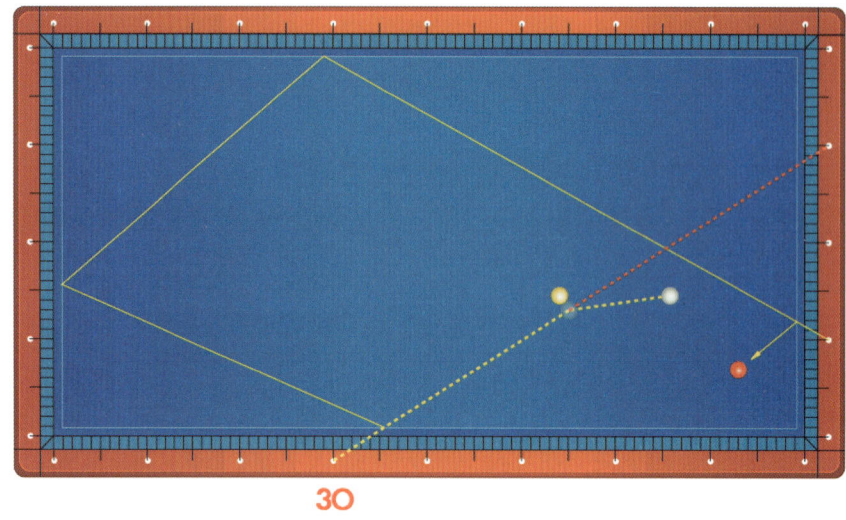

1.2-4 30 대칭 시스템을 이용한 밖으로 돌리기

c 2/3 시스템 : 오브젝트볼2의 위치가 세 번째 입사점에 근접한 경우에 운용한다.

1.2-5는 (COfp - (10 × 1.5)) ÷ 2 = 1fp, 즉 COfp - 15 = 1fp × 2에서 COfp와 1fp를 찾는 과정이다.

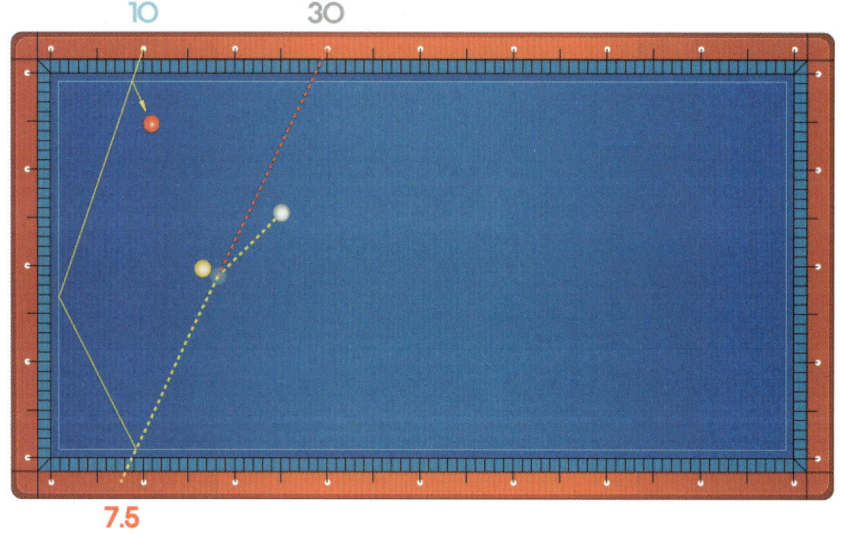

1.2-5 2/3 시스템을 이용한 밖으로 돌리기

d 35와 1/2 시스템 : 운용범위는 제한적이나 과정이 간단하다.

1.2-6은 최종 입사점이 출발점과 35의 절반에 위치하므로 계산이 필요치 않다.

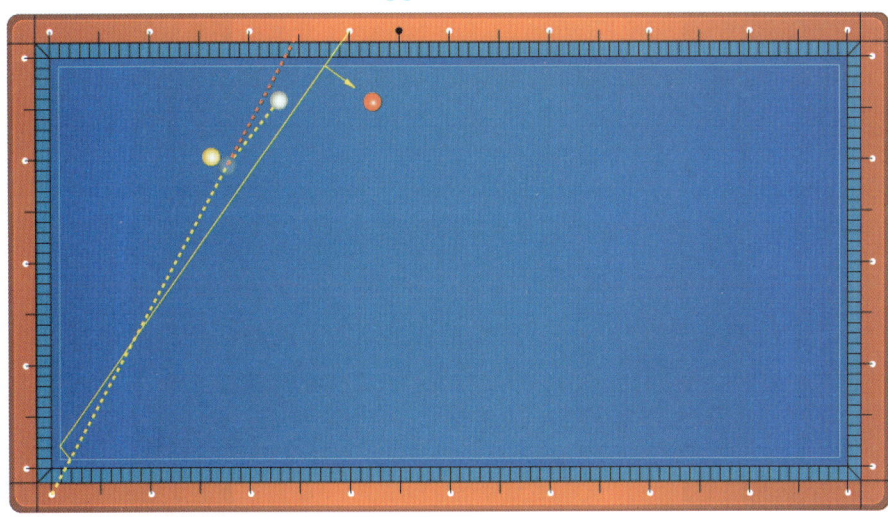

1.2-6 35와 1/2 시스템을 이용한 밖으로 돌리기

e 3팁 횡단 시스템 : 1.2-7과 같이, 통상적인 비틀기로는 오브젝트볼2에 미칠 수 없는 특수한 경우에 운용한다.

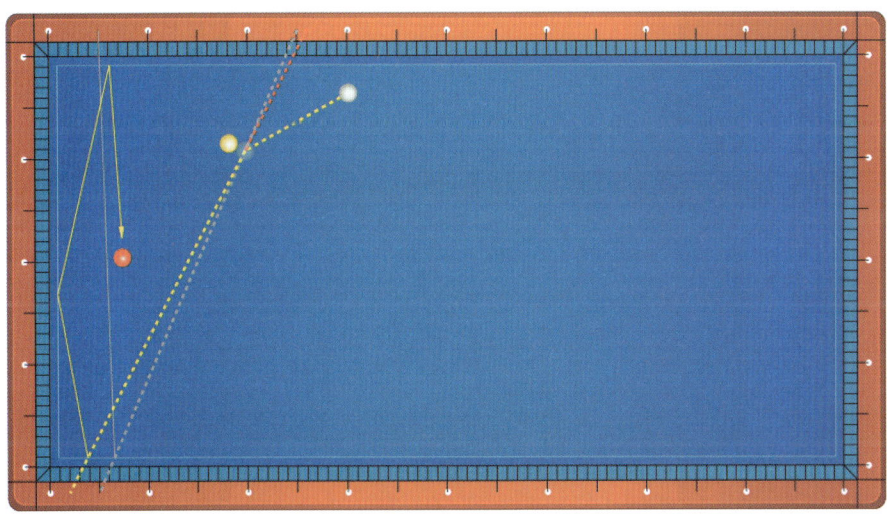

1.2-7 3팁 횡단 시스템을 이용한 밖으로 돌리기

※ 이처럼 두 번째 입사점과 세 번째 입사점에서 역 비틀기가 작용하는 경우를 '리버스-엔드 샷reverse-end shot'이라 하는데, 정렬과 스트록이 약간만 어긋나도 최종 진로가 크게 달라지므로 상당한 연습이 필요하다.

f 터키 각 시스템 : 횡 비틀기가 배제된 긴 진로를 담당한다.

1.2-8은 (COfp - 1fp) × 2/3 = 60, 즉 COfp - 1fp = 90에서 COfp와 1fp를 찾는 과정이다.

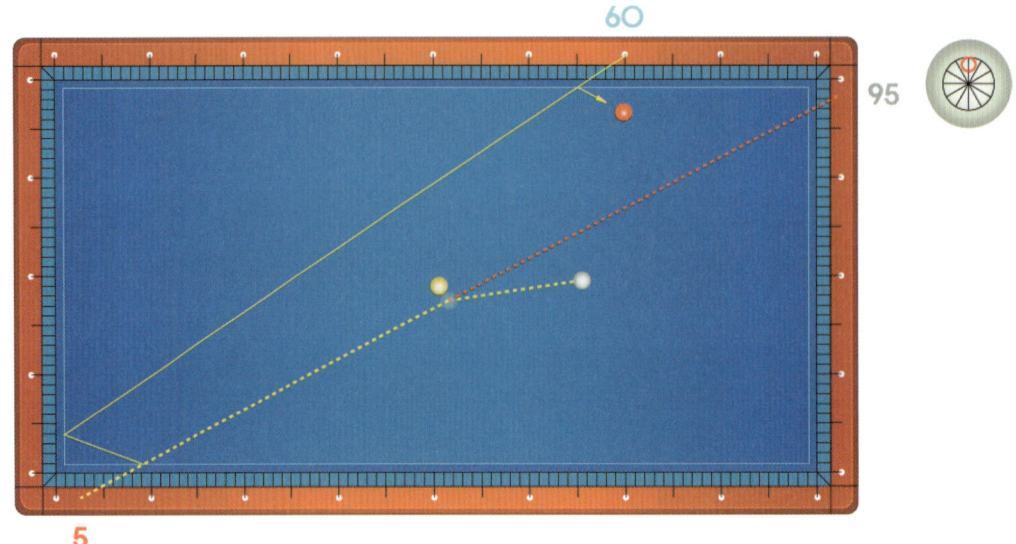

1.2-8 터키 각 시스템을 이용한 밖으로 돌리기

g 마이너스 5 시스템 : 얇은 두께에서만 안정적인 운용이 보장된다.

1.2-9는 COfp - 5 - 5 = 1rp, 즉 COfp - 1fp = 10에서 COfp와 1fp를 찾는 과정이다.

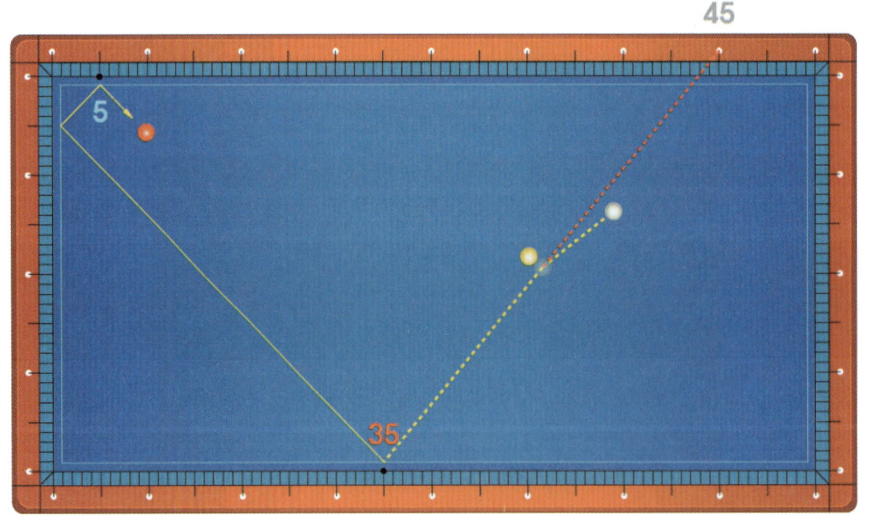

1.2-9 마이너스 5 시스템을 이용한 밖으로 돌리기

1.3 옆으로 돌리기 Side Angle Shot

A 형태

오브젝트볼1의 안쪽 면에 충돌한 큐볼이 롱 레일 → 숏 레일 → 롱 레일의 선회 진로를 갖는 샷이다. 안으로 돌리기나 밖으로 돌리기에 비해 사용빈도는 높지만 난이도는 낮은 진로이다.

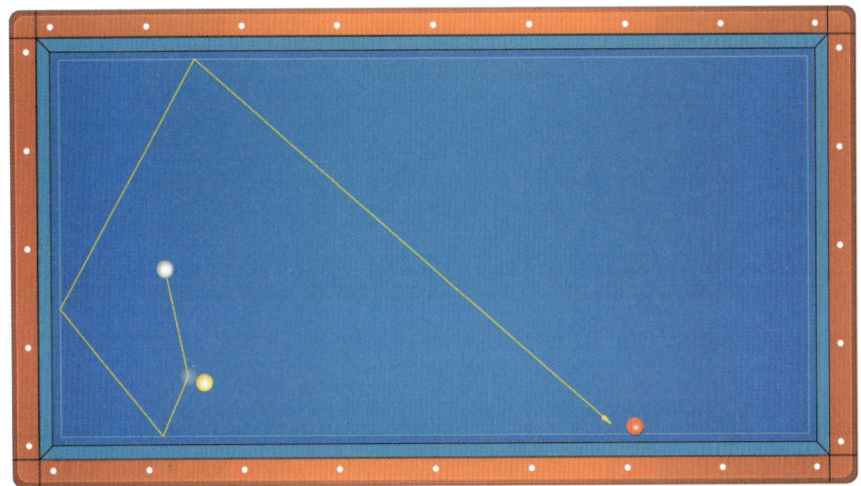

1.3-1 짧은 옆으로 돌리기

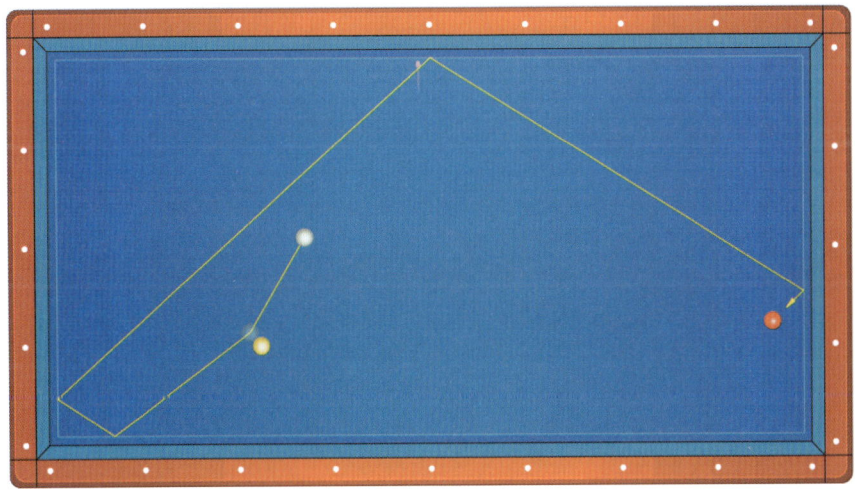

1.3-2 긴 옆으로 돌리기

응용편-기본진로　33

B 장단점

밖으로 돌리기와 마찬가지로 다양한 뒷공 배치가 가능하고, 세 번의 레일터치가 이루어진 상태에서 최종진로가 형성되므로 에러마진도 크다. 또한 오브젝트볼1이 레일에 붙거나 근접한 경우에도 운용할 수 있는 시스템이 존재하고, 큐볼과 오브젝트볼1의 거리가 상대적으로 짧아서 정렬이 용이하다는 것도 옆으로 돌리기의 장점이라 할 수 있다.

옆으로 돌리기는 특별한 단점이 없기 때문에 기본진로 중 득점성공률이 가장 높은 샷으로 통한다.

C 시스템 운용

5개의 가변 잉글리시 시스템(5와 1/2, 30 대칭, 2/3, 로드리게즈, 볼), 1개의 고정 잉글리시 시스템(35와 1/2), 1개의 스프레드 시스템(터키 각), 1개의 등각 시스템(마이너스 5) 등, 총 8개의 시스템이 운용 가능하다.

a 5와 1/2 시스템 : 오브젝트볼2가 레일에 붙거나 근접한 경우를 제외하면 거의 모든 영역에서 운용이 가능하다. 밖으로 돌리기와 다른 점이라면 오브젝트볼1의 접촉면이 틀리다는 것뿐이다.

1.3-3은 COfp - 1fp = 28에서 COfp와 1fp을 찾는 과정으로, 정렬선의 입사각이 약 42°이므로 1시 50분 3팁을 설정해야 한다.

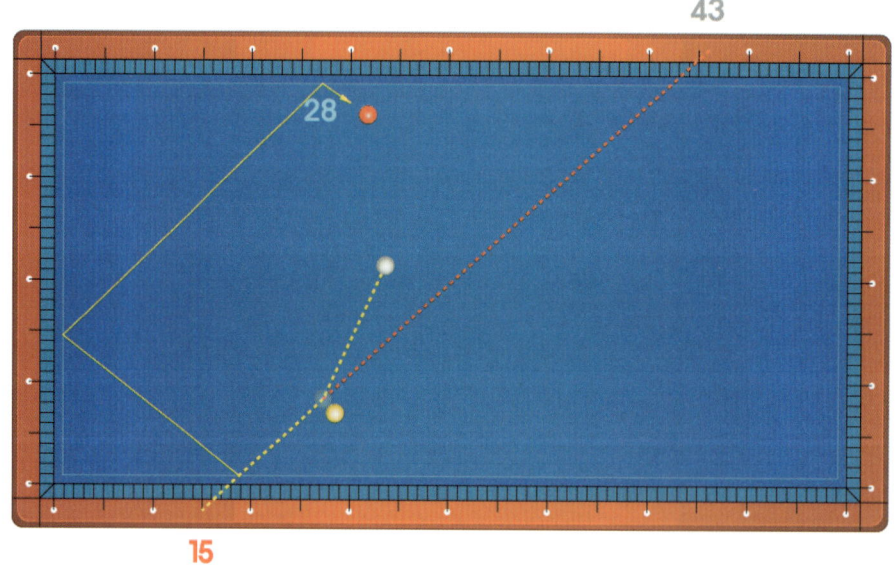

1.3-3 5와 1/2 시스템을 이용한 옆으로 돌리기

b 30 대칭 시스템 : 범위는 한정적이지만 계산과정이 없어서 손쉽게 운용할 수 있다.

1.3-4는 큐볼 출발점과 최종 입사점이 모두 롱 스트링에 위치한 경우다.

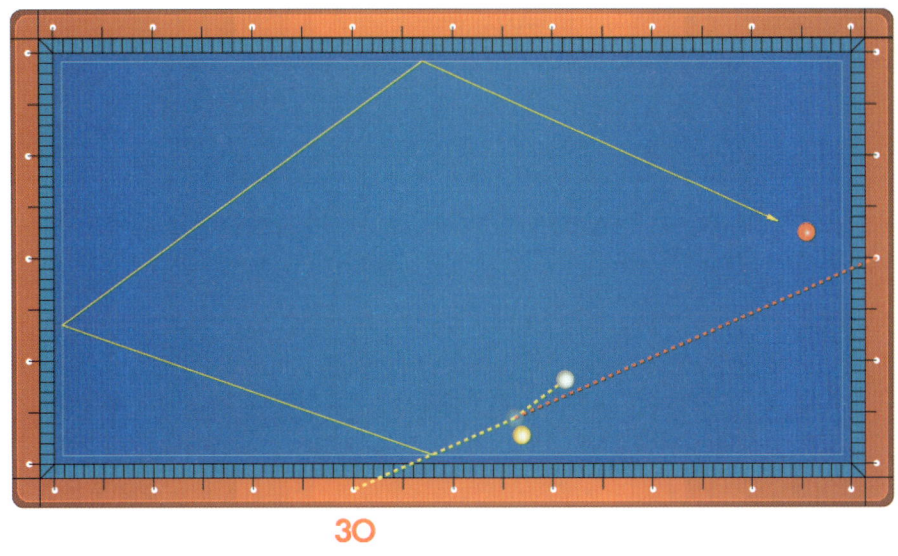

1.3-4 30 대칭 시스템을 이용한 옆으로 돌리기

c 2/3 시스템 : 오브젝트볼2가 세 번째 입사점에 근접한 짧은 영역에서 운용한다.

1.3-5는 (COfp - (6 × 1.5)) ÷ 2 = 1fp, 즉 COfp - 9 = 1fp × 2에서 COfp와 1fp를 찾는 과정이다.

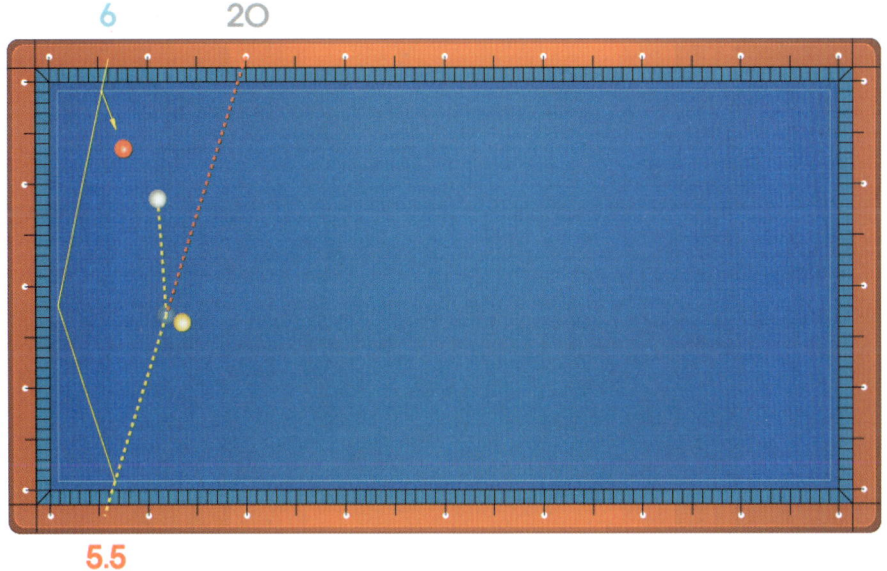

1.3-5 2/3 시스템을 이용한 옆으로 돌리기

d 로드리게즈 시스템 : 오로지 옆으로 돌리기를 위한 시스템으로, 오브젝트볼1이 레일에 붙거나 근접한 경우에 운용한다.

1.3-6은 50 - 20 = 2rp, 즉 2rp는 30인 경우를 표현한 것이다.

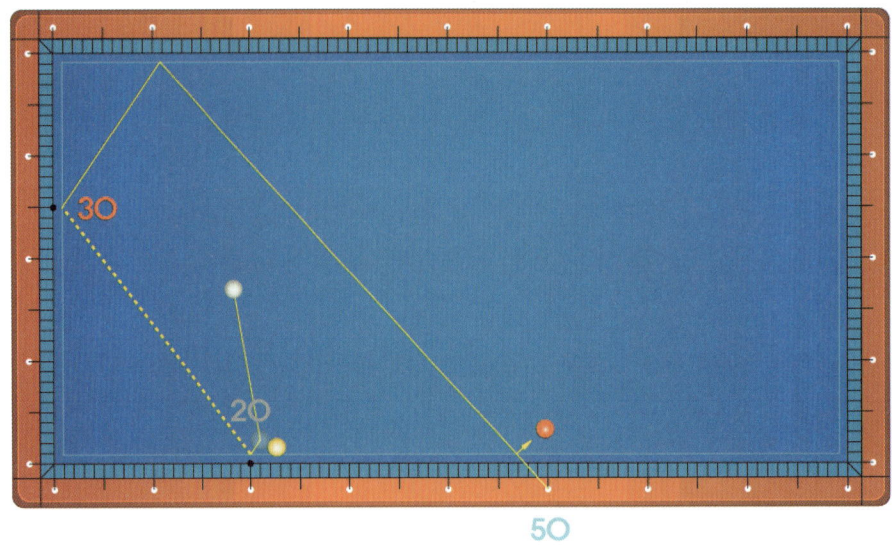

1.3-6 로드리게즈 시스템을 이용한 옆으로 돌리기

e 볼 시스템 : 역시 옆으로 돌리기만을 위한 시스템이다.

1.3-7은 오브젝트볼1의 기준선 수치 2, 큐볼의 정렬선 수치 +1, 원하는 최종 입사점의 수치가 4이므로, 두께와 타점에 부여된 수치를 7, 즉 1/2(4/8) 두께에 3타점을 설정하면 된다.

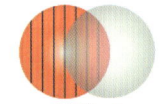

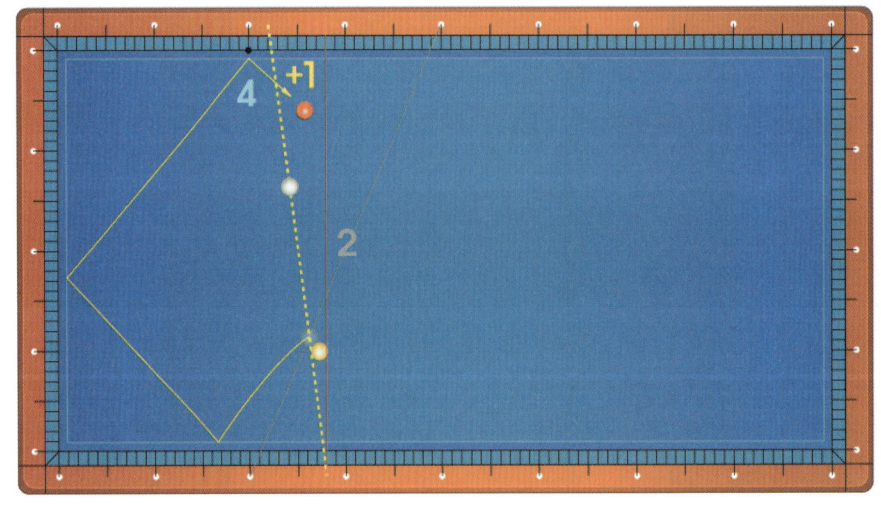

1.3-7 볼 시스템을 이용한 옆으로 돌리기

f 35와 1/2 시스템 : 2/3 시스템과 같은 영역을 담당하므로 뒷공의 배치가 유리한 쪽을 선택하면 된다.

1.3-8에서 보듯, 큐볼 출발점과 35의 중간지점을 찾고, 원하는 최종 입사점과의 거리를 헤아려 첫 입사점을 찾는 방식이다.

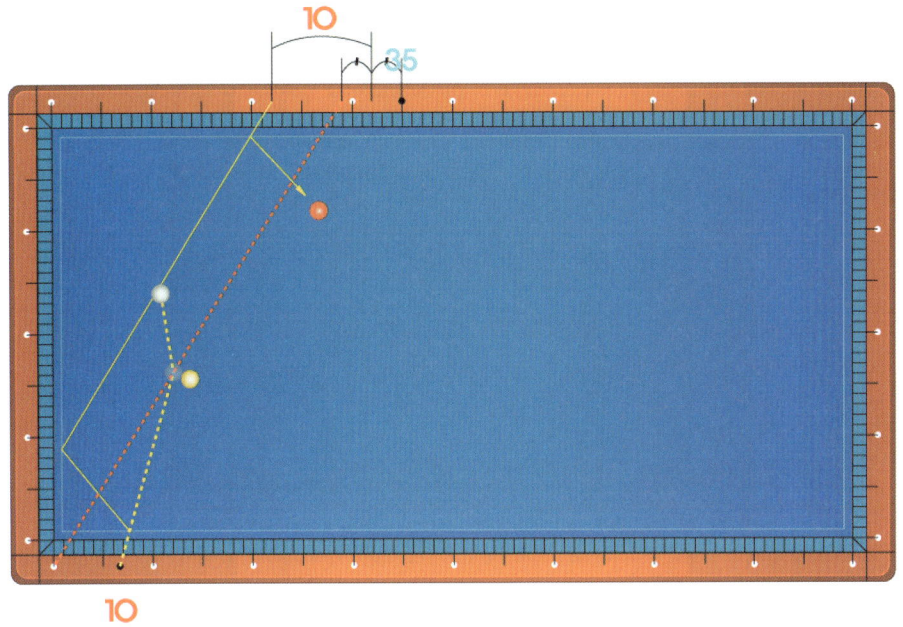

1.3-8 35와 1/2 시스템을 이용한 옆으로 돌리기

g 3팁 횡단 : 요령은 밖으로 돌리기와 동일하므로 설명을 생략한다.

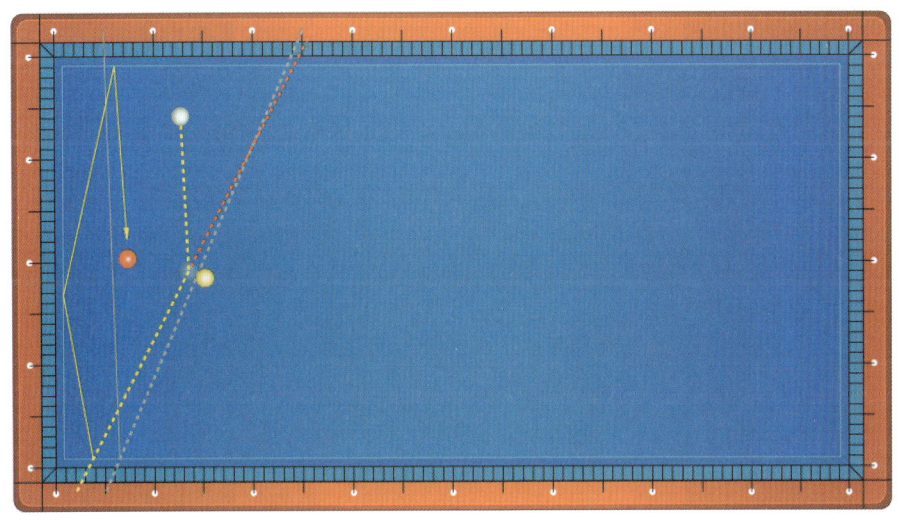

1.3-9 3팁 횡단 시스템을 이용한 옆으로 돌리기

응용편-기본진로　37

h 터키 각 시스템 : 횡 비틀기가 배제된 긴 영역을 담당한다.

1.3-10은 COfp - (60 × 1.5) = 1fp, 즉 COfp - 1fp = 90에서 COfp와 1fp를 찾는 과정이다.

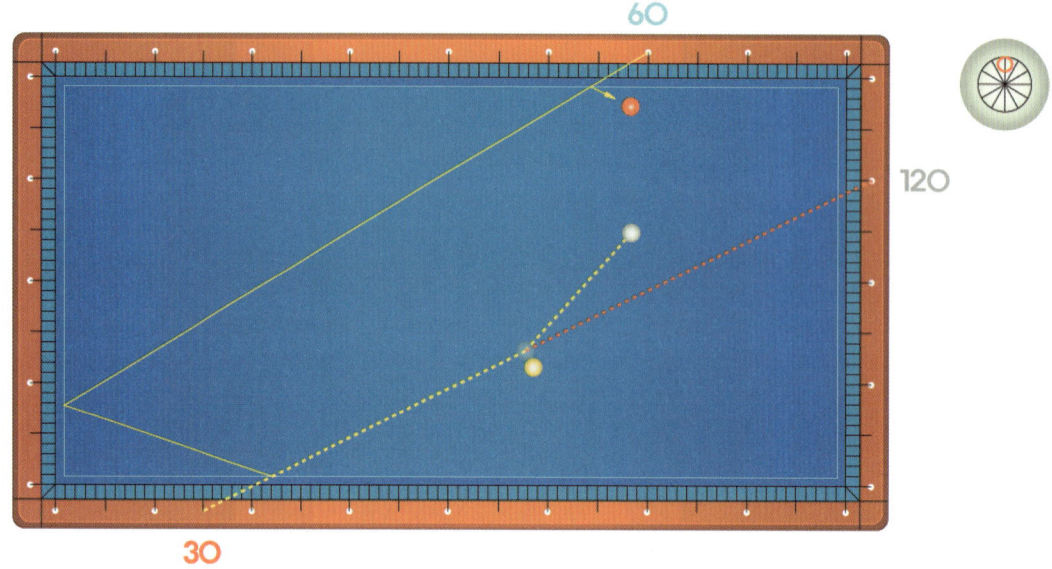

1.3-10 터키 각 시스템을 이용한 옆으로 돌리기

i 마이너스 5 시스템 : 5와 1/2의 보조 시스템으로 활용할 수 있다.

1.3-11는 COfp - 8 - 5 = 1rp, 즉 COfp - 1fp = 13에서 COfp와 1fp를 찾는 과정이다.

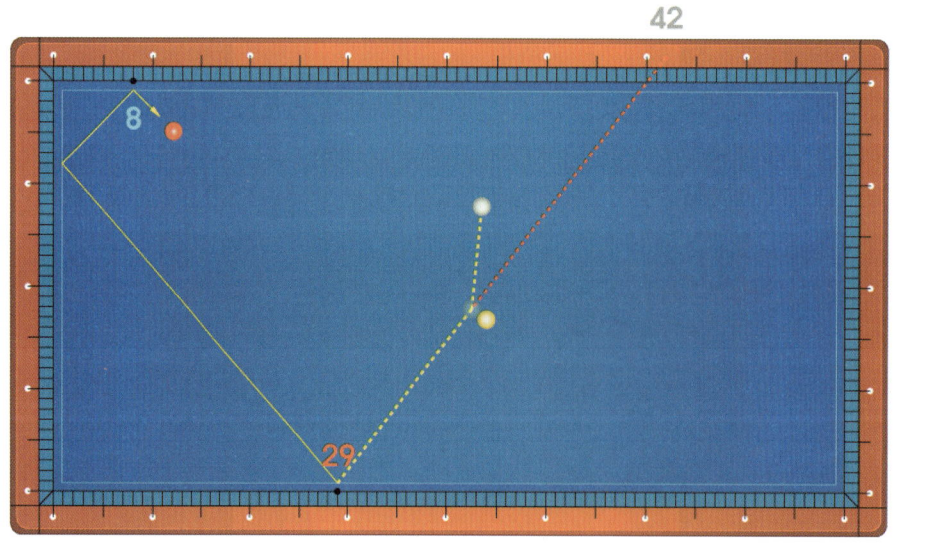

1.3-11 마이너스 5 시스템을 이용한 옆으로 돌리기

1.4 빗겨 치기 Bias Angle Shot

A 형태

오브젝트볼1의 안쪽 면에 충돌한 큐볼이 인접한 레일을 시발로 하는 선회진로를 갖는 샷이다. 첫 입사점이 형성되는 레일에 따라 '장축 빗겨 치기'와 '단축 빗겨 치기'의 두 종류로 구분한다.

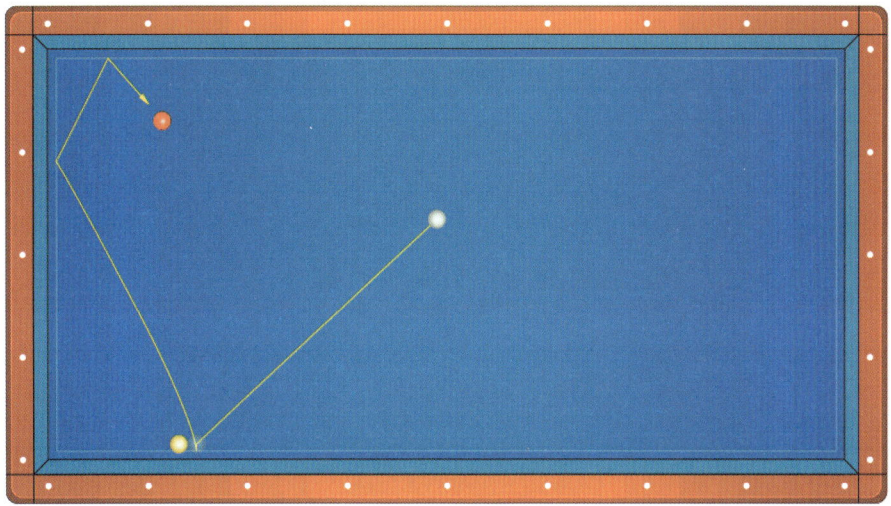

1.4-1 장축 빗겨 치기

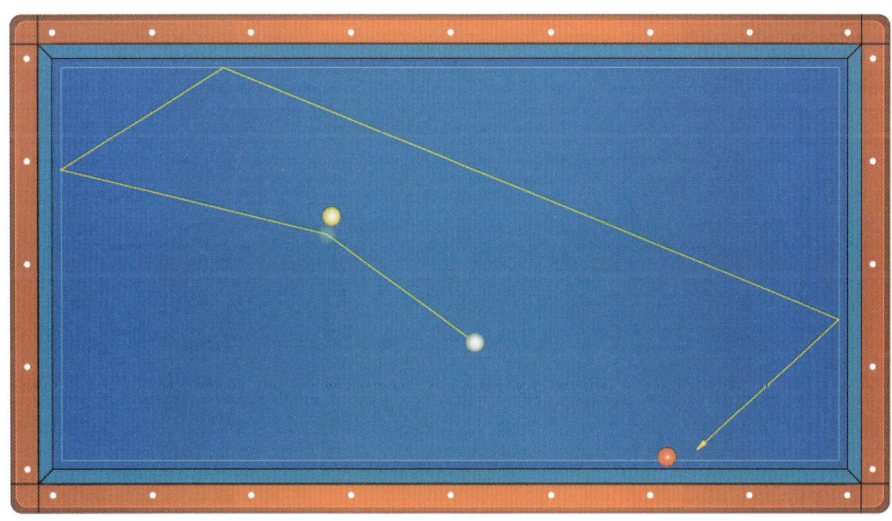

1.4-2 단축 빗겨 치기

※ 장축 빗겨 치기와 밖으로 돌리기의 구분이 애매한 경우가 많다. 일반적으로 오브젝트볼1과 첫 번째 레일이 가까우면 빗겨 치기, 멀면 밖으로 돌리기라 하지만 절대적인 기준은 아니다.

B 장단점

빗겨 치기의 장점은 볼-퍼스트 샷을 통틀어 두 번째로 많은 수의 시스템을 운용할 수 있다는 것이다. 반면 안정된 정렬과 스트록을 갖추지 못하면 득점성공률이 현저히 떨어질 뿐 아니라 뒷공의 배치마저 불리해지는 단점이 있다.

C 시스템 운용

장축과 단축의 두 가지 형태는 연관성이 거의 없기 때문에 시스템의 운용도 완전히 구분된다. 장축 빗겨 치기는 2개의 가변 잉글리시 시스템(마이너스 10, 일출 일몰)만 운용 가능한 반면, 단축 빗겨 치기는 2개의 가변 잉글리시 시스템(거미줄, 페루), 3개의 고정 잉글리시 시스템(플러스, 플러스 2, 3팁 플러스), 3개의 스프레드 시스템(클레이사격, 0팁 플러스, 번), 1개의 등각 시스템(7) 등, 총 9개의 시스템이 운용 가능하다.

a 마이너스 10 시스템 : 빗겨 치기만을 위한 시스템으로, 범위는 극히 제한적이지만 높은 신뢰도를 자랑한다.

1.4-3은 큐볼 출발점 62, 첫 입사점 33의 진로이다.

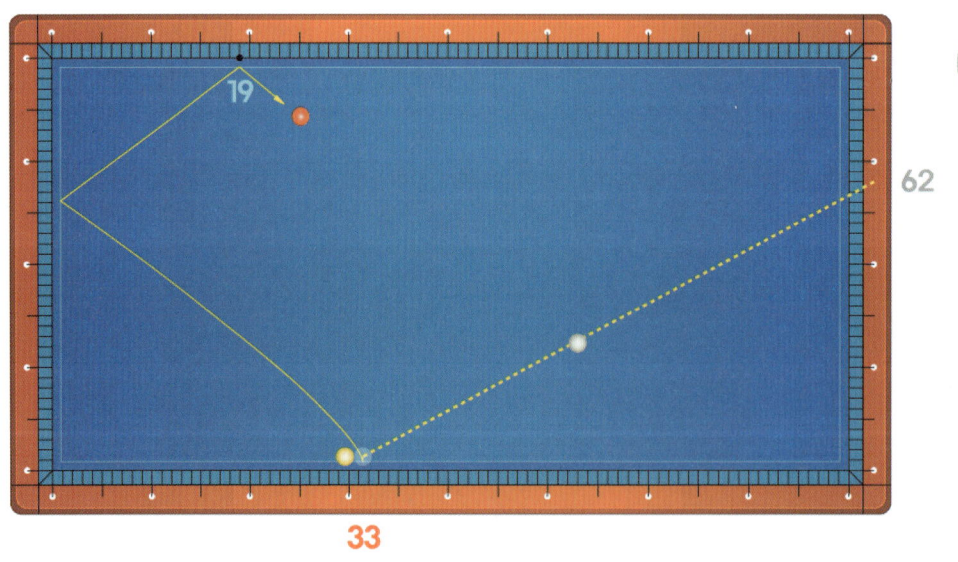

1.4-3 마이너스 10 시스템을 이용한 단축 빗겨 치기

b **일출 일몰 시스템** : 역시 빗겨 치기만을 위한 시스템이다. 마이너스 10 시스템보다 광범위한 영역을 담당한다.

1.4-4는 0.5 + 1 + 2.5 = HPn이므로 4타점을 설정하면 된다.

1.4-4 일출 일몰 시스템을 이용한 장축 빗겨 치기

c **거미줄 시스템** : 큐볼 출발점이 숏 레일에 위치한 경우에 운용한다. 얇은 두께를 설정할 수 있도록 타점을 조정하면 정확도가 높아진다.

1,4-5는 HPn - 1fp = 35에서 HPn과 1fp를 구하는 과정이다.

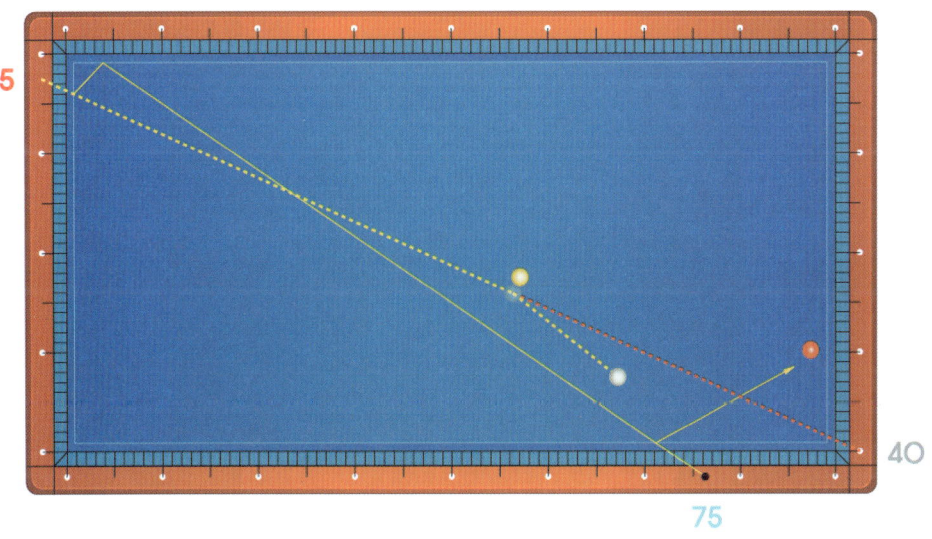

1.4-5 거미줄 시스템을 이용한 단축 빗겨 치기

d 페루 시스템 : 세 번째 입사점이 숏 레일에 위치한 경우에 운용한다.

1.4-6은 -0.5 - 0.5 + 2 = HPn이므로, 1타점을 설정하면 된다.

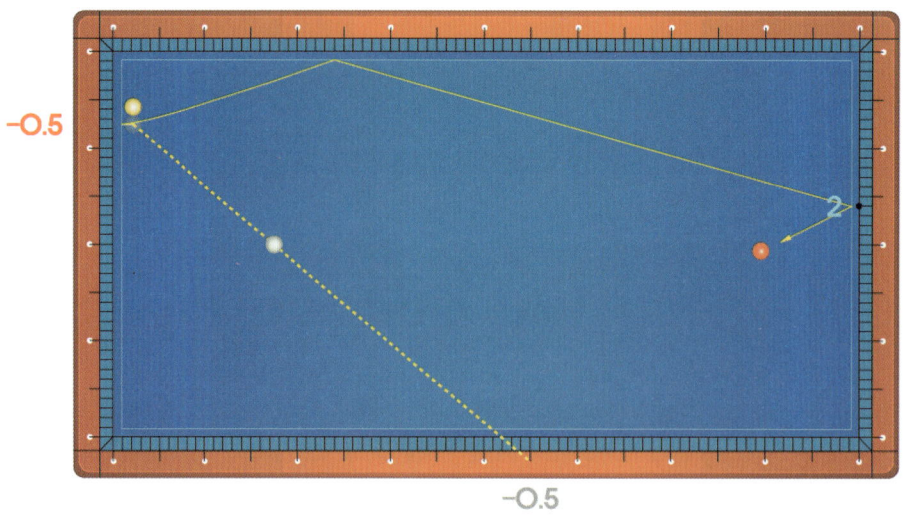

1.4-6 페루 시스템을 이용한 단축 빗겨 치기

e 플러스 시스템 : 큐볼 출발점이 롱 레일에 위치한 경우에 운용한다. 큐볼 출발점 20 ~ 50의 영역과 60 ~ 110의 영역에서 첫 입사점의 수치변화에 유의해야 한다.

1.4-7은 COfp + 1fp = 45에서 COfp와 1fp를 구하는 과정으로, 가상 큐볼의 위치상 출발점 30에서 코너(C = 15)로 정렬하는 것이 정답이 된다.

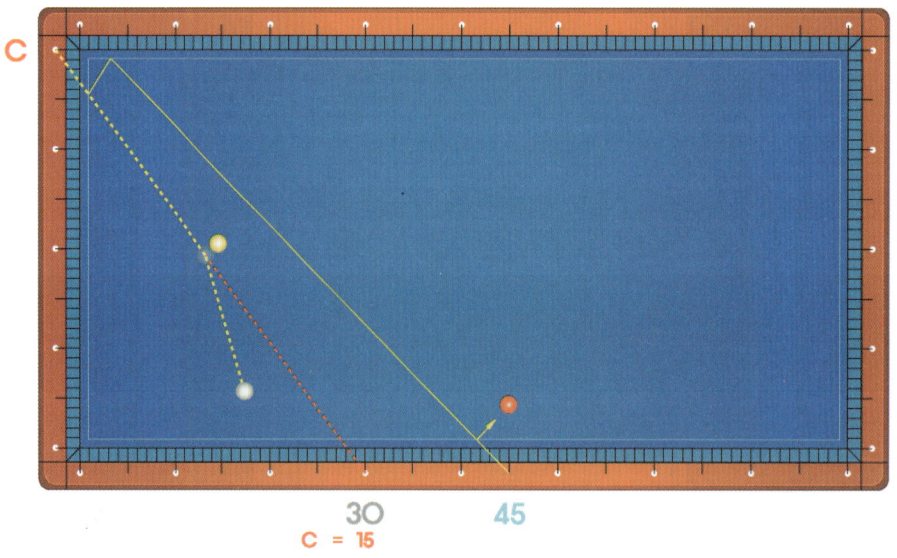

1.4-7 플러스 시스템을 이용한 단축 빗겨 치기

f 플러스 2 시스템 : 큐볼 출발점이 20 미만인 경우에 운용한다. 역시 출발점에 따라 첫 입사점의 수치가 가변한다는 점에 유의한다.

1.4-8은 COfp + 1fp + 20 = 50, 즉 COfp + 1fp = 30에서 COfp와 1fp를 구하는 과정을 표현한 것이다.

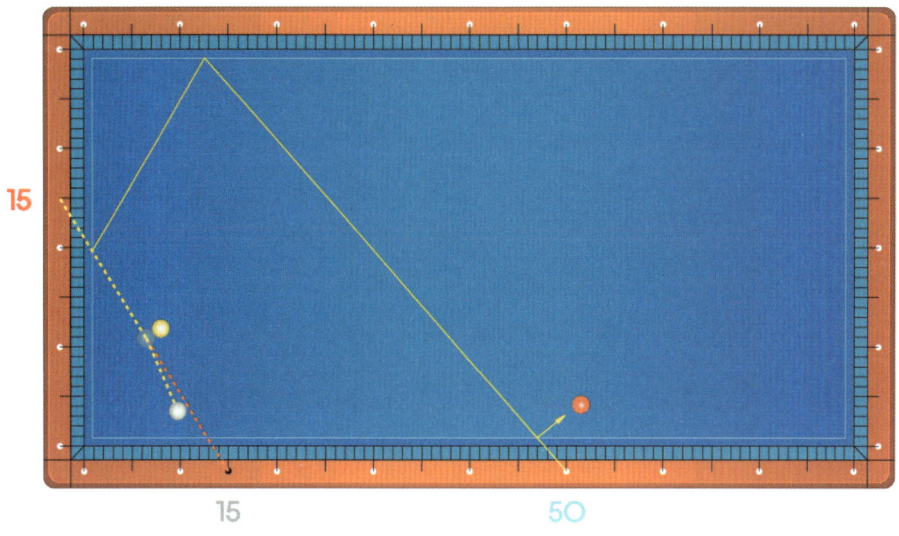

1.4-8 플러스 2 시스템을 이용한 단축 빗겨 치기

g 3팁 플러스 시스템 : 플러스 시스템의 보조적 수단으로 활용한다. 두 시스템 중 더 안정적인 두께를 설정할 수 있는 쪽을 고르면 된다.

1.4-9는 COfp - 1fp = 13에서 COfp와 1fp를 찾는 과정을 표현한 것이다.

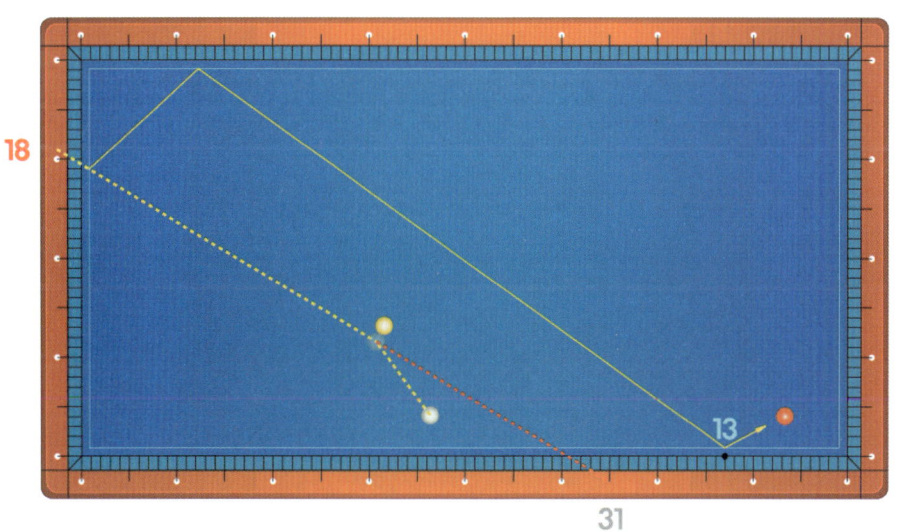

1.4-9 3팁 플러스 시스템을 이용한 단축 빗겨 치기

응용편-기본진로

h 클레이사격 시스템 : 횡 비틀기가 배제된 진로를 담당한다.

1.4-10은 COfp - 1fp = 40에서 COfp와 1fp를 찾는 과정이다.

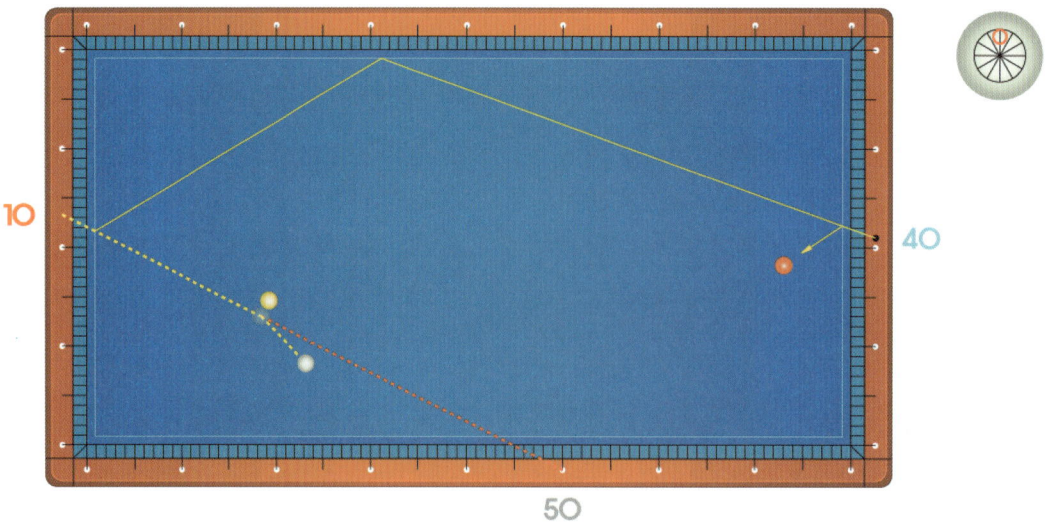

1.4-10 클레이사격 시스템을 이용한 단축 빗겨 치기

i 0팁 플러스 시스템 : 플러스 2 시스템이 미치지 못하는 짧은 영역에서 운용한다. 두께가 너무 얇으면 키스가 발생하기 쉬우므로 오브젝트볼1의 진로를 점검해야 한다.

1.4-11은 세 번째 입사점과 소실점을 이용해 정렬선을 찾는 과정을 표현한 것이다.

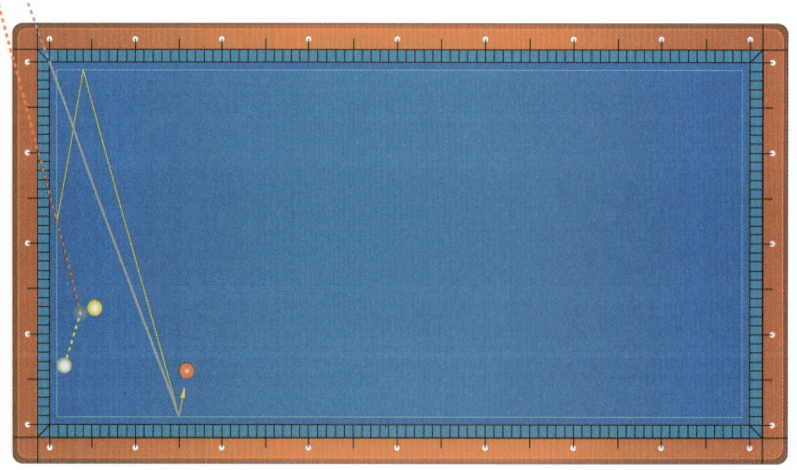

1.4-11 0팁 플러스 시스템을 이용한 단축 빗겨 치기

j 번 시스템 : 거미줄 시스템과 같은 영역을 담당하지만 횡 비틀기를 배제한다는 점이 다르다.

1.4-12는 COfp − (14 × 1.5) = 1fp, 즉 COfp − 1fp = 21에서 COfp와 1fp를 찾는 과정이다.

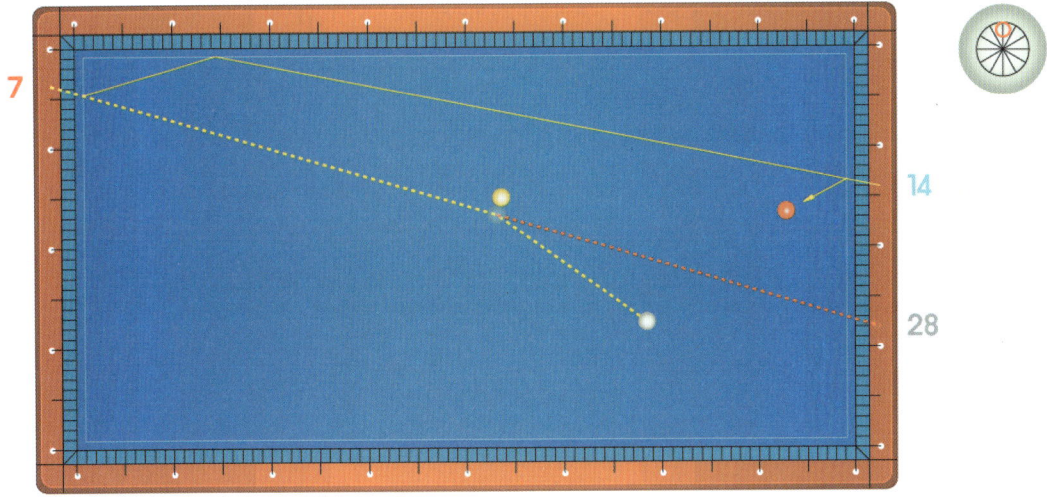

1.4-12 번 시스템을 이용한 단축 빗겨 치기

k 7 시스템 : 클레이사격 시스템의 영역과 번 시스템의 영역을 포괄하는 시스템이다. 첫 번째 입사점에서 입사각과 반사각을 일치시키는 것이 관건이다.

1.4-13은 COfp × 9 = 1fp에서 COfp와 1fp를 찾는 과정이다.

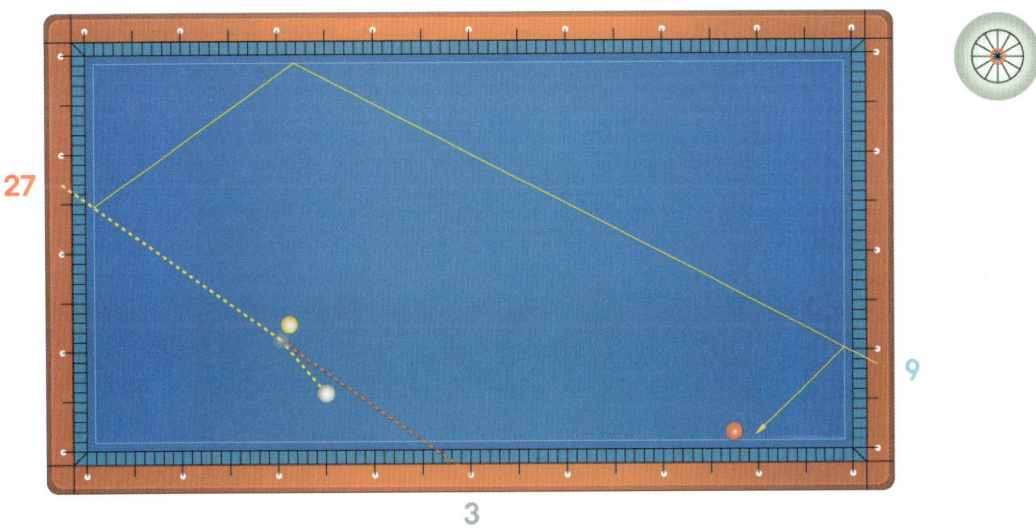

1.4-13 7 시스템을 이용한 단축 빗겨 치기

| 3과 4 시스템 : 오브젝트볼1의 충돌면만 다를 뿐, 요령은 앞으로 돌리기와 같다.

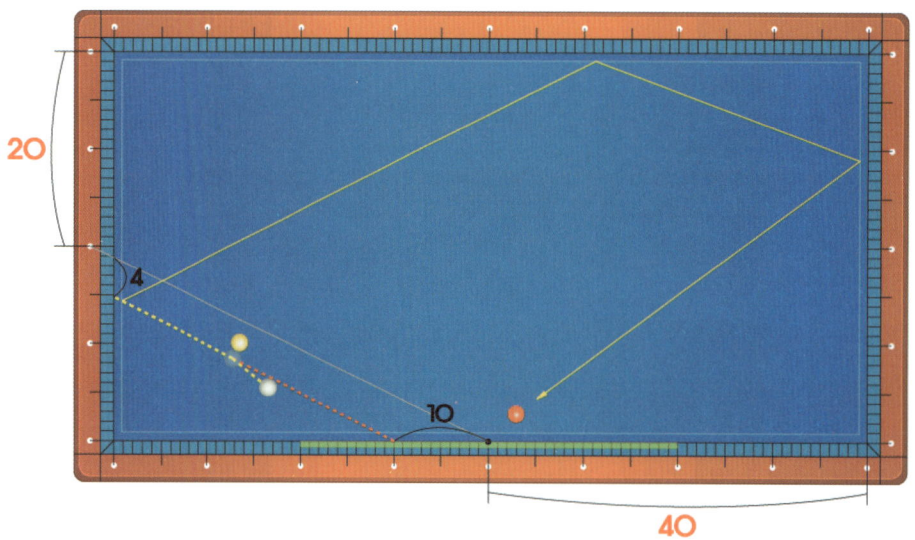

1.4-14 3과 4 시스템을 이용한 단축 빗겨 치기

안으로 돌리기, 밖으로 돌리기, 옆으로 돌리기, 빗겨 치기를 '3쿠션의 4대 기본진로'라 한다. 실전에 사용되는 샷의 대부분이 이에 해당하기 때문에, 4대 기본진로만 완전히 마스터해도 중급 이상의 플레이어라고 할 수 있다. 그러나 넷 중 하나라도 자신이 없다면 절대 최고가 될 수 없다.

> 안으로 돌리기 및 밖으로 돌리기와 옆으로 돌리기 및 단축 빗겨 치기의 결정적인 차이는 자연 분리각, 즉 2차 진로의 편향이 최종진로에 상반된 영향을 미친다는 것이다. 안으로 돌리기와 밖으로 돌리기에서는 자연 분리각이 크게 작용할수록 최종 진로가 길어지는 데 반해, 옆으로 돌리기와 단축 빗겨 치기에서는 자연 분리각이 크게 작용할수록 최종 진로가 짧아지게 된다.

1.5 대회전 Grand Rotations

통상적인 선회진로가 3~4회의 레일터치로 마무리되는 것에 비해, 4~5회 이상의 레일터치로 이루어지는 선회진로를 대회전이라 한다. 레일-퍼스트 샷을 제외한 모든 대회전은 4대 기본진로의 연장이므로 안으로 돌리기·대회전, 밖으로 돌리기 대회전, 옆으로 돌리기 대회전, 빗겨 치기 대회전의 네 종류로 구분할 수 있다.

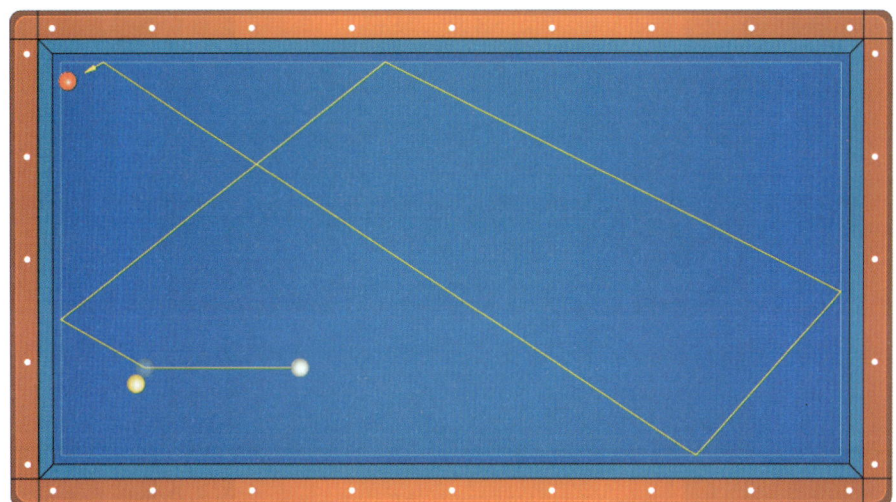

1.5-1 안으로 돌리기 대회전

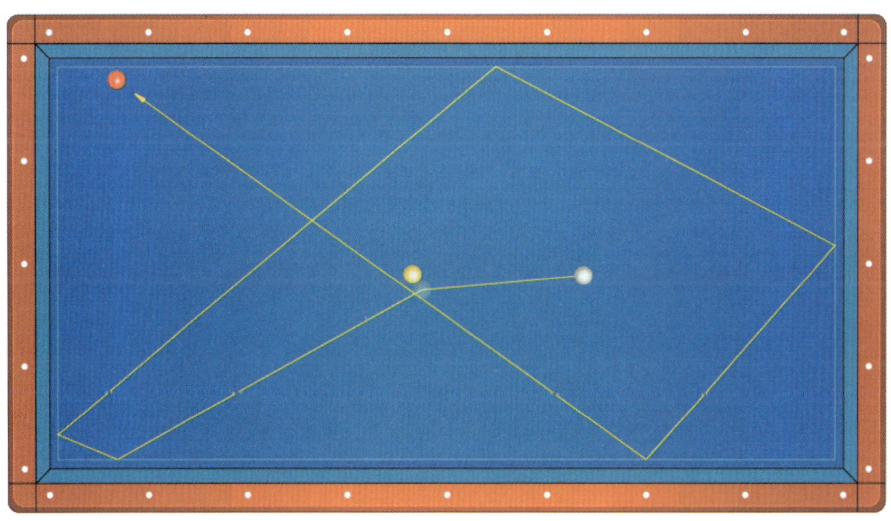

1.5-2 밖으로 돌리기 대회전

응용편-기본진로

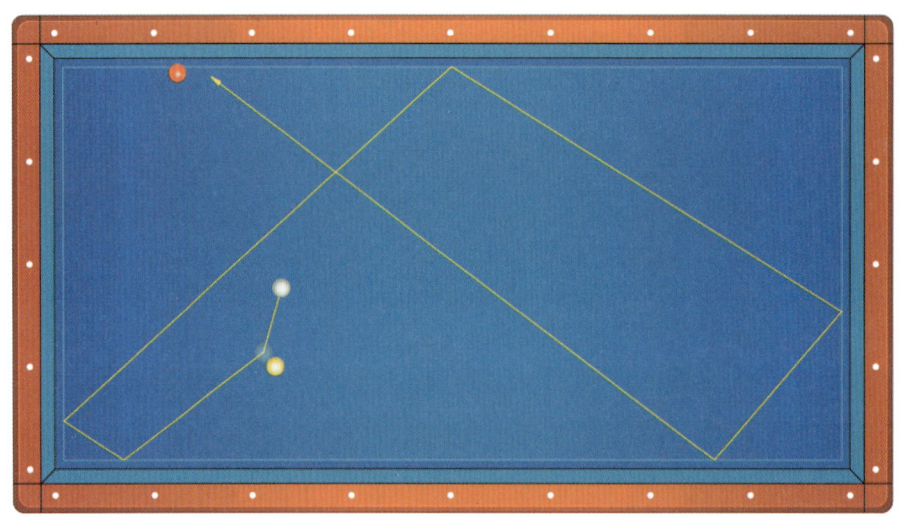

1.5-3 옆으로 돌리기 대회전

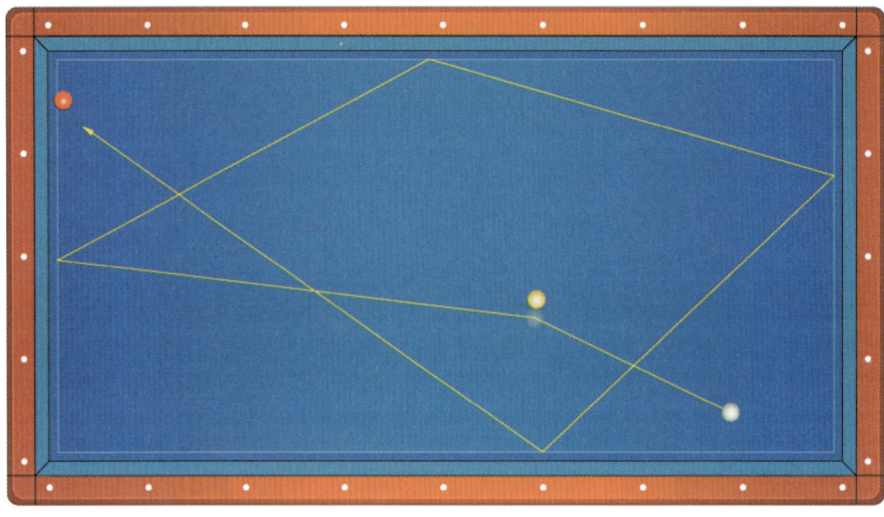

1.5-4 빗겨 치기 대회전

　빗겨 치기 대회전은 단축 빗겨 치기로 한정되며, 6회 이상의 레일터치가 요구되는 '3중 대회전'은 안으로 돌리기와 빗겨 치기 대회전으로 한정된다. 밖으로 돌리기 대회전과 옆으로 돌리기 대회전도 타점을 조절하면 3중 대회전이 가능하지만, 굳이 3중 대회전을 선택할 이유가 없다.

　시스템의 운용은 4대 기본진로에서 긴 영역을 담당하는 시스템에 연장된 5와 1/2 시스템을 연결하는 방식이 대부분이다. 다만 횡 비틀기를 배제하는 경우는 최종 진로에서 레일 잉글리시의 영향을 신중하게 고려해야만 한다. 또한 모든 대회전은 기본적으로 키스의 위험이 높기 때문에 오브젝트볼1의 진로를 면밀하게 검토해야 한다.

A 안으로 돌리기 대회전

빗겨 치기 대회전과 함께 가장 간결한 형태의 대회전으로 손꼽힌다. 거미줄 시스템, 플러스 시스템, 클레이 사격 시스템, 번 시스템, 7 시스템, 3과 4 시스템 등을 연장된 5와 1/2 시스템과 연결하는 방식이다.

1.5-5는 거미줄 시스템과 연장된 5와 1/2 시스템을 이용한 안으로 돌리기 대회전으로, 실제 운용은 연장된 5와 1/2 시스템을 이용해 최종 입사점을 찾아내고 이에 상응하는 세 번째 입사점까지 큐볼을 보내는 데 거미줄 시스템을 운용하는 것이다.

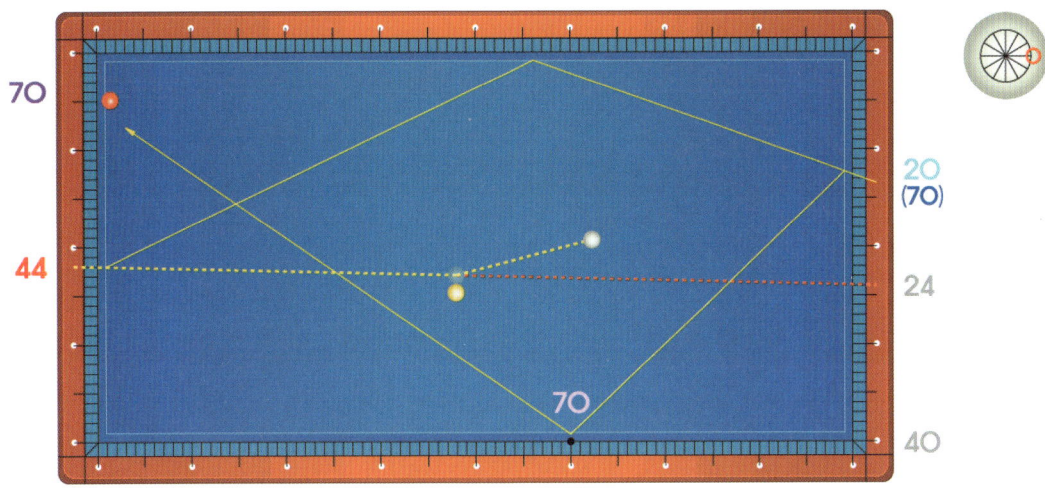

1.5-5 거미줄 시스템과 연장된 5와 1/2 시스템을 이용한 안으로 돌리기 대회전

안으로 돌리기 대회전과 빗겨 치기 대회전은 밖으로 돌리기 대회전이나 옆으로 돌리기 대회전보다 적은 수의 레일터치로 구성되므로, 순수 횡 비틀기(3시 3팁, 혹은 9시 3팁)를 설정하지 않을 경우엔 세 번째 입사점에서 반사각이 커지는 성질이 있다. 레일 잉글리시의 효과가 상대적으로 덜한 까닭이다.

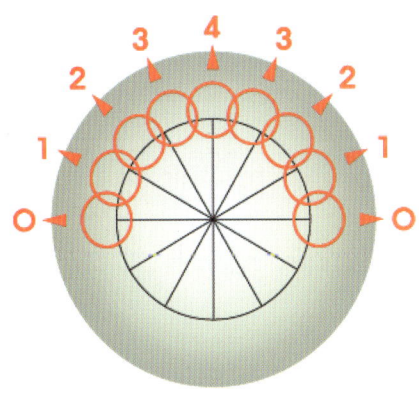

1.5-6 타점별 수치

이런 상황에선 연장된 5와 1/2 시스템을 운용하기가 곤란한데, 시스템을 수정함으로써 문제를 해결할 수 있다. 수정요령은 1.5-6의 타점별 수치와 1.5-7의 구간별 수치에 따라 네 번째 입사점과 다섯 번째 입사점의 위치를 조정하는 것이다. 테이블 값에 따른 보정과 같은 방식이지만, 네 번째와 다섯 번째 입사점을 같은 비율로 이동한다는 점이 다르다. 이 방법은 입사각이 고려되지 않은 것이어서 절대적이라고 볼 순 없어도 에러마진이 웬만큼 확보된 경우엔 충분한 위력을 발휘한다.

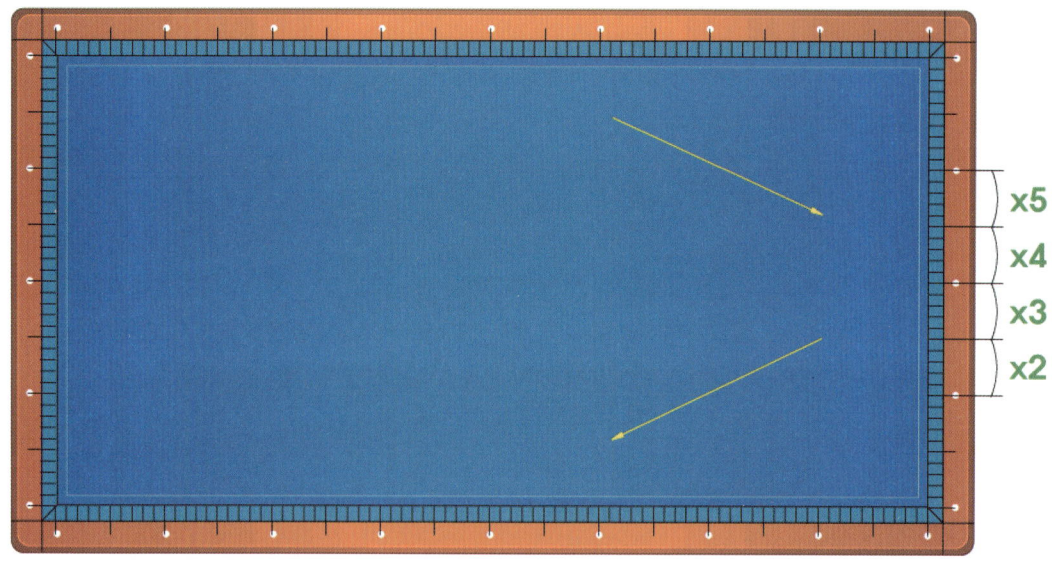

1.5-7 구간별 수치

타점별 수치와 구간별 수치를 곱해 얻은 답만큼 네 번째 입사점과 다섯 번째 입사점을 길게 이동시키면 된다. 1.5-8은 7 시스템과 연장된 5와 1/2시스템을 이용한 안으로 돌리기 대회전으로, 실질적인 세 번째 입사점이 70(구간별 수치 ×5)에 형성됐지만 상대적으로 약한 횡 비틀기(타점별 수치 4)로 인해 네 번째와 다섯 번째 입사점이 각각 90(70 + (4 × 5))이 되는 것이다.

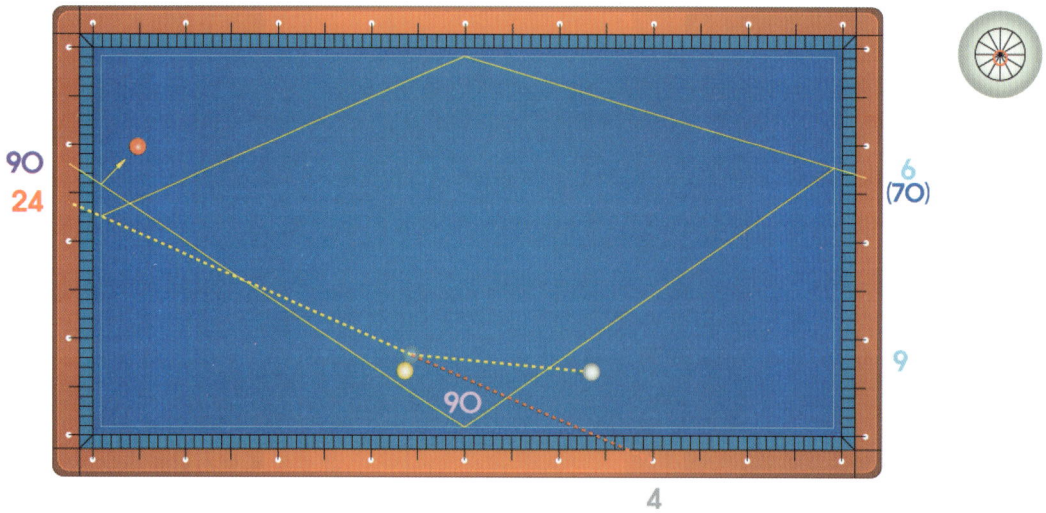

1.5-8 연장된 5와 1/2 시스템의 수정

※ 밖으로 돌리기 대회전이나 옆으로 돌리기 대회전에서도 횡 비틀기가 배제된 경우엔 최종 진로가 다소 길어지지만 에러마진을 벗어날 정도는 아니다.

B 밖으로 돌리기 대회전

두께에 대한 부담이 적기 때문에 가장 안정적인 대회전이라 할 수 있다. 5와 1/2, 터키 각 시스템을 연장된 5와 1/2 시스템에 연결하거나 1/2에 1 시스템을 적용한다.

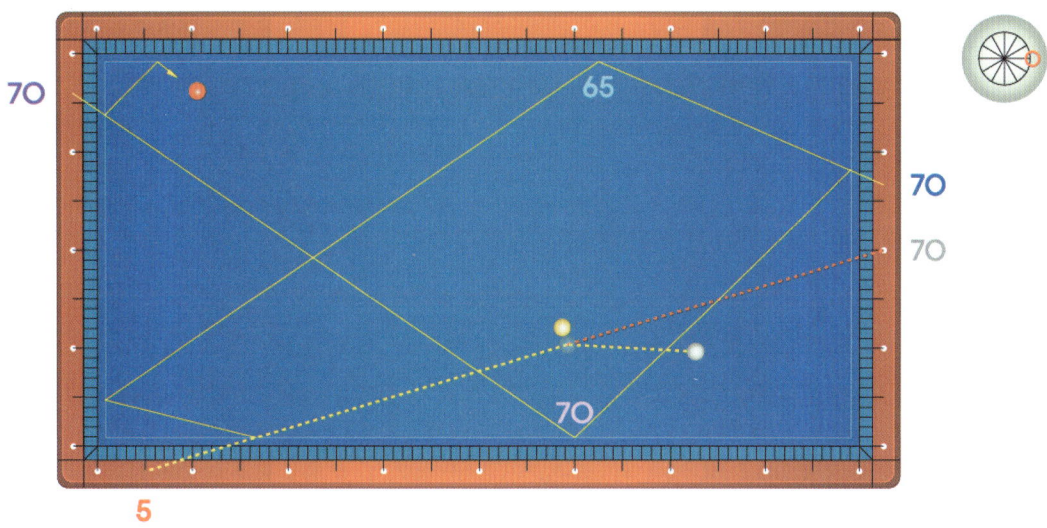

1.5-9 5와 1/2 시스템과 연장된 5와 1/2 시스템을 이용한 밖으로 돌리기 대회전

C 옆으로 돌리기 대회전

사용빈도와 득점성공률이 가장 높은 대회전이다. 밖으로 돌리기 대회전과 마찬가지로 5와 1/2, 터키 각 시스템을 연장된 5와 1/2 시스템에 연결하거나 1/2에 1 시스템을 적용한다.

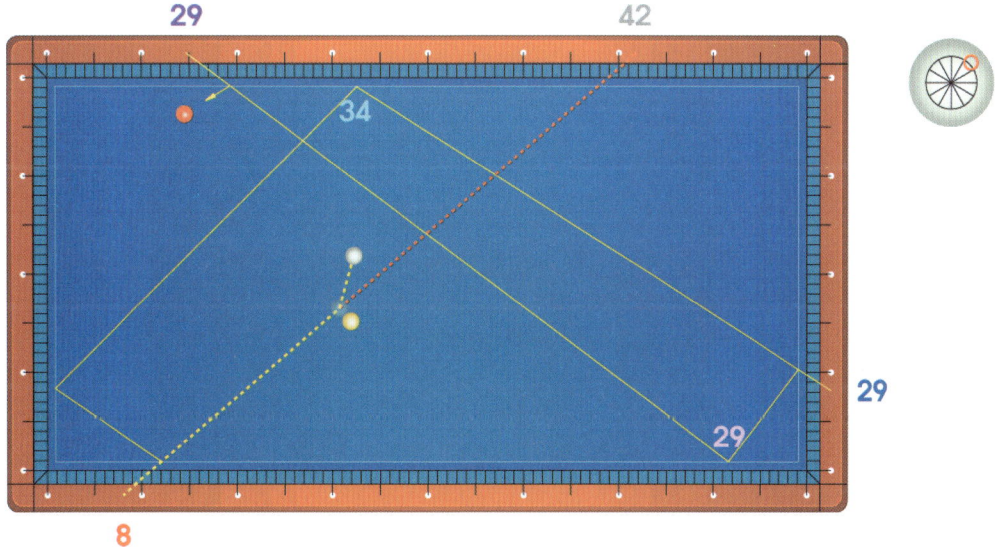

1.5-10 5와 1/2 시스템과 연장된 5와 1/2 시스템을 이용한 옆으로 돌리기 대회전

D 빗겨 치기 대회전

 정확한 첫 입사점과 입사각이 요구되므로 정렬이 까다로운 편이다. 앞으로 돌리기 대회전과 마찬가지로 거미줄 시스템, 플러스 시스템, 클레이 사격 시스템, 번 시스템, 7 시스템, 3과 4 시스템 등을 연장된 5와 1/2 시스템과 연결한다.

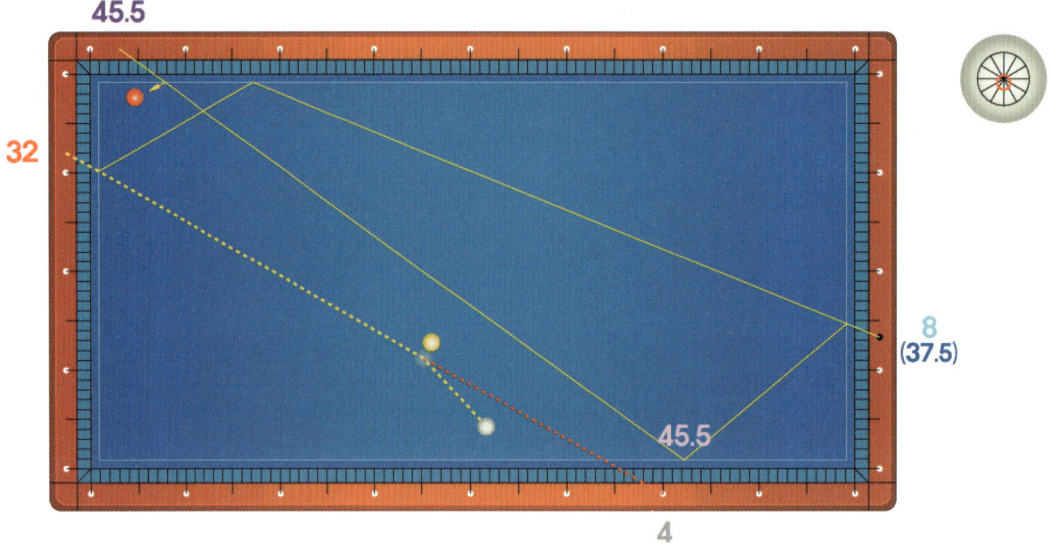

1.5-11 7 시스템과 연장된 5와 1/2 시스템을 이용한 빗겨 치기 대회전

 1.5-11의 타점별 수치는 4이고 구간별 수치는 ×2이므로, 연장된 5와 1/2 시스템을 8만큼 길게 수정해야 한다.

 ※ 단축 빗겨 치기도 그렇지만, 빗겨 치기 대회전은 자연 분리각에 특히 민감한 진로이다. 따라서 자연 분리각의 발생이 불가피한 상황이라면 팁을 줄이거나 약간의 하단 타점을 설정해 구름관성을 억제해야 최종 진로가 짧아지는 현상을 막을 수 있다.

1.6 테이블 횡단 Cross Table Shot

다음에 소개될 되돌려 치기를 제외하면 선회진로가 아닌 모든 샷이 횡단진로라 할 수 있다. 구조는 선회진로에 비해 단순하지만 수준 높은 정렬과 스트록이 요구되므로 많은 연습이 필요하다.

A 순수 횡단 pure cross table

마주보는 두 레일 내에서만 입사점이 형성되는 샷으로, 최종 입사점이 첫 입사점 뒤에 형성되는 '전진횡단 forward crossing'과 최종 입사점이 첫 입사점 앞에 형성되는 '역진횡단 backward crossing'이 있다.

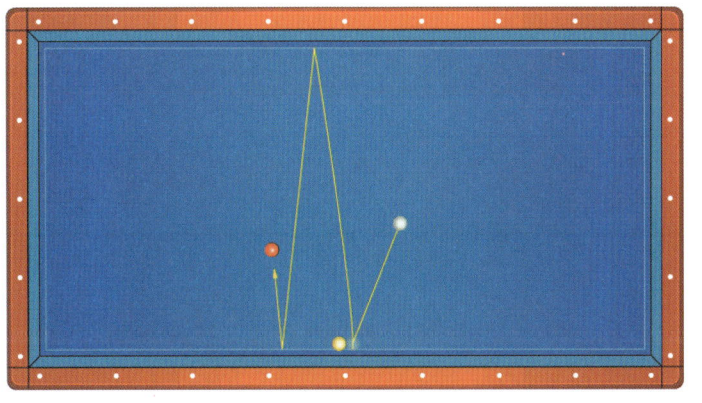

1.6-1 전진횡단

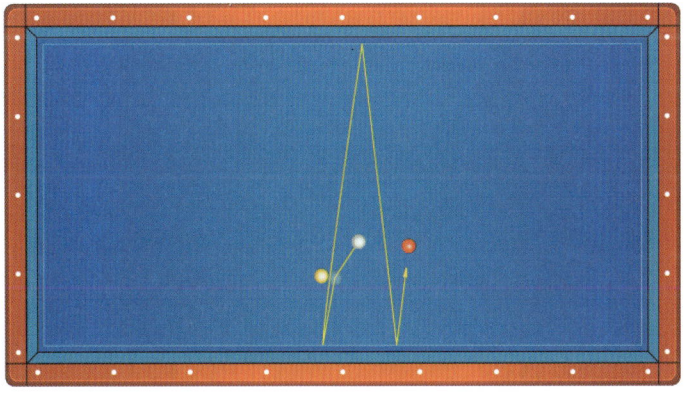

1.6-2 역진횡단

응용편-기본진로 53

순수 전진횡단의 경우는 운용할 수 있는 시스템이 없어 감각에 대한 의존도가 높은 샷이지만, 몇 가지 원리를 이해하면 충분한 자신감을 가질 수 있다.

🎱 두께는 마이너스 10이나 일출 일몰 시스템의 두께와 같거나 조금 더 얇게 설정 한다.

두께가 두꺼우면 과도한 밀림현상이 발생하며, 이는 곧 에러마진의 축소로 연결된다.

🎱 첫 입사점과 최종 입사점의 거리에 따라 횡 비틀기를 조절한다.

반 포인트에 30분씩 이동시키되 최대 1시간 30분을 초과하지 말아야 한다.

🎱 1차 진로의 길이와 입사각에 따라 종 비틀기와 스트록의 속도를 조절한다.

1차 진로가 길거나 스트록이 부드러우면 역시 과도한 밀림현상이 발생한다. 충분한 분리각과 적절한 커브를 확보하려면 타점의 고저를 조절해가며 롱 앤 스트롱 스트록을 구사해야 한다.

순수 역진횡단은 30퍼짐 시스템을 그대로 운용하거나 경우에 따라서 약간의 변형을 가하면 된다. 1.6-3은 첫 입사점의 대칭점에서 큐볼 출발점까지의 거리와 첫 입사점의 대칭점에서 두 번째 입사점까지의 거리를 더한 결과가 15가 되는 30 퍼짐 시스템의 특성을 이용한 순수 역진횡단 샷을 표현한 것이다.

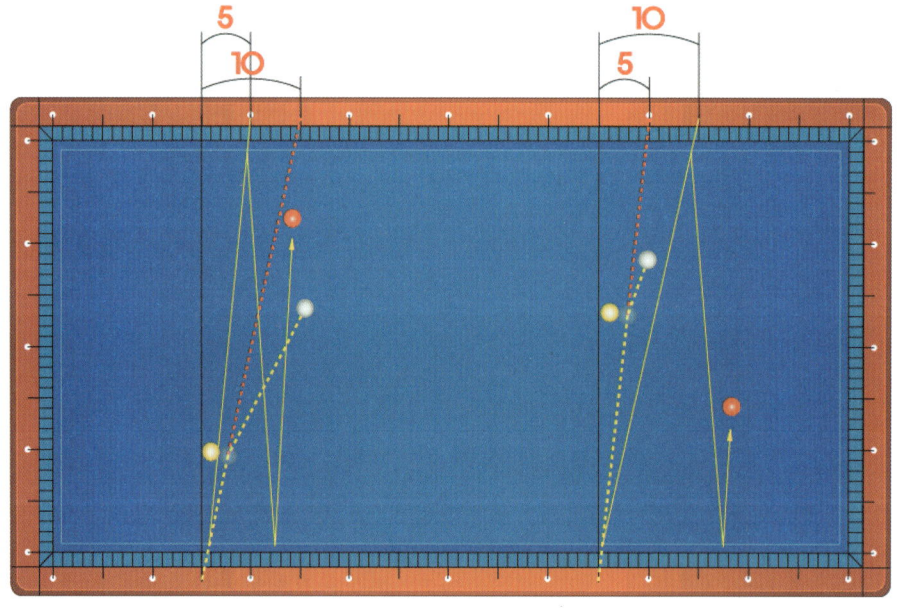

1.6-3 30 퍼짐 시스템을 이용한 역진횡단

B 복합 횡단 blended cross table

선회의 성격이 가미된 횡단으로 마주보는 레일 외에도 입사점이 형성된다. 4대 기본진로 중 완전한 선회를 이루지 못하는 짧은 안으로 돌리기와 짧은 단축 빗겨치기도 복합횡단의 일종인 셈이다. 순수 횡단에 비해 종류가 훨씬 다양하며, 3개의 가변 잉글리시 시스템(리버스-엔드, 일출 일몰, 페루), 7개의 고정 잉글리시 시스템(플러스, 플러스 2, 3팁 플러스, 역회전, 30퍼짐, 3팁 횡단, 분열), 3개의 스프레드 시스템(N자 횡단, 0팁 플러스, 지그재그), 4개의 등각 시스템(평행 측정, 십자 측정, 플러스 5, 플로리다 예비) 등 무려 17개의 시스템이 운용 가능하다.

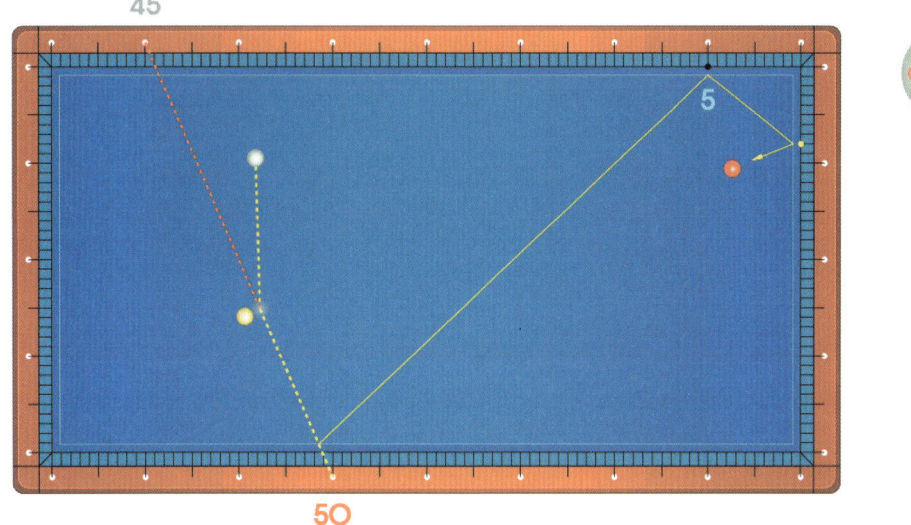

1.6-4 리버스-엔드 시스템을 이용한 복합 횡단

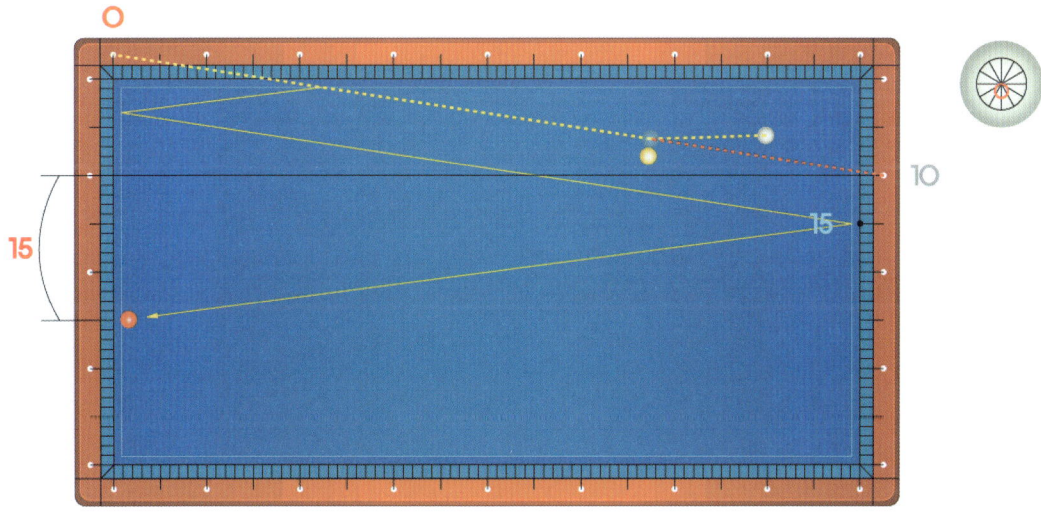

1.6-5 플러스 5 시스템을 이용한 복합 횡단

1.7 되돌려 치기 Turnback Shot

선회진로도 아니고 횡단진로도 아닌 유일한 샷이 바로 되돌려 치기다. 본질적인 원리는 복합 횡단진로의 일종인 역회전 샷과 같지만, 첫 번째와 세 번째 입사점이 동일한 레일에 형성된다는 점이 다르다.

진로 구성이 간결하고 무리한 두께를 설정하지 않으면 키스의 위험이 적을뿐더러, 대부분 뒷공의 배치를 유리하게 조절할 수 있다.

최종진로를 조절하는 방식에 따라 더블 레일, 접시 등으로 구분하며, 상단 타점에 의한 회전력이나 구름관성을 이용하는 뱀 샷도 되돌려 치기에 속한다.

A 더블 레일

첫 입사점을 고정시킨 상태에서 타점이동을 통해 최종 진로를 조정하는 샷이다. 2차 진로의 입사각이 작은 경우에 적합하며, 당연히 더블 레일 시스템을 운용한다.

1.7-1은 더블 레일 시스템을 이용한 되돌려 치기로, 7 + 13, 즉 타점 20을 설정하는 경우를 표현한 것이다.

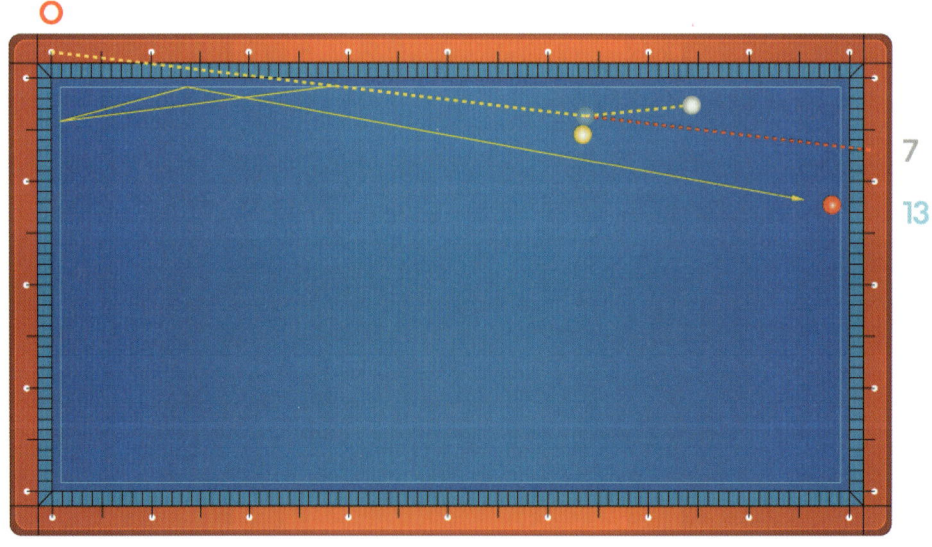

1.7-1 더블 레일 시스템을 이용한 되돌려 치기

B 접시

타점을 고정시킨 상태에서 첫 입사점을 통해 최종 진로를 조정하는 샷이다. 첫 입사각이 큰 경우에 적합하며, 접시 시스템을 운용한다.

1.7-2는 접시 시스템을 이용한 되돌려 치기로, 첫 번째 입사점은 70 - 55, 즉 15가 된다.

숏 레일에 평행한 진로이므로 첫 번째 입사점을 프레임 포인트가 아닌 레일과 프레임의 경계선에 설정해야 한다. 그렇지 않으면 입사각이 늘어나 최종 입사점이 훨씬 짧게 형성된다.

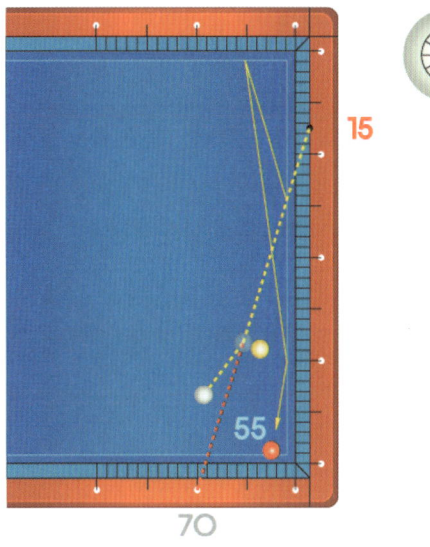

1.7-2 접시 시스템을 이용한 되돌려 치기

실전에서 더블 레일 시스템과 접시 시스템 중 어느 쪽을 선택할지는 전적으로 오브젝트볼 1의 두께에 따라 결정된다. 보다 얇은 두께를 설정하는 편이 다음 공의 배치를 예상하기가 쉽고 각운동과 병신운동의 비율을 널 변화시키기 때문이다.

C 뱀

예술구 성격의 감각적인 되돌려 치기로, 큐볼의 진로가 뱀처럼 휘어지기 때문에 붙은 명칭이다. 마땅한 시스템이 없으므로 여러 가지 배치를 연습해서 타점과 스트록을 몸에 익히는 수밖에 없다.

대개 2/3이상의 충분한 두께를 설정해야 하며, 진로의 휘는 정도는 타점이나 스트록의 강약으로 조절해야 한다. 종 비틀기는 1차 진로의 길이에 맞게 설정하는 것이 바람직하다.

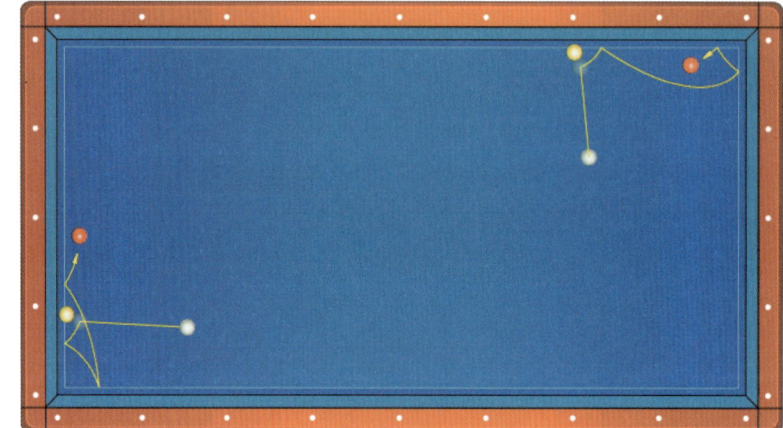

1.7-3 다양한 뱀 샷

1.8 빈 쿠션 치기 Rail-first Shot

 빈 쿠션 치기, 또는 레일-퍼스트 샷은 큐볼이 오브젝트볼과 충돌하기 전에 레일터치가 이루어지는 샷으로, 그 회수에 따라 1뱅크, 2뱅크, 3뱅크로 나뉜다. 볼-퍼스트 샷에 비해 에러마진은 작은 편이지만 시스템을 있는 그대로 운용할 수 있어서 특정 배치에서는 효율적인 득점수단이 된다. 그러나 뒷공의 조절이 제한돼있기 때문에 생각 없이 남발하는 것은 금물이다.

A 1뱅크

 가장 흔히 등장하는 레일-퍼스트 샷으로, '반대 정렬$^{inversive\ alignment}$'의 개념과 반사각의 변화를 이해하면 시스템 없이 구사할 수 있다. 하지만 눈대중에 대한 의존도를 무시할 수 없으므로 오브젝트볼1이 레일에서 많이 떨어져 있거나 극단적인 두께가 요구되는 경우엔 다른 진로를 선택하는 것이 현명하다.

 반대정렬은 오브젝트볼을 진로변경선에 대해 대칭인 위치로 옮겼다고 가정한 것으로 1뱅크 레일-퍼스트 샷의 정렬에서 새로운 기준이 된다. 일부 이론서에는 대칭의 기준을 레일의 날선으로 소개하고 있는데, 이는 큐볼의 지름이 고려되지 않은 엉터리 주장이다.

 많은 이들이 비틀기에 의한 반사각의 변화는 알아도 불완전한 레일의 되튐경도와 구름관성에 의한 변화에 대해서는 모르고 있다. 그러나 1뱅크 레일-퍼스트 샷의 정렬에서 정작 신경 써야 할 요소는 전자라기보다는 후자 쪽이다. 1뱅크 레일-퍼스트 샷을 구상하는 경우는 대개 1차 진로의 입사각이 30°미만인데 이런 각도에서는 비틀기가 반사각에 미치는 영향이 거의 없기 때문이다.

 불완전한 레일의 되튐경도와 구름관성은 반사각을 줄이는 작용을 하는데 입사각이 큰 경우엔 인지할 수 없을 만큼 미미하지만 입사각이 작은 경우엔 그 격차가 확연히 드러난다. 특히 30°미만의 입사각에서는 반사각이 최소 25%에서 최대 45%까지 축소되므로 이를 반영하지 않으면 두께 설정에 문제가 생긴다. 1.8-1은 평균적인 대형테이블에서 상기 내용을 실험한 것으로 입사각이 작아질수록 반사각의 축소가 심화된다는 것을 알 수 있다.

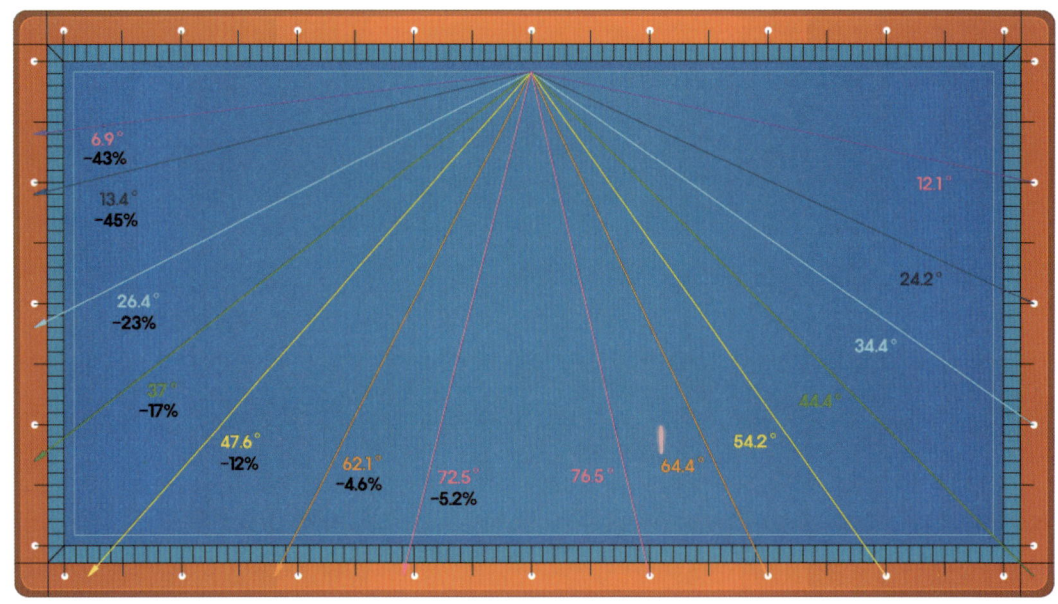

1.8-1 불완전한 레일의 되튐경도와 구름관성에 의한 반사각의 변화

위 두 가지 내용을 실전에 반영해 보자. 아래 1.8-2는 얇은 두께를 설정한 안으로 걸어 치기로 일단 오브젝트볼1을 진로변경선에 대해 대칭이동(황색 점선의 원)한 후 불완전한 레일의 되튐경도와 구름관성을 고려해 추가로 보정(황색 실선의 원)을 해준 것이다.

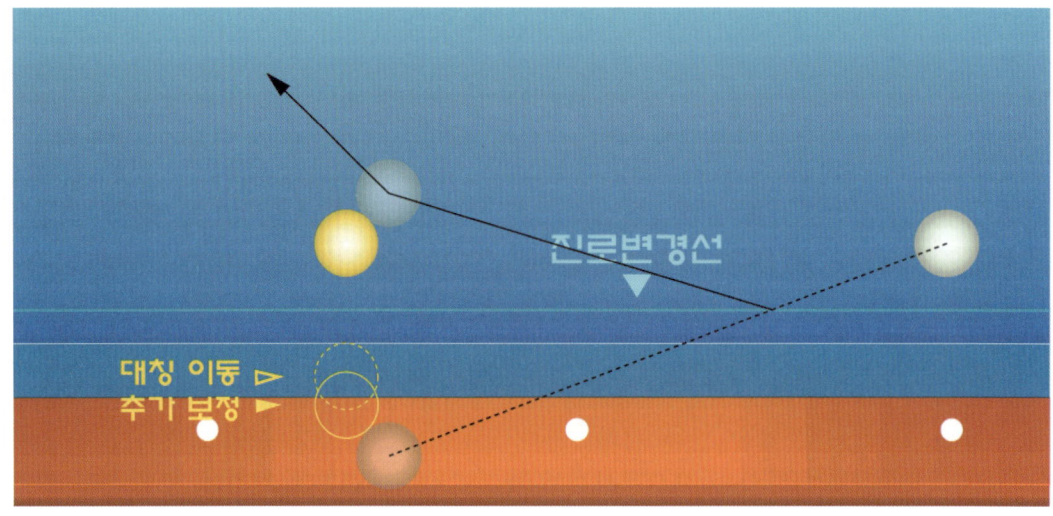

1.8-2 반대정렬과 추가보정

추가보정의 정도는 레일의 재질이나 테이블과 공의 상태에 따라 약간씩 달라질 수 있으니 다양한 배치를 놓고 실험을 해 보는 것이 중요하다.

그러나 상기 요소를 모두 반영하더라도 편차의 소지는 남아있다. 바로 스쿼트와 레일의 형태변화, 그리고 커브가 그것이다. 스트록에 무리한 힘이 들어가거나(스쿼트와 레일의 형태변화) 수평각을 억제하지 못한다면(커브) 이제까지의 설명은 아무짝에도 쓸모가 없다. 동호인들이 매우 빈번하게 저지르는 실수 중 하나를 예로 들어보자. 1.8-3은 극단적인 형태의 1뱅크 안으로 걸어 치기인데, 구름관성으로 인한 밀림현상이 발생할까 두려워 강한 스트록을 구사하면 과도한 스쿼트로 인해 두께가 얇아지거나 심지어 오브젝트볼을 아예 맞히지도 못하는 사태가 벌어진다.

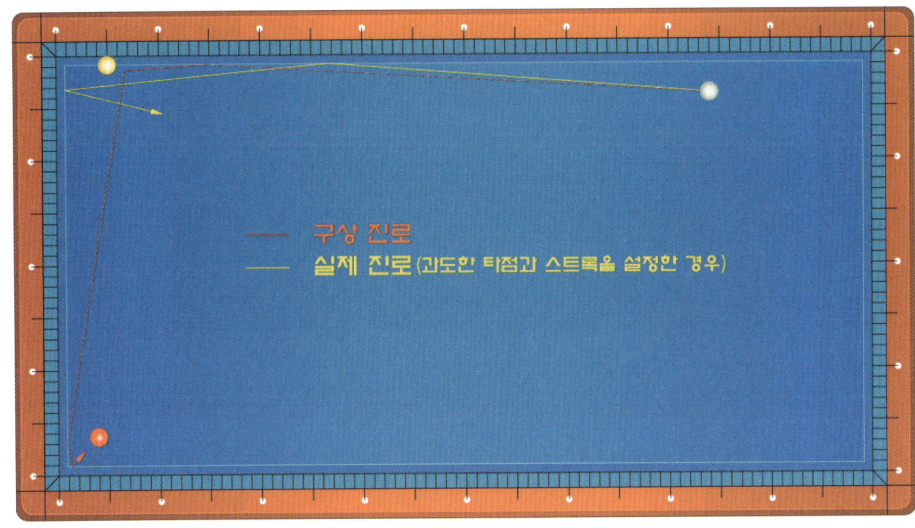

1.8-3 스쿼트에 따른 범실

이처럼 1차 진로가 긴 경우는 횡 비틀기를 최소로 억제해서 스쿼트의 여지를 없애는 것이 가장 확실한 해법이다. 세 번째 입사섬에서는 오브젝트볼과의 충돌, 레일터치로 인한 적정량의 잉글리시가 생성되기 때문에 걱정할 것이 없다.

이 모든 것에 대한 제어가 적절하게 이루어 질 때 비로소 1뱅크 레일-퍼스트 샷에 대한 자신감을 손에 넣게 된다. 이제 각각의 예제를 통해 알아 두면 도움이 되는 팁들을 살펴보기로 하자.

a 안으로 걸기^{inside hook shot} : 두께에만 의존하지 말고 적절한 종 비틀기를 추가하거나 구름관성을 이용, 반사각을 축소시킴으로써 보다 득점확률이 높은 진로를 확보할 수 있다.

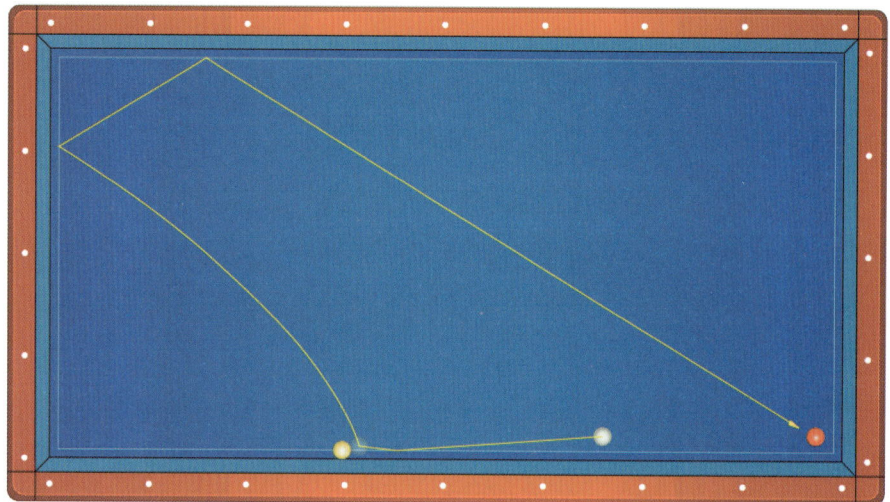

1.8-4 1/2이상의 두께와 상단 타점을 설정한 1뱅크 안으로 걸어 치기

b 밖으로 걸기^{outside hook shot} : 1.8-5와 같이 급격한 큐볼의 진로변화가 필요한 경우는 순 방향 횡 비틀기를 많이 사용할수록 어려워진다. 두꺼운 두께로 인해 두 번째 입사각이 확대되면서 횡 비틀기의 영향력이 커지고 결국 반사각의 축소로 이어질 가능성이 크기 때문이다.

1.8-5 종 비틀기만을 이용한 1뱅크 밖으로 걸어 치기

반대로 1.8-6과 같이 큐볼의 진로변화를 최대한 억제해야 하는 경우는 득점의 성공 여부가 정렬과 스트록을 얼마나 정교하게 조정하고 부드럽게 구사하느냐에 달려있다. 두 가지 모두 감각에 대한 의존도가 높기 때문에 많은 연습을 통해 득점확률을 높여야 한다. 이런 경우에 최종 반사각을 극대화하려는 목적으로 횡 비틀기를 배제하려들면 두 번째 반사각이 확대될 위험이 크다.

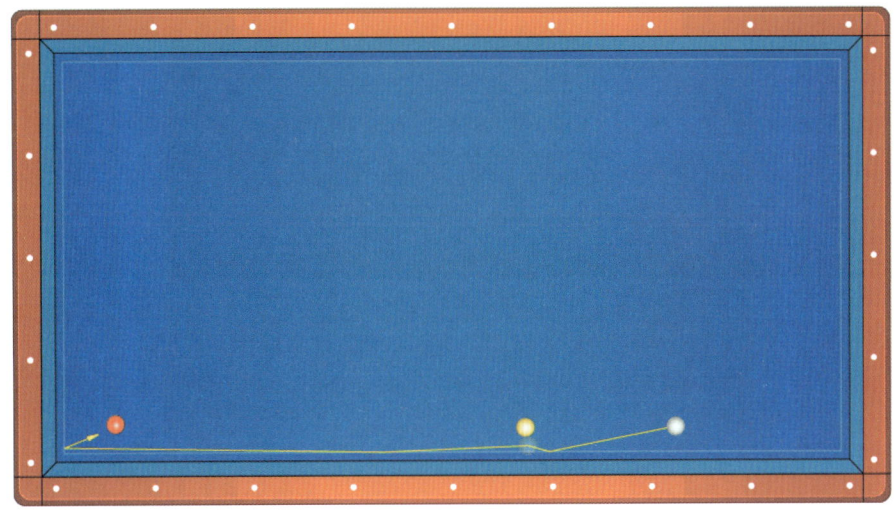

1.8-6 정교한 정렬과 부드러운 스트록을 이용한 1뱅크 밖으로 걸어 치기

C 앞으로 걸기^{foreside hook shot} : 입사각이 크기 때문에 정렬에 횡 비틀기의 영향까지 계산에 넣어야 하는 샷이다. 대개는 정상적인 기본진로가 존재하므로 1.8-7처럼 득점확률이 높거나 1.8-8처럼 다른 진로가 마땅치 않은 경우가 아니면 삼가는 것이 좋다.

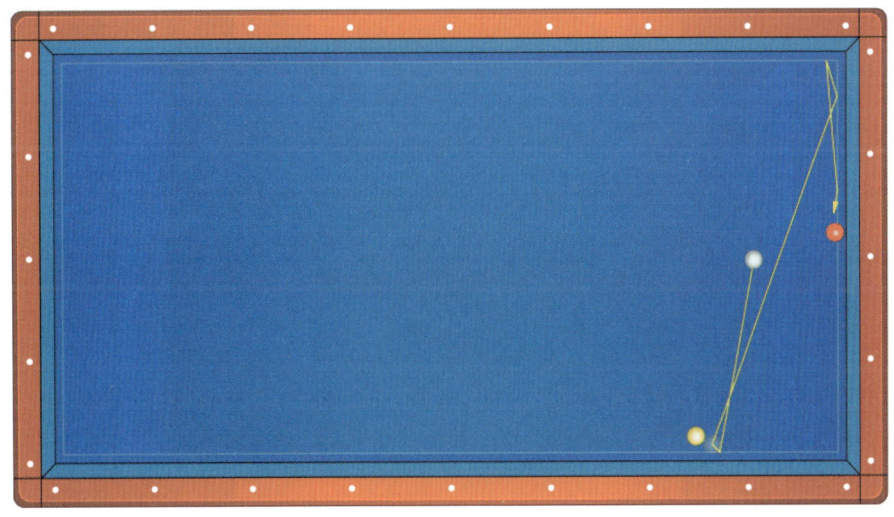

1.8-7 득점확률이 높은 1뱅크 앞으로 걸어 치기(역진)

응용편-기본진로 63

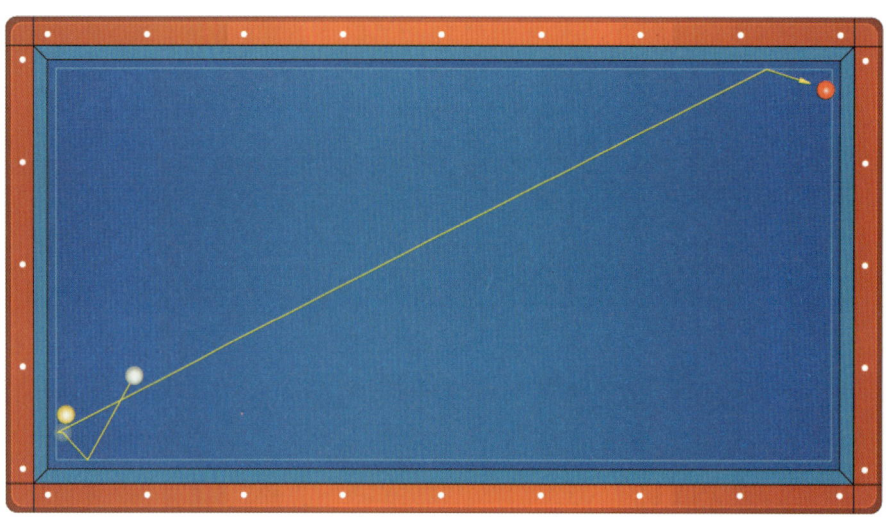

1.8-8 다른 선택이 없는 1뱅크 앞으로 걸어 치기(전진)

※ 1.8-8과 같은 샷은 부드러운 스트록을 구사할수록 득점확률이 높아진다. 동일한 두께일 때 스트록이 강하면 분리각이 커지면서 큐볼의 횡 비틀기가 제대로 작용하지 않는다.

d 뒤로 걸기 backside hook shot : 진로의 특성상 횡 비틀기를 유지하기가 어렵고 키스의 위험이 높기 때문에 1.8-9와 같이 입사각이 충분히 확보되고 극단적인 두께를 피할 수 있는 경우에만 구사하는 것이 바람직하다.

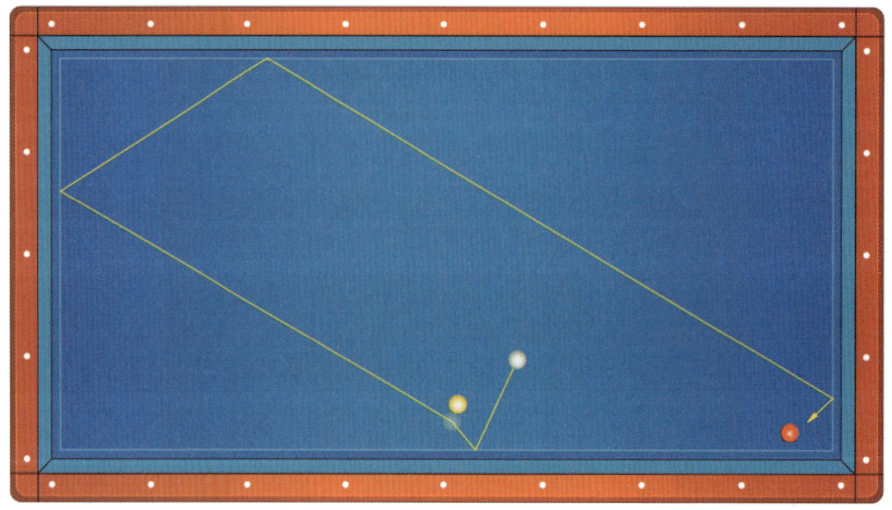

1.8-9 입사각이 넉넉한 1뱅크 뒤로 걸어 치기

B 2뱅크

운용할 수 있는 시스템이 한정적인 까닭에 실질적으로 가장 까다로운 레일-퍼스트 샷이라고 할 수 있다. 따라서 맞춤한 시스템이 존재하고 오브젝트볼1까지의 진행거리가 비교적 짧은 경우에만 시도하기를 권장하는 바이다.

※ 순(플러스) 비틀기를 사용해야 하는 경우와 비틀기를 배제하거나 약간의 역(마이너스) 비틀기를 사용해야 하는 경우, 상단 타점을 설정해야 하는 경우와 하단 타점을 설정해야 하는 경우를 명확히 구분해 시스템을 유연하게 보정해주면 충분한 에러마진을 확보할 수 있다. 물론 그런 경지에 도달하기까지는 많은 시간과 노력을 투자해야 한다.

a 안으로 걸기 : 1.8-10은 비틀기에 따른 반사각의 변화(1부 7.5 참조)를 응용한 전형적인 2뱅크 안으로 걸어 치기의 형태다. 밀고 당기기 시스템으로는 큐볼이 오브젝트볼 2에 도달할 수 없기 때문에 비틀기를 이용해 필요한 입사각을 확보하는 것이다. 시합 중에 이런 배치를 만나는 경우는 드물지만 평소 약간의 연습만 해 둔다면 침착하게 대처할 수 있다.

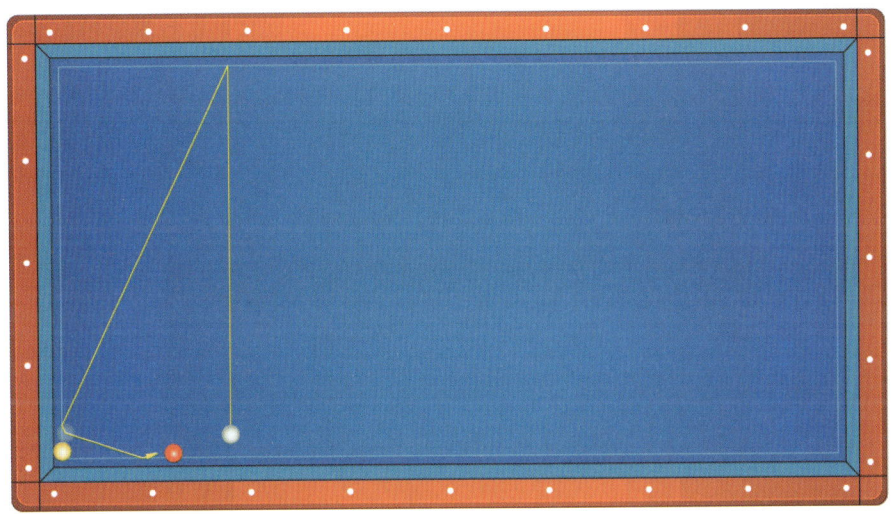

1.8-10 횡 비틀기를 이용한 2뱅크 앞으로 걸어 치기

b 밖으로 걸기 : 도쿄 연결 시스템과 같이 횡 비틀기를 설정하는 형태도 있지만 대개 긴 쐐기 시스템이나 밀고 당기기 시스템을 이용한다. 역전효과(1부 7.5 참조)를 고려해 약간의 종 비틀기를 가미하면 득점확률을 높일 수 있다.

1.8-11은 오브젝트볼1과 레일의 간격이 좁아 큐볼이 오브젝트볼을 두껍게 밀고 들어가야 득점이 가능한 형태다. 이 경우 큐볼에 하단 타점을 설정함으로써 첫 번째 레일 터치 후 밀어 치기의 효과를 낼 수 있다. 단, 역 방향 종 비틀기의 영향으로 반사각의 확대현상이 나타나기 때문에 입사점을 짧게 보정해주어야 한다.

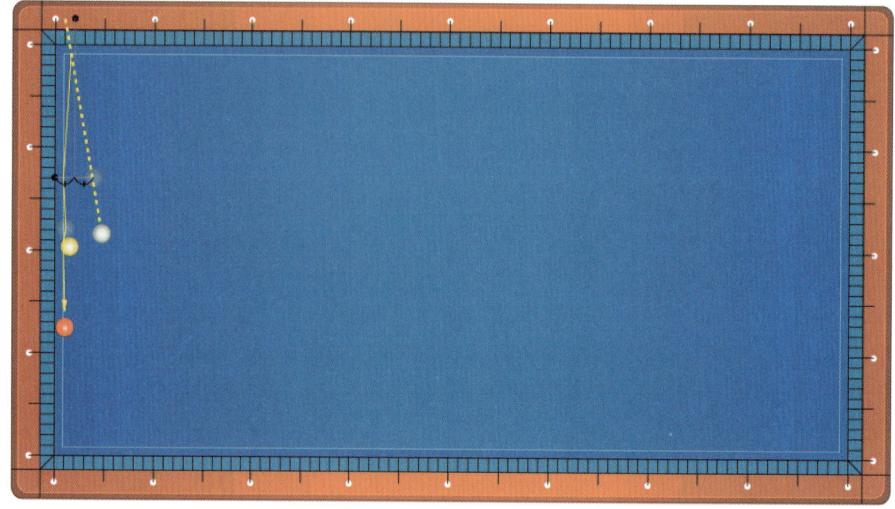

1.8-11 하단 타점을 설정한 2뱅크 밖으로 걸어 치기

반대로 1.8-12는 오브젝트볼2의 위치상 큐볼과 오브젝트볼1의 충돌 후 반사각의 확대가 필요하다. 이 경우 상단 타점을 설정함으로써 첫 번째 레일터치 후 끌어 치기의 효과를 낼 수 있다. 타점이 기본 시스템과 유사하기 때문에 별도의 보정은 필요치 않으며 구름관성이 발생하지 않도록 경쾌한 스트록을 구사하되, 레일의 형태변화가 일어나지 않도록 주의만 해주면 된다.

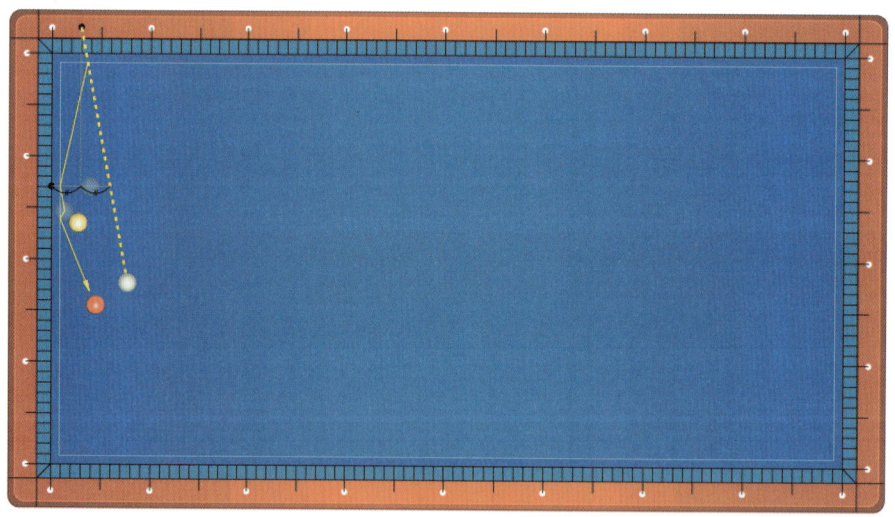

1.8-12 상단 타점을 설정한 2뱅크 밖으로 걸어 치기

1.8-12에서 약간의 역 방향 횡 비틀기를 설정하고 입사점을 수정해 첫 번째 반사각을 크게 해 주는 것도 멋진 해법이다. 그러나 그런 기교는 반드시 연습을 거쳐 체계가 잡힌 후에 시도해야 한다.

c 앞으로 걸기 : 1뱅크와 마찬가지로 전진과 역진의 형태가 있다. 적용할 수 있는 시스템은 전진의 경우 5와 1/2 시스템이 압도적이고 역진의 경우 5와 1/2 시스템이나 플러스 계열 시스템들이 주를 이룬다.

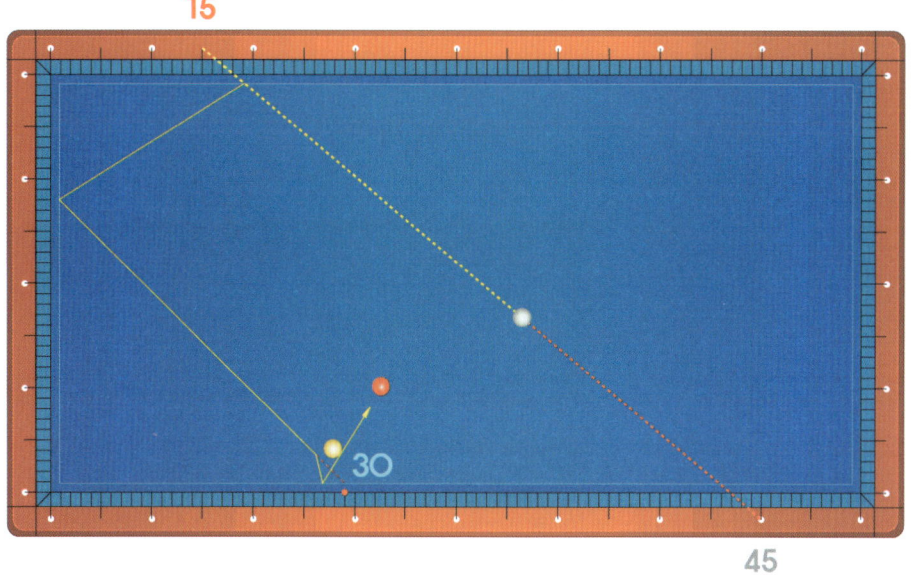

1.8-13 5와 1/2 시스템을 이용한 2뱅크 앞으로 걸어 치기(전진)

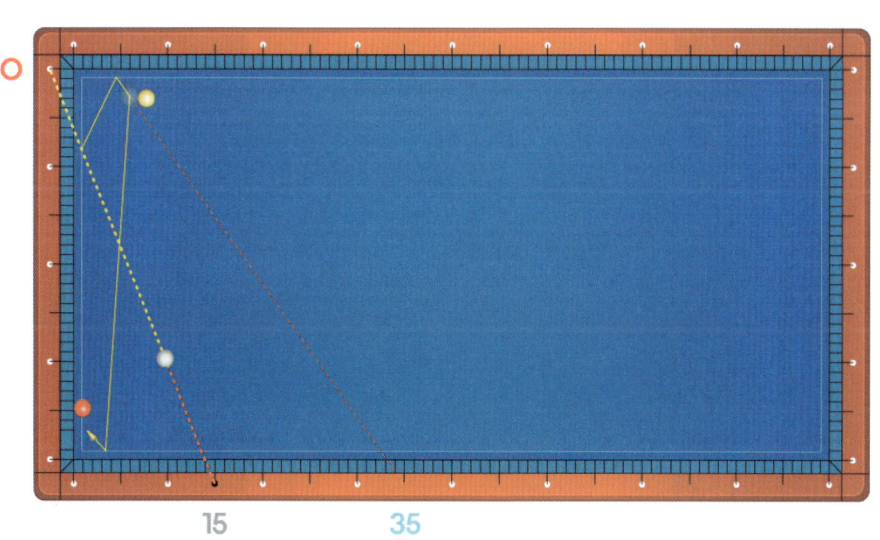

1.8-14 플러스 2 시스템을 이용한 2뱅크 앞으로 걸어 치기(역진)

d 뒤로 걸기 : 오브젝트볼1의 위치가 어중간한 경우엔 두 번째와 세 번째 입사점을 모두 파악해야 하기 때문에 2뱅크 레일-퍼스트 샷 중에서도 난이도가 가장 높다. 주로 뒤쪽 우산 시스템이나 도쿄 연결과 5와 1/2 시스템을 병용한다.

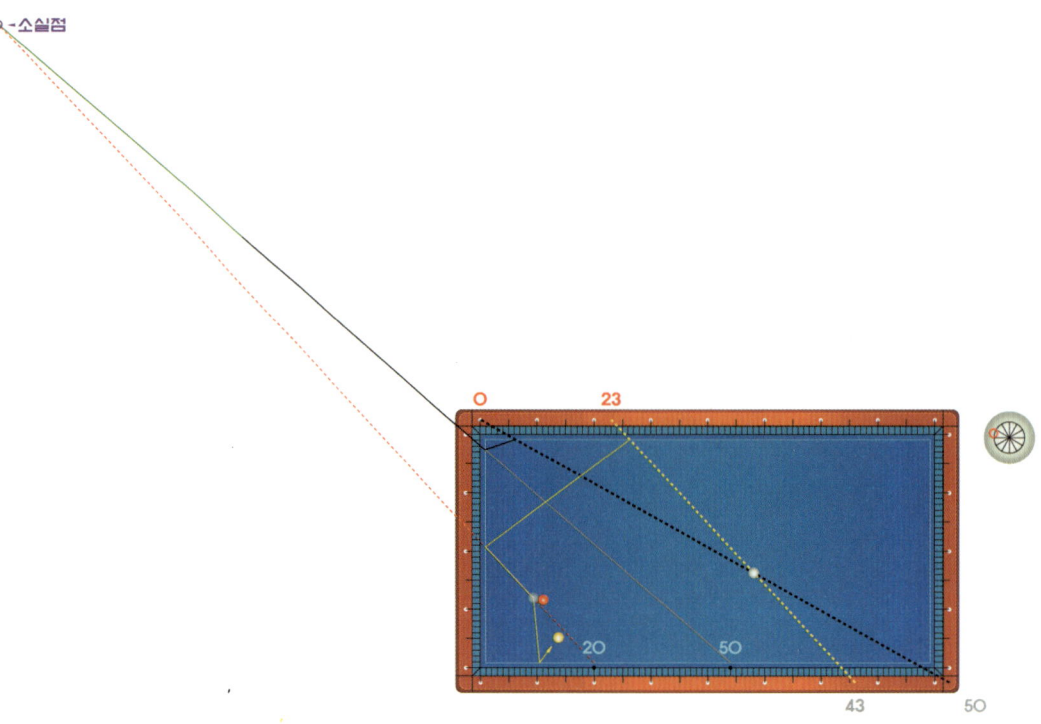

1.8-14 뒤쪽 우산 시스템을 이용한 2뱅크 뒤로 걸어 치기

C 3뱅크

3뱅크 레일-퍼스트 샷은 선회, 선회 대회전, 되돌리기, 순수 횡단, 복합 횡단 등이 있는데 2부에서 이미 충분히 다루었으니 이번 장에서는 설명을 생략한다.

2 선구
Choices

2.1 큰 공 식별 Discerning Big Ball

2.2 큐 볼의 위치 Cue Ball Position

2.3 스핀 샷 Spin Shots

2.4 리버스-엔드 샷 Reverse-end Shot

2.5 오펜스와 디펜스 Offence & Defense

두 오브젝트볼 중 어느 공을 먼저 맞히고, 어떤 진로를 택할지 결정하는 것을 선구라 하는데, 득점의 성공여부는 물론 시합의 승패까지도 선구에서 판가름 난다고 해도 과언이 아니다. 성급하게 샷을 하는 이들이 대부분 성적이 저조한 까닭이 바로 선구가 신중하지 못해서이다. 공의 배치를 보고 어느 오브젝트볼의 에러마진이 더 큰지, 어떤 진로가 키스의 위험이 적고 뒷공의 배치가 유리한지 등을 냉정하게 판단할 수 있어야 최적의 선구가 가능하다.

2.1 큰 공 식별 Discerning Big Ball

'큰 공'의 '크다'는 표현은 오브젝트볼2의 배치가 큰 에러마진이 확보되어 있다는 의미이다. 에러마진은 레일과 관계없는 공의 배치에서는 공 지름의 두 배로 일정하지만 (1부 5.6참조), 레일에 붙거나 근접한 경우는 작아지거나 커질 수 있다.

또한 에러마진은 전적으로 공의 배치에만 좌우되는 것이 아니다. '길게', '짧게'나 '안으로 돌리기' 혹은 '밖으로 돌리기'와 같이 진로의 종류에 따라서도 달라질 수 있으며, 곡선이나 직선, 혹은 횡 비틀기의 유무, 최종 입사점에서 횡 비틀기의 방향 등 진로의 특성에 따라서도 달라질 수가 있는 것이다. 나아가 최종 입사점에서 큐볼의 각운동과 병진운동의 비율, 입사각의 크기가 얼마인지도 에러마진에 큰 영향을 미친다.

여러 가지 조건에 입각해 에러마진이 가장 큰 공, 즉 득점확률이 가장 높은 샷을 선택하는 것이 선구의 기본이다. 시스템을 운용할 수는 있지만 에러마진이 작은 배치와 감각에 의존해야 하지만 에러마진이 큰 배치 중 후자를 택한다고 해서 기량이 떨어진다고 단정할 수는 없는 것이다.

글로 설명하고 이해하기엔 한계가 있으니 몇 가지 도면을 놓고 기 설명된 내용들을 되짚어보도록 하자.

2.1-1은 안으로 돌리기나 밖으로 돌리기가 가능한 배치다. 물론 둘 다 득점이 가능하지만 그 확률에는 분명한 차이가 있다. 안으로 돌리기의 경우 짧게 칠 것인가 길게 칠 것인가에 따라서도 에러마진이 달라진다.

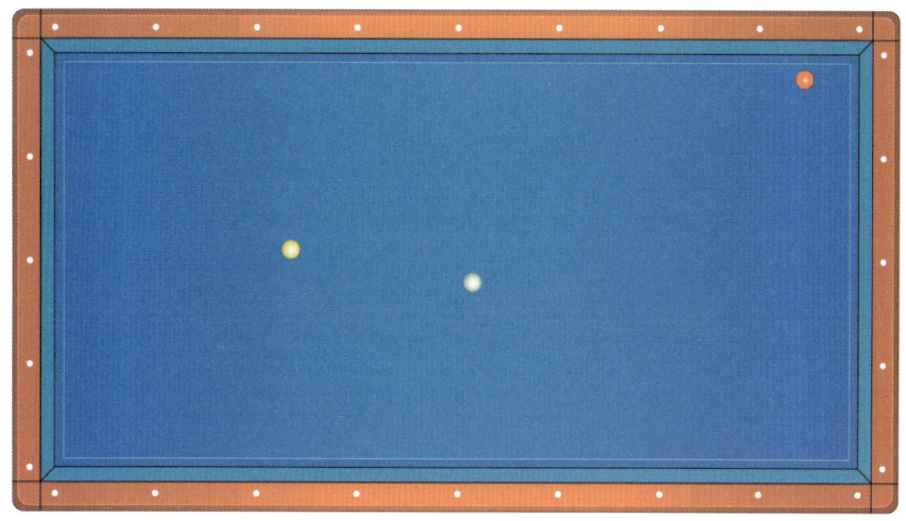

2.1-1 진로 선택에 따른 에러마진의 차이 1

2.1-2에서 알 수 있듯 짧은 진로(황색 실선)는 3뱅크 만 득점 가능한 반면 긴 진로(청색 실선)는 4뱅크도 득점으로 연결시킬 수 있기 때문에 에러마진이 더 크다.

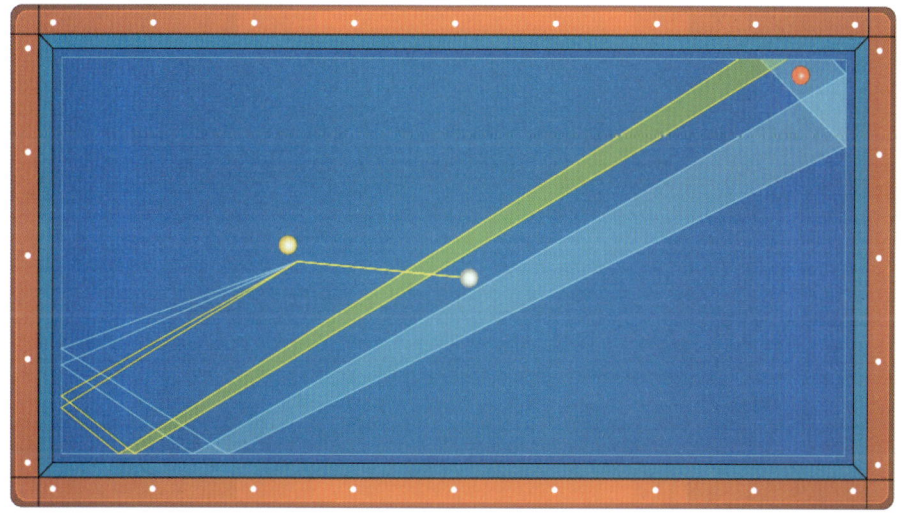

2.1-2 진로 선택에 따른 에러마진의 차이 2

같은 배치에서 밖으로 돌리기를 선택한다면 얘기는 완전히 달라진다. 밖으로 돌리기는 안으로 돌리기와는 달리 세 번의 레일터치가 이루어진 상태에서 코너로 진입하기 때문에 큐볼이 오브젝트볼2와 직접 충돌하더라도 득점으로 인정된다.

따라서 큐볼이 장축에 레일터치 후 오브젝트볼2의 안쪽 면을 얇게 맞히는 짧은 진로부터 단축에 레일터치 후 오브젝트볼2의 안쪽 면을 얇게 맞히는 긴 진로까지가 모두 에러마진에 포함되므로 앞으로 돌리기에 비해 월등히 큰 공이라고 할 수 있다.

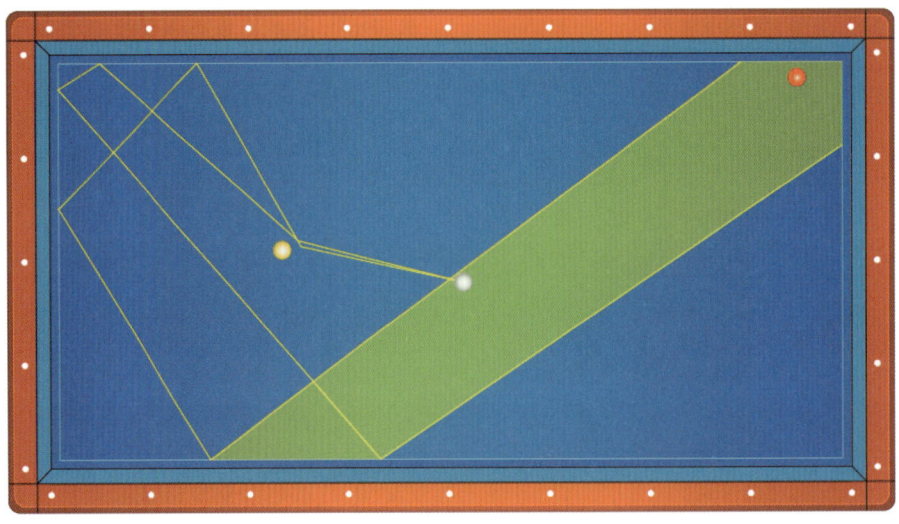

2.1-3 진로 선택에 따른 에러마진의 차이 3

2.1-4는 시합에서 흔히 만날 수 있는 배치로 어느 정도 구력을 지닌 플레이어라면 대개 테이블 횡단을 선택하게 된다.

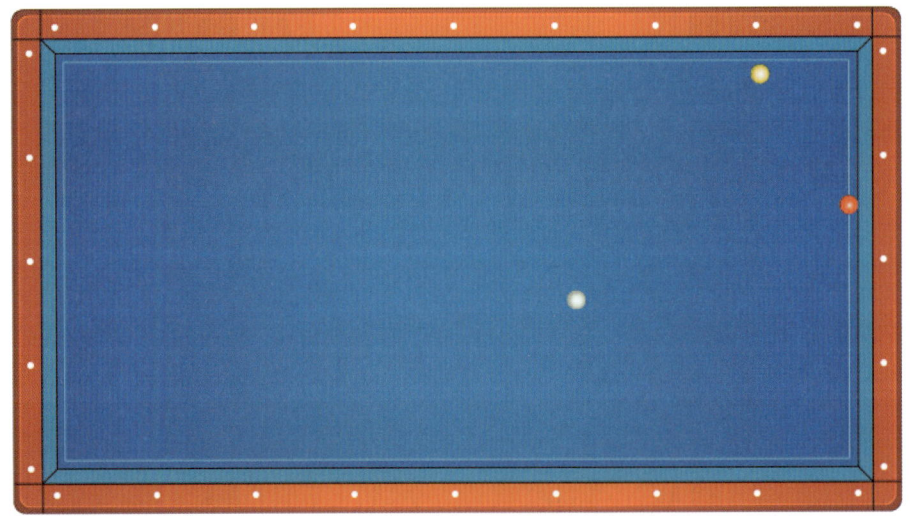

2.1-4 진로의 성격에 따른 에러마진의 차이 1

그런데 같은 횡단진로라도 어떤 타점과 두께를 설정하고 어떤 스트록을 구사하느냐에 따라 에러마진이 달라진다. 2.1-5와 같이 두꺼운 두께와 과도한 비틀기를 가하면 2차 진로의 곡률이 커지면서 에러마진이 극단적으로 줄어든다.

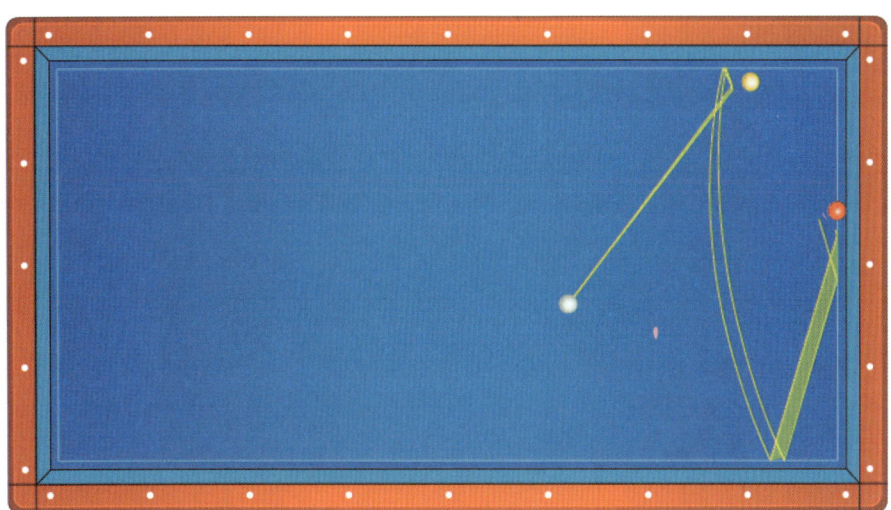

2.1-5 진로의 성격에 따른 에러마진의 차이 2

그러나 2.1-6과 같이 상대적으로 얇은 두께와 절제된 타점을 설정하면 2차 진로의 곡률이 억제되면서 에러마진이 넓어지게 된다. 더구나 오브젝트볼과의 충돌과정에서 큐볼의 병진운동량 감소가 덜하기 때문에 4뱅크나 5뱅크의 진로(붉은 점선)까지도 기대할 수가 있는 것이다.

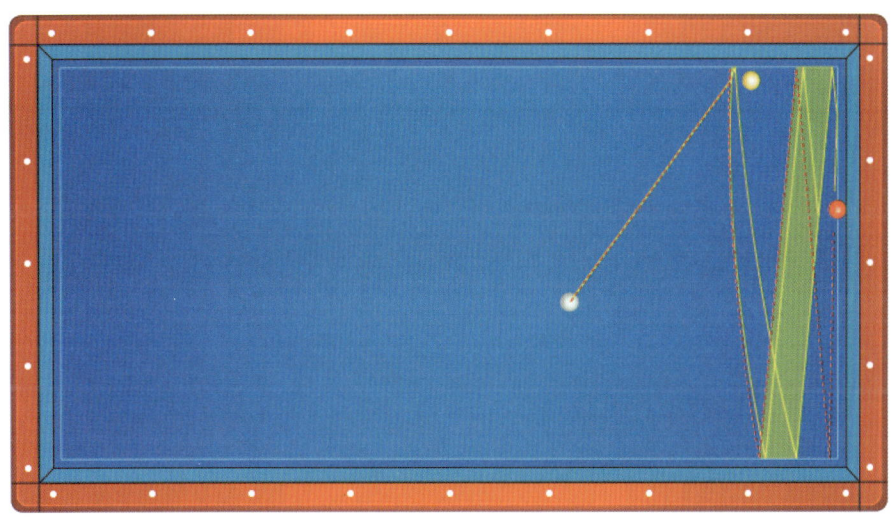

2.1-6 진로의 성격에 따른 에러마진의 차이 3

응용편-선구

2.2 큐 볼의 위치 Cue Ball Position

플레이 전반에 걸쳐 무리가 없으려면 공의 배치에 순응하는 법을 배워야 한다. 특히 큐볼의 위치는 선구에 있어 가장 중요한 조건 중 하나이다. 같은 진로라도 큐볼의 위치에 따라 난이도가 크게 달라질 수 있기 때문이다.

큐볼에서 더 가까운 오브젝트볼에 대한 정렬이 훨씬 용이하다는 것쯤은 상식에 해당한다. 아무리 평범한 진로라도 큐볼과 오브젝트볼1의 간격이 넓다면 득점확률이 떨어질 수밖에 없다. 어느 누구도 스쿼트와 커브를 완전히 제어할 수 없기 때문이다.

2.2-1은 안으로 돌리기, 밖으로 돌리기와 옆으로 돌리기 등이 다 가능한 배치지만 큐볼의 위치상 옆으로 돌리기의 득점확률이 가장 높다고 할 수 있다.

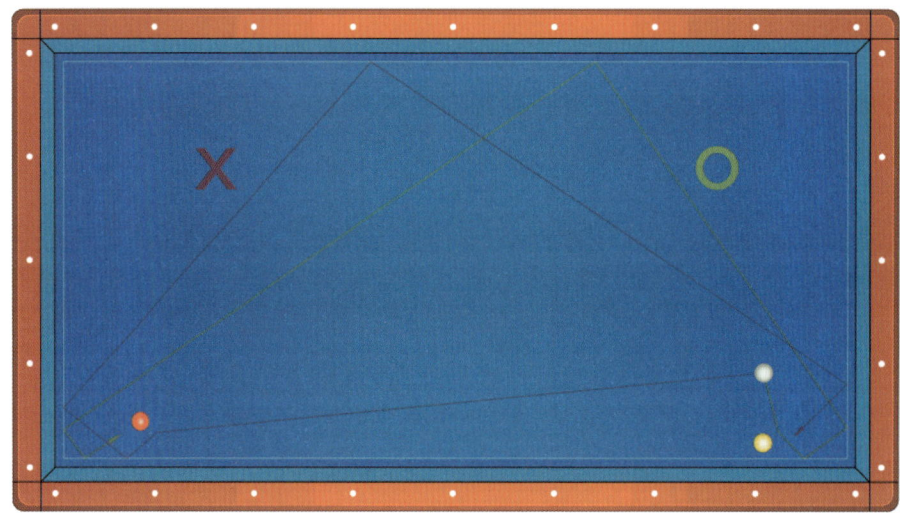

2.2-1 큐볼의 위치에 따른 선구 1

타점을 온전히 설정할 수 있는 진로가 득점확률이 더 높다. 타점이 레일에 막혀있거나 오브젝트볼이 브리지를 방해하고 있으면 시스템 운용은 물론 스트록조차 임의롭지가 못하기 때문이다.

당구를 쳐본 사람이라면 2.2-2 배치에서 적색 공을 먼저 공략한다는 것이 얼마나 무모하다는 것을 안다. 오버 브리지는 다른 진로가 전혀 없을 때 사용하는 최후의 수단이라는 것을 명심하자.

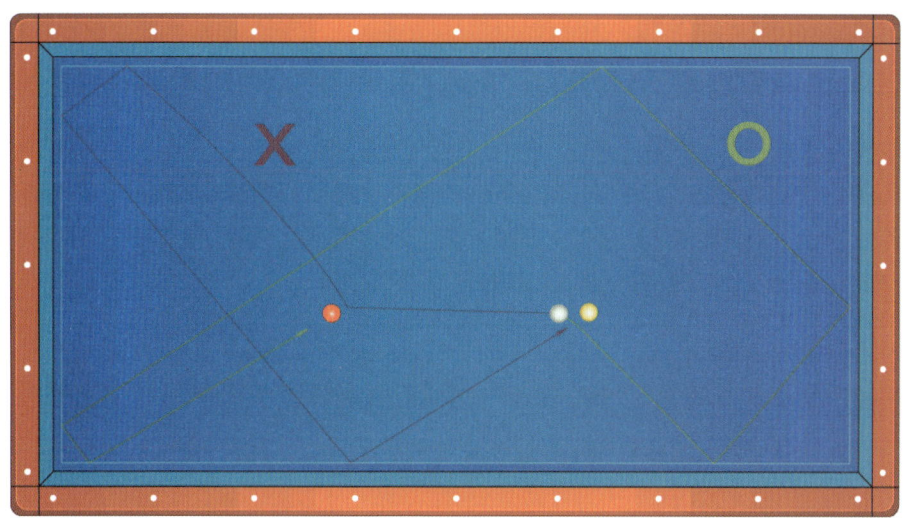

2.2-2 큐볼의 위치에 따른 선구 2

고개나 상박의 각도, 스탠스 등 자세가 불편하면 제대로 된 정렬과 스트록이 나올 수 없다. 난이도면에서 압도적인 차이가 없다면 보다 안정적인 자세를 갖출 수 있는 진로를 택하는 것이 원칙이다.

2.2-3은 왼손 스트록이나 레스트 사용에 자신이 있는 플레이어라 해도 안으로 돌리기에 적합한 정렬과 스트록을 확보하기 어려운 배치이다. 이런 경우엔 난이도가 다소 높더라도 2뱅크 앞으로 걸어 치기를 시도하는 것이 옳다. 평행 측정 시스템을 운용할 수 있다면 그렇게 부담스러운 샷은 아니다.

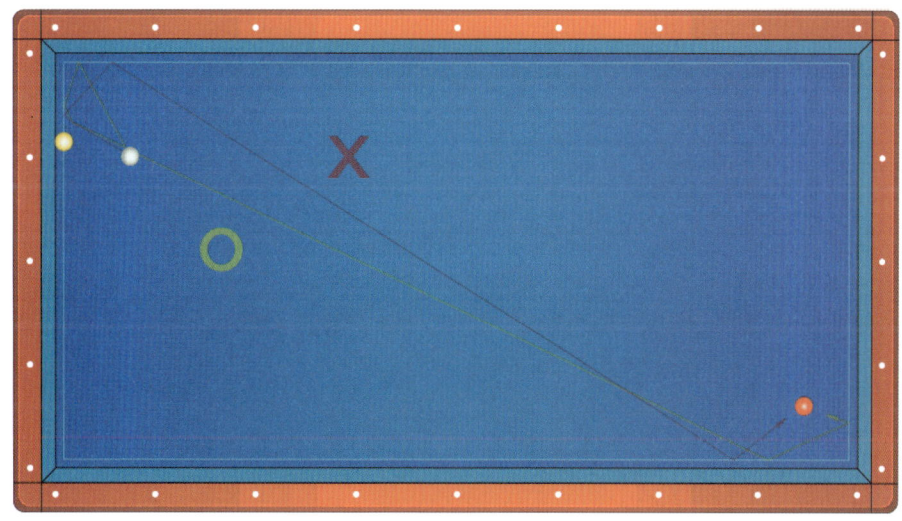

2.2-3 큐볼의 위치에 따른 선구 3

극단적인 정렬이나 스트록을 설정해야하는 진로는 득점확률이 떨어진다. 인간인 이상 아무리 단련을 해도 항상 두께나 타점, 스트록의 완급조절을 완벽하게 유지할 수는 없기 때문이다. 종 비틀기, 특히 역 방향 종 비틀기의 미세한 조절이 득점의 열쇠가 되는 진로는 가급적 피하는 것이 바람직하다.

2.2-4의 배치에서 적색 실선으로 표시된 진로는 정확한 두께에 적절한 종 비틀기의 조절이 더해야 한다는 부담이 있다. 그러나 황색 실선으로 표시된 진로는 두께만 정확하다면 바로 득점으로 연결시킬 수 있기 때문에 보다 편한 선택이 되는 것이다.

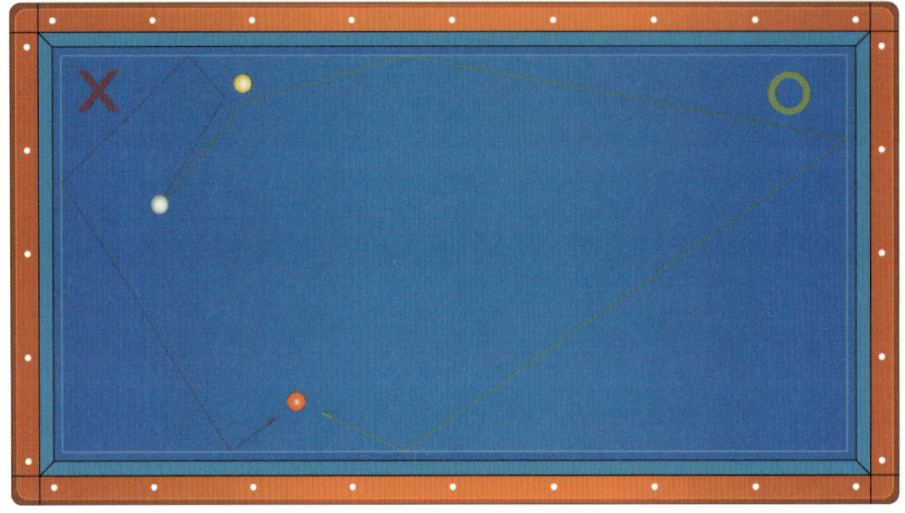

2.2-4 큐볼의 위치에 따른 선구 4

2.3 스핀 샷 Spin Shots

레일에 붙거나 매우 근접한 공을 오브젝트볼2로 설정해야 한다면 에러마진은 작을 수밖에 없다. 특히 그 레일에서 세 번째 입사점이 형성된다면 에러마진은 최소가 된다. 그런데 그와 같은 에러마진을 확대하는 비법이 존재하는데, 오브젝트볼1과 충돌한 큐볼의 각운동량과 병진운동량의 비율을 극적으로 변화시키는 고급 테크닉, 이른바 '스핀 샷'이다.

요령은 의외로 간단하다. 3팁의 횡 비틀기와 4/5이상의 두께를 설정한 상태에서 강력한 스트록을 구사하는 것이다. 그러면 오브젝트볼1과 충돌한 큐볼이 엄청난 횡 비틀기를 지닌 채 서서히 이동하는 현상, 즉 각운동과 병진운동의 극적인 비율변화가 발생한다. 그렇게 되면 큐볼이 각 입사점에서 통상적인 샷보다 훨씬 작은 반사각을 형성하기 때문에 최종 입사점에 다소 짧게 도달하더라도 득점으로 연결된다.

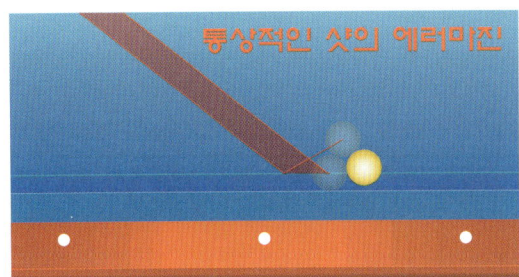 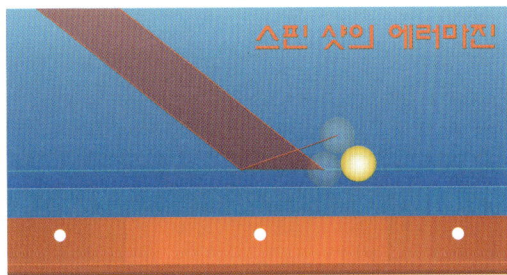

2.3-1 통상적인 샷과 스핀 샷의 에러마진 비교

※ 최상의 스핀 샷을 구사하려면 병진운동에 영향을 미칠 수 있는 종 비틀기의 사용을 최대한 억제해 큐볼의 2차 진로를 직선에 가깝게 유지해야하며, 최종 입사점에서 병진운동이 완전히 소멸되지 않도록 충분히 강한 스트록을 구사해야 한다.

스핀 샷에 시스템을 적용할 땐 반드시 첫 입사각의 크기를 반영해 주어야한다. 첫 입사각이 45°이상이면 최종 입사점이 시스템의 계산보다 다소 길어지고, 45°이하이면 다소 짧아지게 된다. 이는 큐볼의 각운동이 강하게 작용하는 레일이 첫 번째냐 두 번째냐에 기인하는 변화로 보정의 최대치는 5와 1/2 시스템을 기준했을 때 5를 초과하지 않는다. 만약 입사각이 45°라면 시스템을 그대로 적용하면 된다.

앞의 내용을 완전히 이해하기 위해 몇 가지 예를 살펴보기로 하자. 2.3-2는 입사각 45°인 옆으로 돌리기에 스핀 샷(황색 실선)을 구사한 경우로 시스템을 있는 그대로 적용한 것이다. 각각의 반사각이 작기 때문에 통상적인 샷(청색 실선)과는 진로의 형태가 다르다.

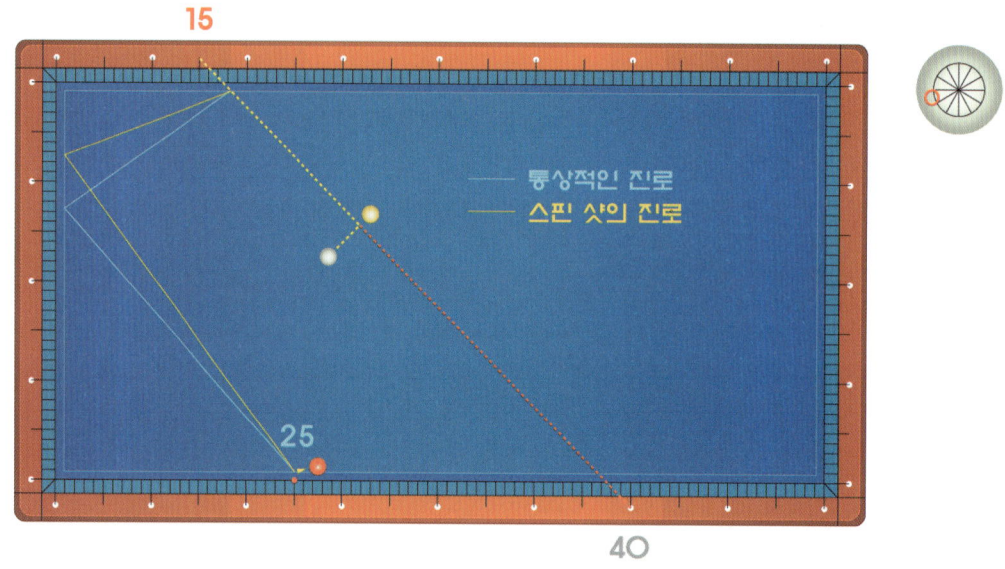

2.3-2 통상적인 샷과 스핀 샷의 진로

2.3-3의 배치는 입사각이 20° 미만인 경우로 두 번째 입사점에서 횡 비틀기의 영향이 커지므로 시스템보다 5만큼 길게 보정해 주어야 큐볼이 원하는 최종 입사점에 도달하게 된다.

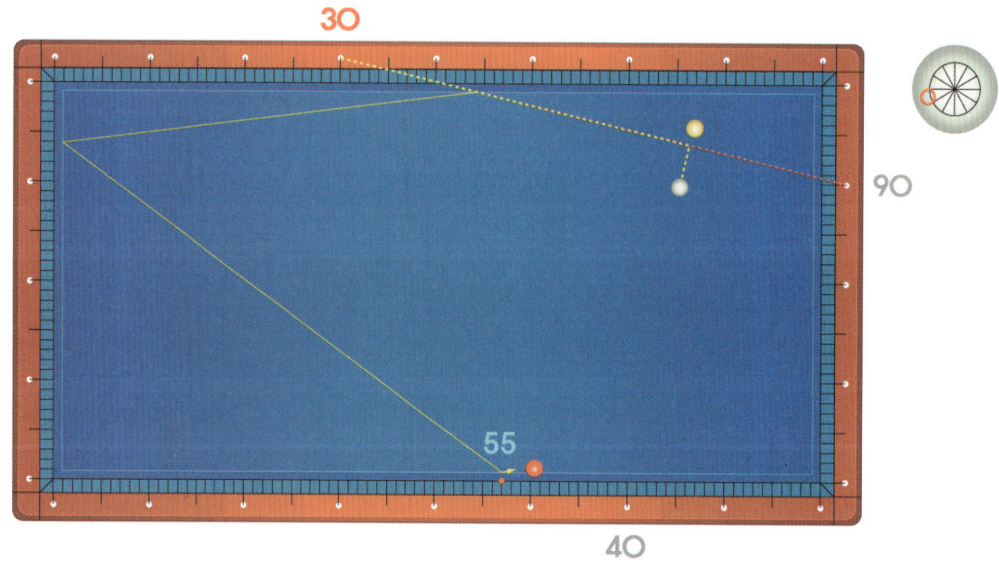

2.3-3 스핀 샷의 보정(예각)

2.3-4의 배치는 입사각이 90°에 가까운 경우로 첫 번째 입사점에서 횡 비틀기의 영향이 커지므로 시스템보다 5만큼 짧게 보정해 주어야 큐볼이 원하는 최종 입사점에 도달하게 된다.

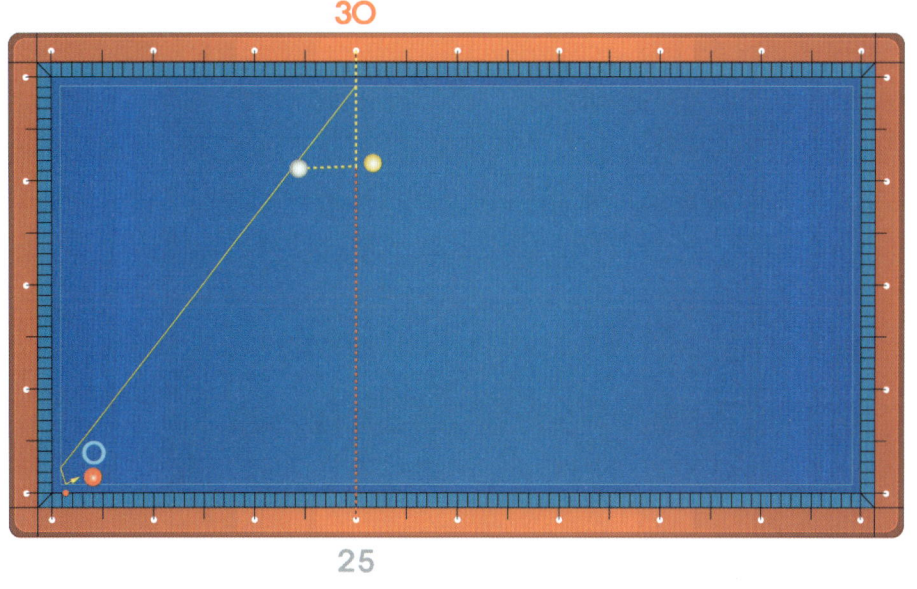

2.3-4 스핀 샷의 보정(둔각)

키스를 피하거나 다음 공의 배치를 조절하려는 목적에서 보다 두꺼운 두께를 설정하는 '세미-스핀 샷semi-spin shot'의 경우는 횡 비틀기를 감소시킴으로써 각운동과 병진운동의 비율을 일정수준으로 유지할 필요가 있다. 이는 시스템의 신뢰도를 지켜내기 위함인데, 타점을 낮출 때 횡 비틀기를 줄이는 요령은 2.3-5를 참조하면 된다.

설명을 덧붙이자면 3시(혹은 9시) 방위에서 1,2,3팁을 설정한 뒤 각 팁의 중심점과 6시 3팁의 중심점을 연결하는 기준선을 그린 다음, 두께에 따라 타점을 낮출 필요가 있는 경우에 각각의 기준선을 따라 횡 비틀기를 줄여나가면 되는 것이다.

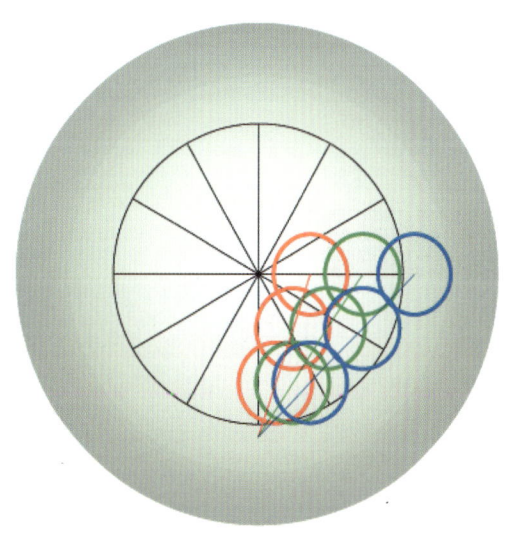

2.3-5 세미-스핀 샷의 타점이동

2.4 리버스-엔드 샷 Reverse-end Shots

스핀 샷과 마찬가지로 에러마진을 확대할 수 있는 또 하나의 비법은 바로 리버스-엔드 샷이다. 스핀 샷보다 사용빈도는 적지만 난이도는 더 높기 때문에 상당한 연습이 필요하다. 어느 정도 숙달되고 나면 역시 키스를 피하거나 뒷공의 배치를 유리하게 만드는 용도로도 활용할 수 있다.

2.4-1은 오브젝트볼2의 위치상 정상적인 옆으로 돌리기 대신 리버스-엔드 샷을 구사해 에러마진을 확대한 경우다.

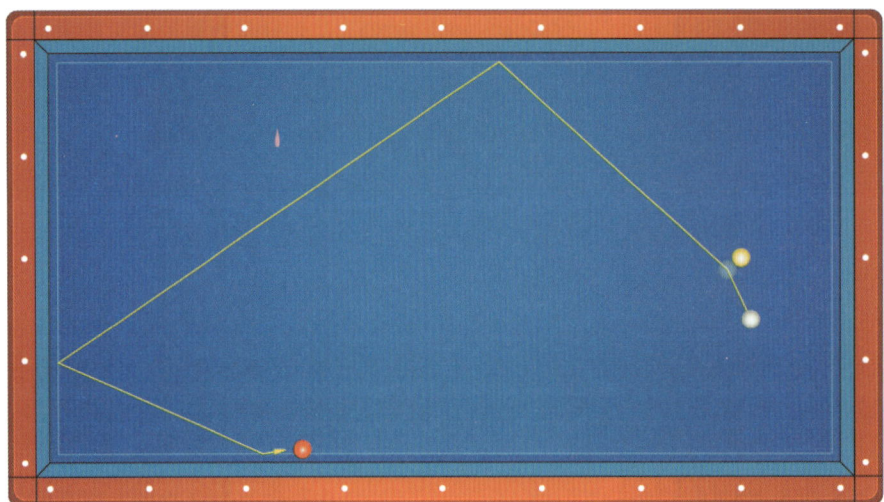

2.4-1 리버스-엔드 샷을 이용한 에러마진의 확대

선구에서 염두에 두어야 할 또 하나의 기본원칙은 동선이 짧은 진로가 득점확률이 높다는 점이다. 물론 예외는 있지만 큐볼의 동선이 길어질수록 편차가 커질 수밖에 없으므로 에러마진이 비슷하다고 판단되는 두 가지 진로가 있다면 동선이 짧은 쪽을 택하는 것이 현명하다.

2.5 오펜스와 디펜스 Offence & Defence

3쿠션 시합에서 모든 샷은 공격offence과 방어defence라는 양면성을 갖는다. 세계 정상급 프로들도 구상한 샷을 매번 득점으로 연결할 수는 없기 때문에 늘 공격권을 상실할 경우를 대비한다. 특히 득점확률이 희박한 공의 배치에서는 진로설계의 초점이 상대의 득점을 저지하는 데 맞춰져 있다.

초보자들이 흔히 범하는 과실 중 하나가 득점에 실패한 후 상대방에게 쉬운 공의 배치를 허용하는 것이다. 모든 샷을 득점으로 연결하겠다는 무모함의 소산이라고 할 수 있다. 물론 맹목적으로 방어에 치중하느라 공격을 못하면 영원히 승리할 수 없다. 요는 두 가지를 적절하게 배합하고 상황에 따라 그 비율을 조정할 수 있는 능력이 요구된다는 것이다. 두께와 타점, 스트록의 완급에 따라 전혀 다른 뒷공의 배치가 연출될 수 있는데 그런 가능성을 외면한다면 결코 정상급 플레이어가 되지 못한다.

3쿠션은 바둑이나 장기, 체스와 같이 정해진 길이 없기 때문에 몇 수 앞을 내다본다는 것은 불가능하다. 그러나 최소한 하나의 샷을 했을 때 각각의 공이 대략 어디쯤 멈춰 설지 예측하는 정도는 가능하다. 특히 큐볼과 오브젝트볼1의 종착지는 진로의 구상에 빠져서는 안 되는 핵심요소라고 할 수 있다.

시합 중에 2.5-1과 같은 배치를 만났다고 가정해 보자.

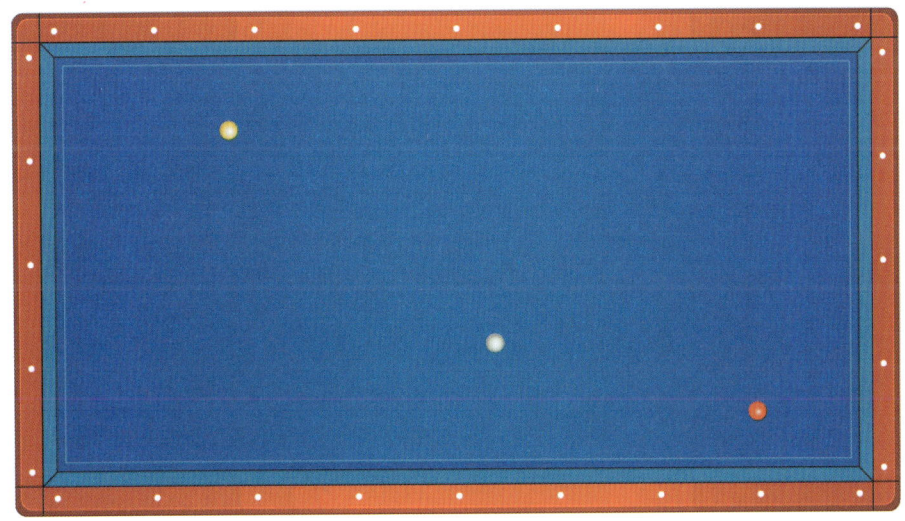

2.5-1 공격과 방어를 겸비한 선구 1

앞서 소개된 원칙들을 따르면 황색 공을 먼저 공략하는 단축 빗겨 치기(길게)가 가장 무난한 선택이 된다. 그러나 에러마진이 크지 않아서 범실에 대한 대비가 필요하다. 이 경우엔 2.5-2와 같이 오브젝트볼1의 종착지는 좌측 상단의 코너(A구역), 큐볼 종착지는 오브젝트볼2 근처(B구역)가 되도록 정렬과 스트록을 조절해야 한다. 그러면 득점에 실패하더라도 상대에게 쉽지 않은 배치가 돌아간다.

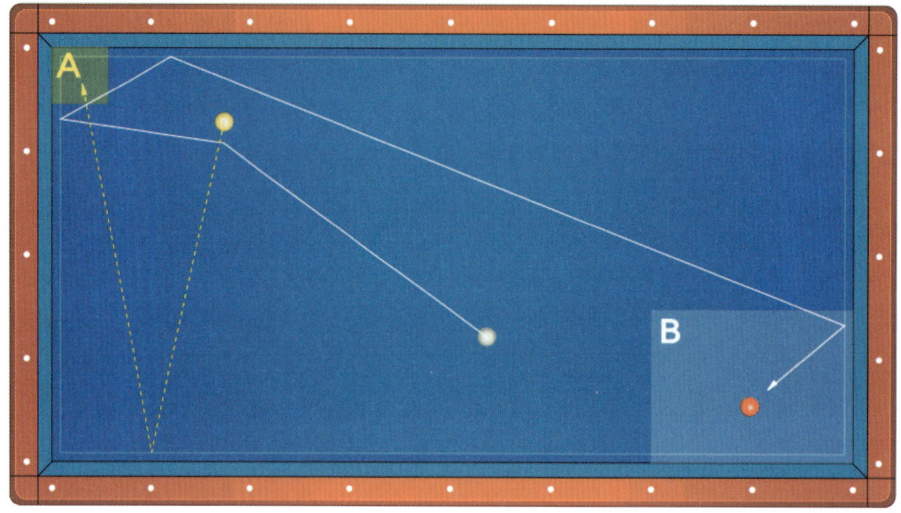

2.5-2 공격과 방어를 겸비한 선구 2

만약 황색 공과 적색 공이 서로 뒤바뀌어 있다면 얘기는 달라진다. 선구는 같지만 정렬과 스트록을 달리하지 않으면 득점에 실패했을 때 옆으로 돌리기나 대회전을 허용하게 된다. 따라서 두께와 타점을 조금씩 빼고 1레일 스피드정도 강한 스트록을 구사해 큐볼과 오브젝트볼1의 종착지가 모두 좌측 상단의 코너가 되도록 해야 한다.

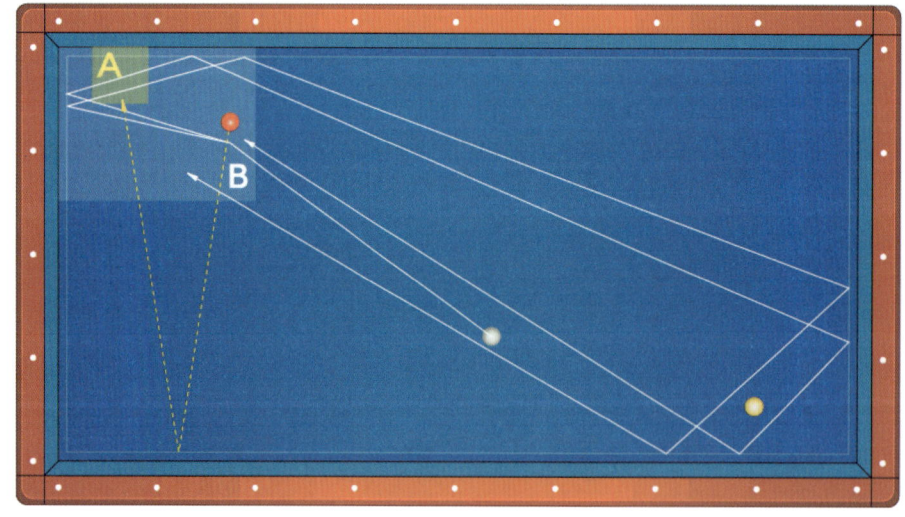

2.5-3 공격과 방어를 겸비한 선구 3

3 포지셔닝
Positioning

3.1 오브젝트볼의 진로 Line of Object Ball

3.2 두께와 시간차 Thickness & Time Lag

3.3 포지셔닝의 원칙 Fundamentals of Positioning

3.4 도식화된 포지션 Schematized Positions

3.5 피해야 할 위치 Must Avoid Positions

포지셔닝, 또는 포지션 플레이란 뒷공의 배치를 자신의 공격에 유리하게, 아니면 상대의 공격에 불리하게 이끌어가는 것을 뜻한다. 물론 예외는 있지만 정상급 기량을 보유한 선수들일수록 포지셔닝에 능하며 진로의 구상에 있어 포지셔닝의 비중을 크게 잡는다.

이상천 선수의 주특기는 옆으로 돌리기였으며, 김경률 선수가 가장 자신 있다고 밝힌 것은 밖으로 돌리기다. 최고의 기량을 지닌 선수들이 모두 포지셔닝에 적합한 진로를 선호한다는 점은 결코 우연의 일치가 아니다.

한 가지 명심해야 할 점은 언제나 득점이나 수비가 공격을 위한 포지셔닝보다 우선시되어야 한다는 것이다. 공격을 위한 포지셔닝만을 추구하다보면 정작 중요한 득점이나 수비에 허점이 생긴다.

※ 3-1은 포지셔닝의 설명에 사용되는 기본도면으로 경기면적을 15개의 가로선과 7개의 세로선, 도합 128개의 구역으로 세분한 후 세로방향으로는 알파벳, 가로방향으로는 수치를 부여해 일종의 좌표를 만든 것이다.

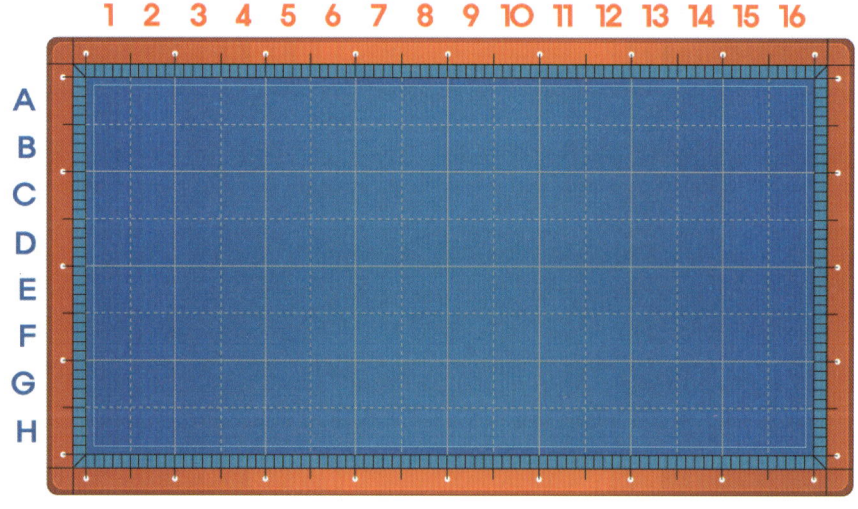

3-1 포지셔닝의 기본도면

3.1 오브젝트볼의 진로 Line of Object Ball

많은 이들이 득점과 직결돼 있다는 이유로 큐볼에만 집착하는 경향이 있다. 물론 승리를 위해 득점을 우선시하는 것은 옳다. 그러나 큐볼과의 충돌로 인해 필연적으로 발생하는 오브젝트볼의 운동을 간과하면 다음 공의 배치는 물론 득점마저 실패하는 사태가 벌어지기도 한다.

처음에는 큐볼의 운동을 예측 가능한 범주에 들게 하는 것이 우선이다. 그러나 선구가 가능해지고 기본진로에 웬만큼 자신이 붙으면 오브젝트볼의 진로를 예측하고 제어하기 위한 노력이 필요하다. 오브젝트볼의 방향과 속도, 충돌과정에서 생성된 미세한 비틀기까지 계산에 넣어 원하는 배치를 만들어내는 과정이야 말로 3쿠션의 백미이자 진정한 의미의 기량이라고 할 수 있다.

초보자라면 4구와 포켓볼을 통해 타점, 두께와 스트록에 대한 감각을 익혀나가되 샷 하나하나에 오브젝트볼1을 어떻게 진행시키겠다는 목표를 가져야 한다. 그런 훈련을 반복하다보면 큐볼에만 집중되어있던 신경의 일부가 자연스레 오브젝트볼로 옮아가게 된다.

중급자들은 고점자들의 시합을 관전하면서 그들이 어떤 구상을 하고 어떤 방법으로 목표를 달성하는지 파악해야 한다. 선대들의 다양한 노하우를 모방하고 습득하는 과정인 셈이다.

고점자들은 정확도를 높이는데 주력해야 한다. 연습 할 때 지름 30cm정도의 얇은 종이 원을 준비해 샷을 하기 전 예상되는 오브젝트볼1의 최종위치에 놓고 그 위에 공을 멈추게 하면 된다. 나중엔 종이가 없어도 오브젝트볼1의 진로가 훤히 들어온다.

3.2 두께와 시간차 Thickness & Time Lag

두께는 포지셔닝에 있어 가장 핵심적인 요소다. 두께에 변화를 가함으로써 큐볼 및 오브젝트볼의 방향과 속도를 달리할 수 있고 이런 변화, 즉 시간차를 능동적으로 활용함으로써 의도치 않은 키스로부터의 해방될 수 있을 뿐 아니라 오브젝트볼1의 종착지를 임의로 변경할 수 있는 것이다.

그러나 득점과 포지셔닝이라는 두 마리 토끼를 잡으려면 당연히 타점이나 스트록의 변화가 병행되어야만 한다. 두께가 달라지면 분리각 또한 변화가 생기기 때문이다. 3.2-1의 배치는 편한 두께를 설정하면 키스가 발생하는 경우다.

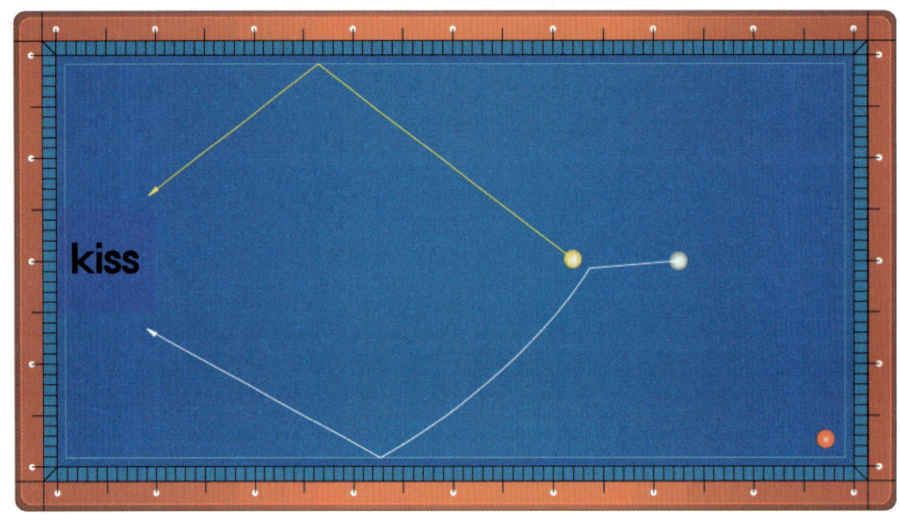

3.2-1 밖으로 돌리기의 전형적인 키스 패턴

이럴 때 보다 얇거나 두꺼운, 즉 다른 두께를 설정함으로써 큐볼과 오브젝트볼의 진로간섭을 피할 수 있다. 그러나 앞서 설명한 바와 같이 변화된 분리각에서 득점 및 포지셔닝을 이끌어내기 위해 타점 및 스트록을 조절해야 하는데 그 요령이 너무도 다양하고 복잡해서 몇 마디 글로 설명하기는 불가능하다. 따라서 3.4에 제시된 진로별, 배치별 형태를 암기하고 연습을 통해 체화하는 것 외엔 도리가 없다.

3.3 포지셔닝의 원칙 Fundamentals of Positioning

포지셔닝의 양대 목표는 공격과 방어이기 때문에 그 원칙 또한 두 종류로 구분할 수 있다. 물론 공격과 방어를 함께 달성해낸다면 더 바랄 것이 없겠지만 그렇게 이상적인 선구가 허락되는 배치는 별로 흔하지 않다. 따라서 실전에서는 양자를 철저하게 구분해서 적용하는 것이 바람직하다. 먼저 공격에 대한 포지셔닝의 원칙들을 살펴보기로 하자.

● 모든 공을 경기면적의 중앙으로 몰아놓는다.

세 개의 공이 경기면적 중앙에 위치하면 대개 밖으로 돌리기나 옆으로 돌리기를 선구할 수 있다. 단 큐볼이 오브젝트볼과 너무 가까이 붙어 정렬에 지장을 초래하면 안 된다.

● 큐볼이 두 오브젝트볼 사이에 위치하도록 한다.

오브젝트볼들이 한쪽으로 몰려버리면 선구의 폭이 좁아질 뿐 아니라 진로의 난이도도 높아진다.

● 하나의 오브젝트볼을 코너 근처로 보낸다.

코너 근처에 위치한 오브젝트볼은 에러마진이 크기 때문에 높은 득점성공률이 보장된다. 특히 3.3-1의 자색 구역에 선 공은 오브젝트볼1이나 오브젝트볼2, 어느 쪽으로든 활용이 가능하다. 그러나 앞장에서 설명한대로 오브젝트볼이 레일에 붙어버리면 별로 득이 되지 않는다.

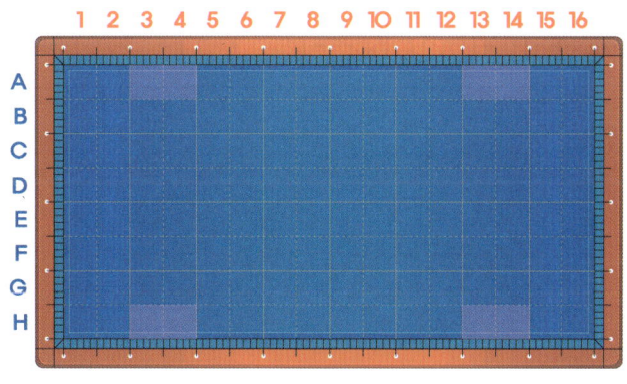

3.3-1 이상적인 오브젝트볼의 위치

🔴 **득점확률이 높고 뒷공 배치가 자유로운 밖으로 돌리기와 옆으로 돌리기를 유도한다.**

밖으로 돌리기와 옆으로 돌리기는 득점확률이 높을 뿐 아니라 다양한 포지셔닝이 가능하다. 이에 대한 예제들은 3.4에서 다루기로 한다.

🔴 **큐볼과 오브젝트볼2의 거리가 1m이상 떨어지지 않도록 주의한다.**

큐볼이 오브젝트볼2와 강하게 충돌하면 정렬도 까다로워지고 원하는 배치를 만들지도 못한다.

다음은 방어에 대한 포지셔닝의 원칙들을 알아보자.

🔴 **상대의 큐볼을 가급적 멀리 떼어놓고 본인의 큐볼과 적색 공은 가깝게 붙여놓는다.**

정렬이 까다로우면 형태와 상관없이 득점확률이 떨어질 수밖에 없다.

🔴 **레일에 붙은 공을 오브젝트볼 2로 삼는다.**

특히 상대의 큐볼이 레일에 붙어있는 경우는 큐볼이 3번의 레일터치를 확보하고 충분한 병진운동량이 남아있는 상태에서 최종입사점을 향하도록 샷을 해야 소득 없이 상대의 큐볼을 떼어내 주거나 쉬운 정렬을 허용하는 불상사를 막을 수 있다.

🔴 **키스의 위험이 있는 진로는 배제한다.**

의도하지 않은 키스는 방어를 위한 포지셔닝에서는 가장 치명적이다. 실점 없이 공격권을 되찾아 오려면 키스의 가능성이 아예 없다고 판단되는 진로를 선택해야 한다.

🔴 **레일-퍼스트 샷은 선구하지 않는다.**

레일-퍼스트 샷은 대개 그 결과를 예측하기가 어렵기 때문에 방어의 목적으로 활용하지 않는 것이 좋다.

3.4 도식화된 포지션 Schematized Positions

대부분의 기본진로는 득점확률이 높아 공격위주의 포지셔닝이 가능하다. 이는 마치 시스템의 방정식과도 같아서 'A의 배치라면 B의 형태, C의 배치라면 D의 형태를 만든다'라는 식으로 도식화할 수 있다. 그러나 실전에서 마주치게 되는 배치는 늘 조금씩 다르기 때문에 그런 판단과 이행이 기계적으로 이루어지기 까지는 수많은 시행착오를 거쳐야만 한다.

A 안으로 돌리기

진로의 형태가 단순하기 때문에 포지셔닝의 유형도 비교적 간단하다. 다만 세 번째 입사점이 오브젝트볼2의 근처에서 형성시키는 경우가 많아 큐볼과 오브젝트볼의 제어에 상당한 완성도가 필요하다.

3.4-1은 가장 보편적인 앞으로 돌리기 '길게'로 옆으로 돌리기, 아니면 밖으로 돌리기를 유도하는 패턴이다. D, E - 12, 13구역에서 키스가 발생하지 않도록 조금 두꺼운 두께를 설정해 롱 스트록을 구사해야 한다.

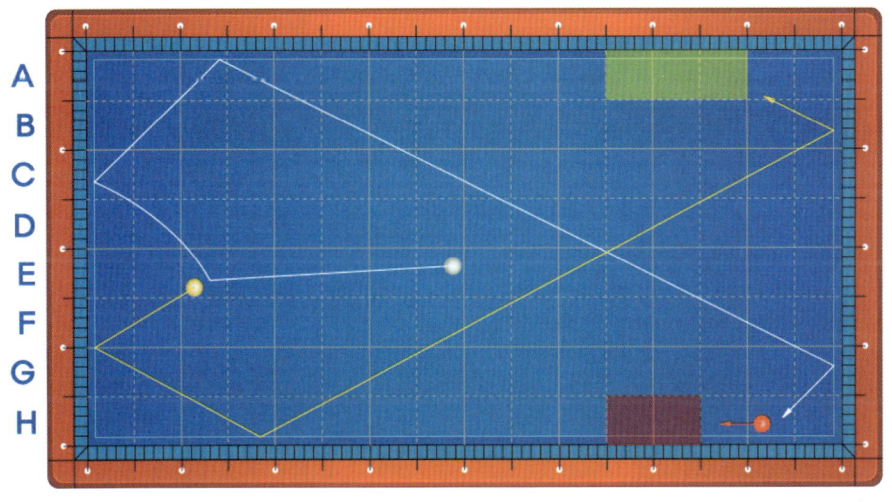

3.4-1 안으로 돌리기 패턴 1

3.4-2는 가벼운 끌어 치기를 이용해 밖으로 돌리기를 유도하는 패턴이다. 감각에 대한 의존도가 높기 때문에 상당한 연습이 필요하다.

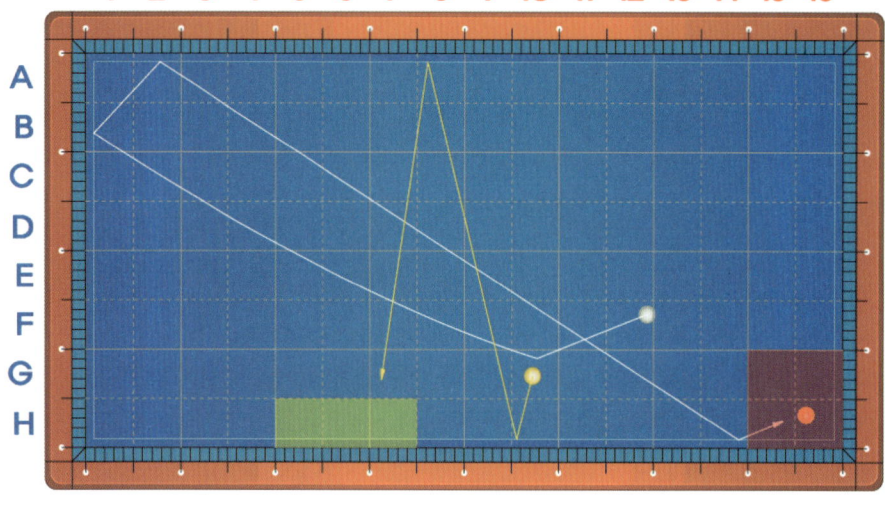

3.4-2 안으로 돌리기 패턴 2

3.4-3은 오브젝트볼1을 완전히 선회시켜 밖으로 돌리기를 유도하는 패턴이다. 상당히 두꺼운 두께를 설정해야 하기 때문에 큐볼이 과도하게 밀리지 않도록 타점을 절제해야 한다.

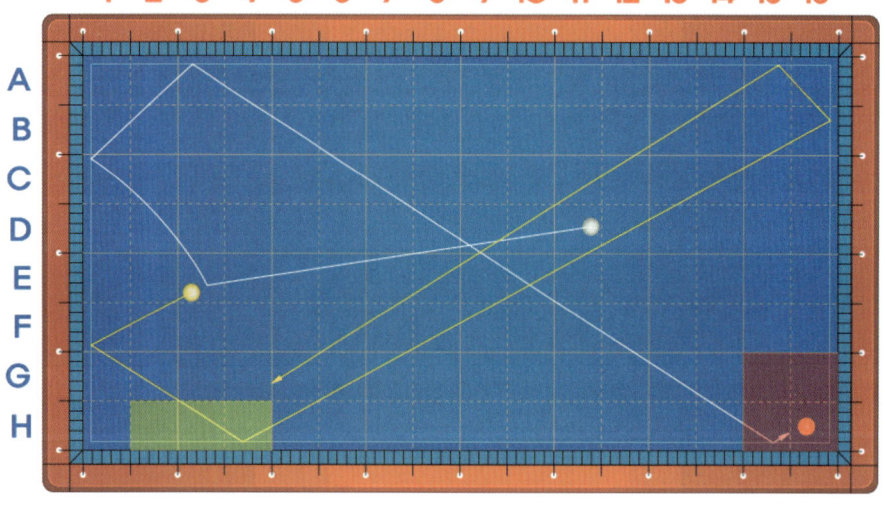

3.4-3 안으로 돌리기 패턴 3

3.4-4처럼 얇은 두께를 설정해야 하는 패턴은 거의 자동적으로 밖으로 돌리기가 서게 된다. 오브젝트볼1에 충격이 가해지지 않도록 유의한다.

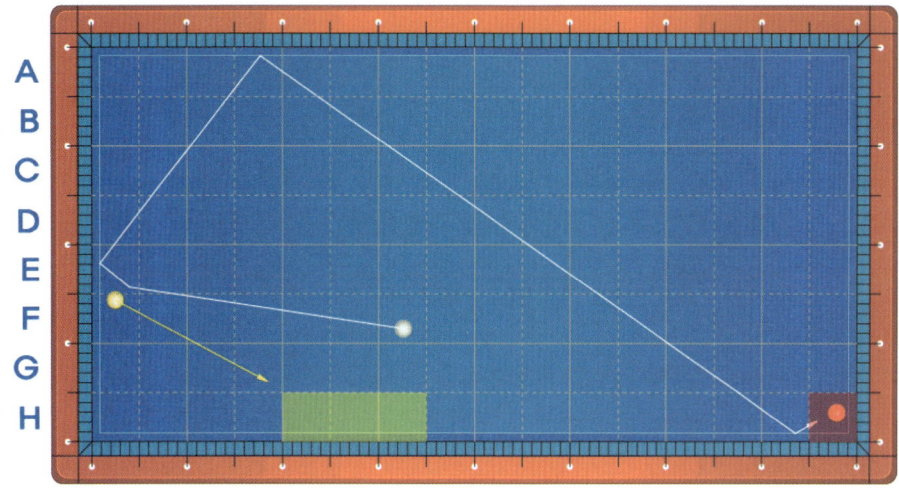

3.4-4 안으로 돌리기 패턴 4

3.4-5는 3.4-4와 유사한 경우로 정렬만 정확하면 자동적인 포지셔닝이 가능하다. 역시 오브젝트볼1에 충격이 가해지면 안 된다.

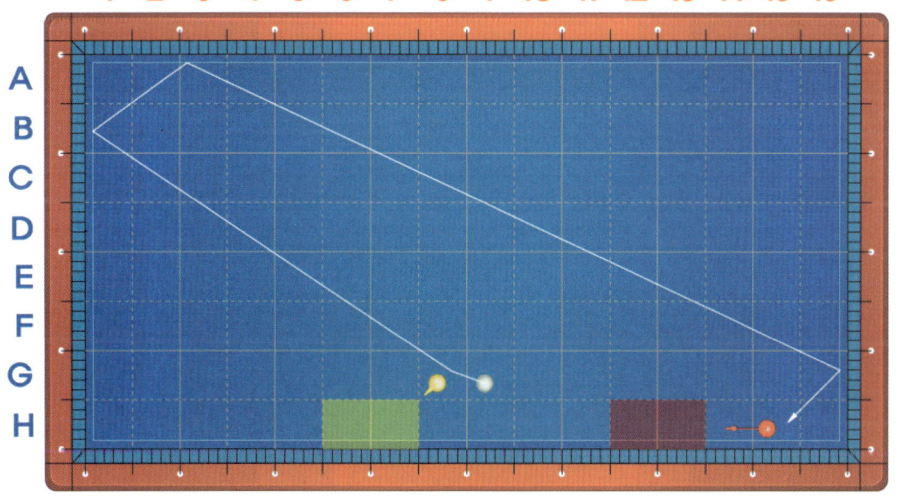

3.4-5 안으로 돌리기 패턴 5

3.4-6은 길게 치기를 이용한 포지셔닝으로 약간의 역 비틀기와 관성에 의한 밀림현상을 이용해 큰 공을 만드는 것이 포인트다.

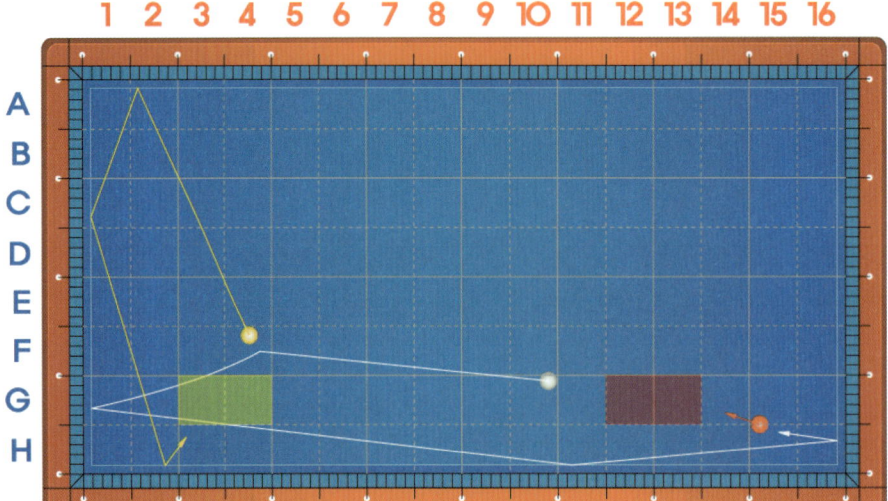

3.4-6 안으로 돌리기 패턴 6

3.4-7과 같은 패턴에서는 가벼우면서도 차분한 스트록이 필요하다. 끌어 치기에 대한 부담이 반영되면 스쿼트로 인해 두께가 두꺼워지고 키스가 발생하기 쉽다.

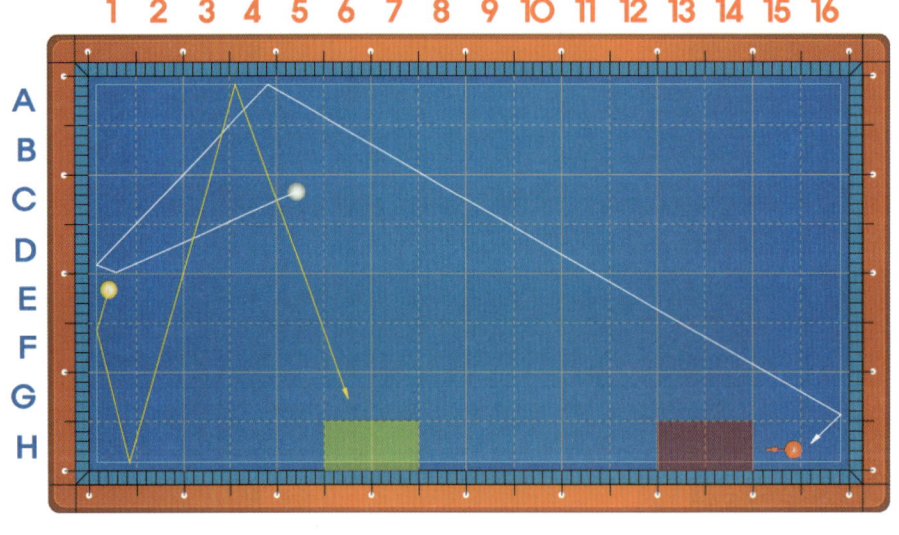

3.4-7 안으로 돌리기 패턴 7

3.4-8은 전형적인 안으로 돌리기 짧은 횡단으로 과도한 두께나 무리한 스트록은 금물이다.

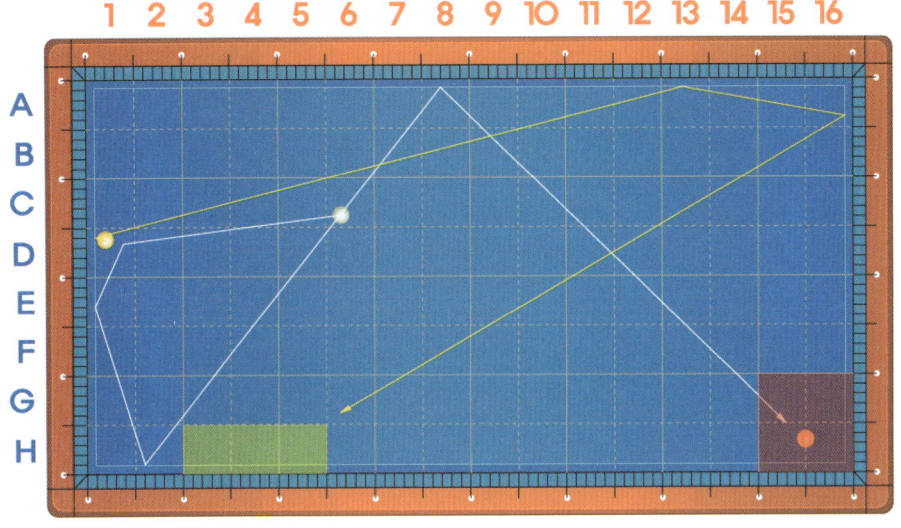

3.4-8 안으로 돌리기 패턴 8

3.4-9는 3.4-8과 유사한 패턴이지만 두께를 매우 얇게 설정하지 않으면 오브젝트볼끼리 키스가 발생할 가능성이 높다.

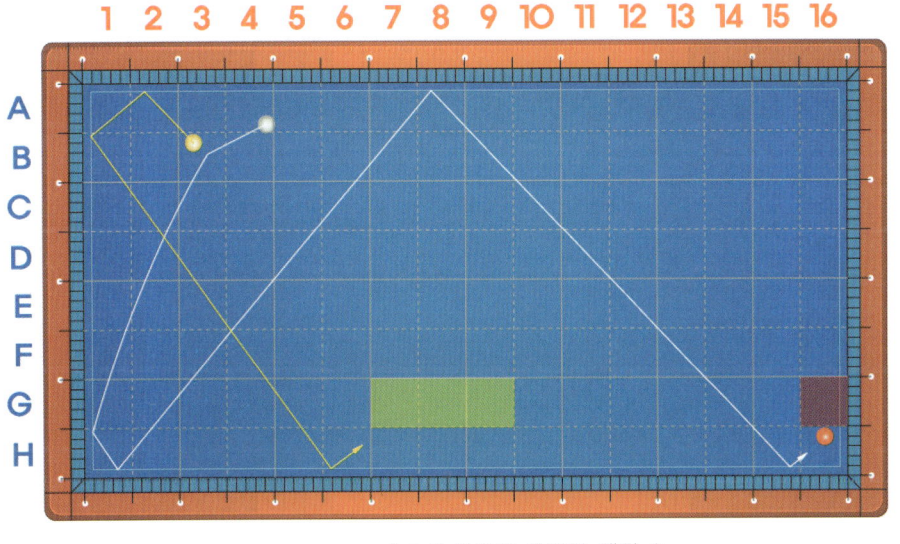

3.4-9 안으로 돌리기 패턴 9

3.4-10 역시 안으로 돌리기 짧은 횡단으로 약 1/2 두께를 설정하고 앞의 두 패턴보다 강한 스트록을 구사해야 한다.

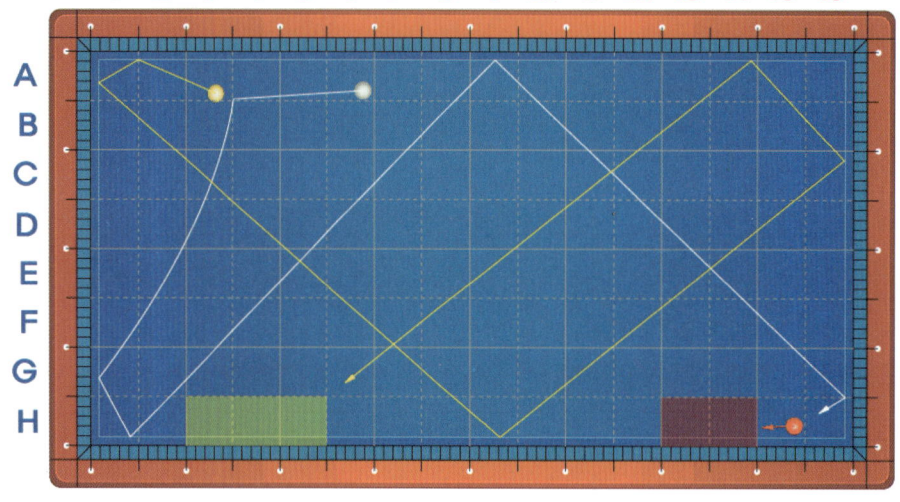

3.4-10 안으로 돌리기 패턴 10

3.4-11은 3/4의 두께를 설정하고 매우 간결하고 부드러운 스트록을 구사해야 한다. 두께가 얇거나 오브젝트볼1에 큰 타격이 가해지면 키스가 발생할 위험이 크다.

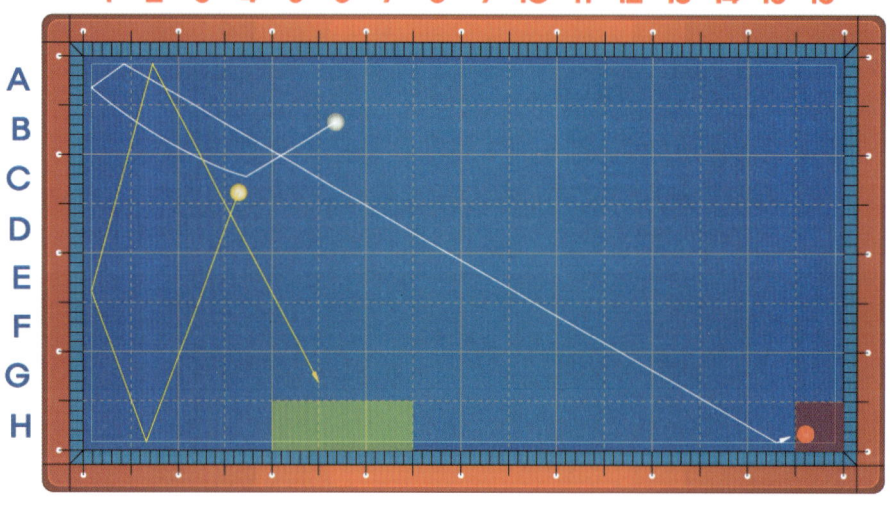

3.4-11 안으로 돌리기 패턴 11

3.4-12는 스핀 샷에 가까운 안으로 돌리기로 오브젝트볼을 리버스 엔드의 형태로 진행시키는 패턴이다. 3/4 두께에 강력한 스트록이 요구되며 큐볼이 너무 많이 끌리지 않도록 주의해야 한다.

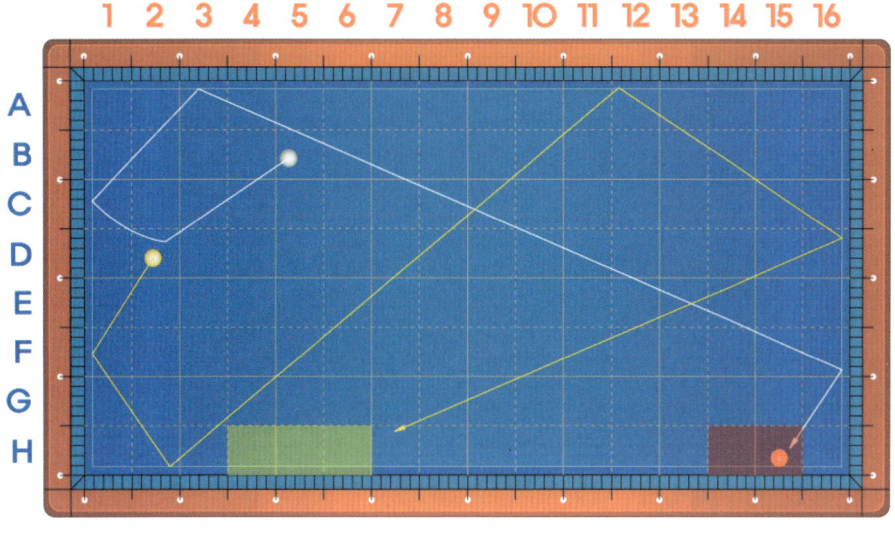

3.4-12 안으로 돌리기 패턴 12

3.4-13은 매우 섬세한 힘 조절이 필요한 패턴으로 부드러운 스트록과 절제된 타점설정이 요구된다.

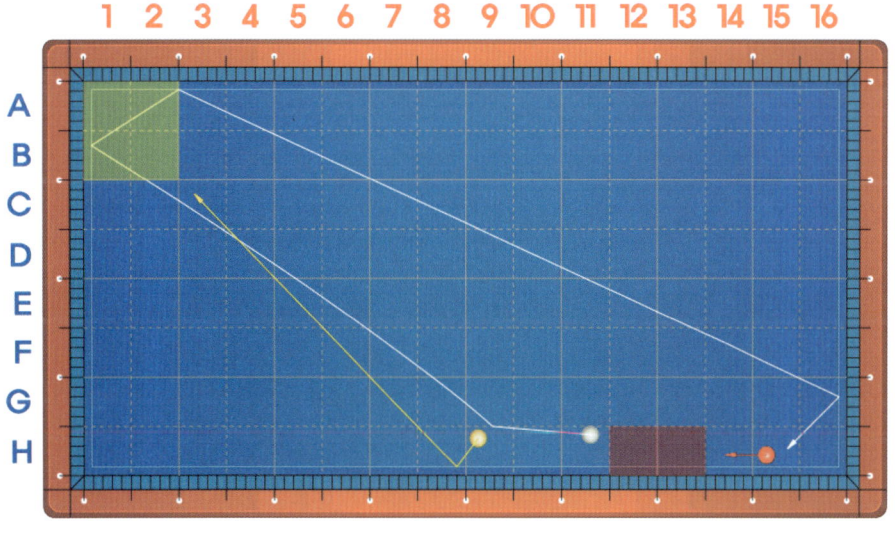

3.4-13 안으로 돌리기 패턴 13

3.4-14는 3.4-4와 유사하지만 오브젝트볼1의 첫 입사점이 롱 레일에 형성된다는 점이 다르다. 부드러우면서도 경쾌한 스트록이 요구된다.

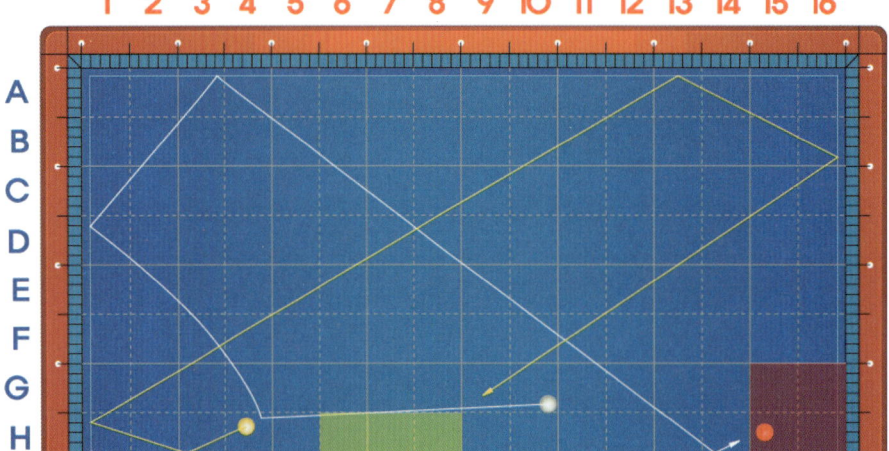

3.4-14 안으로 돌리기 패턴 14

B 밖으로 돌리기

밖으로 돌리기는 기본진로 중 가장 다양한 포지셔닝이 가능하다. 기량이 우수한 선수들은 본인이 선호하는 밖으로 돌리기를 만나면 대개 대량득점을 이끌어낸다. 3.4-15는 가장 이상적인 서브로 절제된 타점과 부드러운 스트록을 사용해 또 하나의 밖으로 돌리기를 만들어낸 경우다.

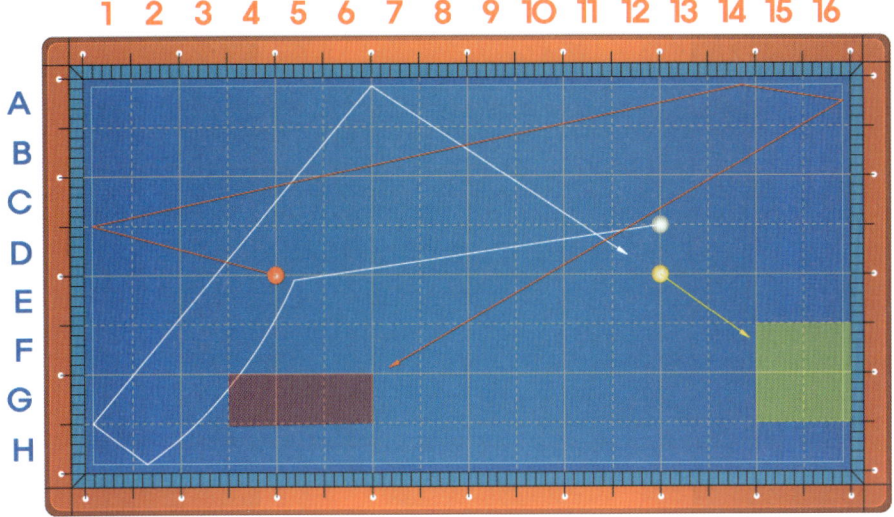

3.4-15 밖으로 돌리기 패턴 1

3.4-16은 서브와 유사한 형태로 밖으로 돌리기에서 가장 흔히 등장하는 포지셔닝의 패턴이다.

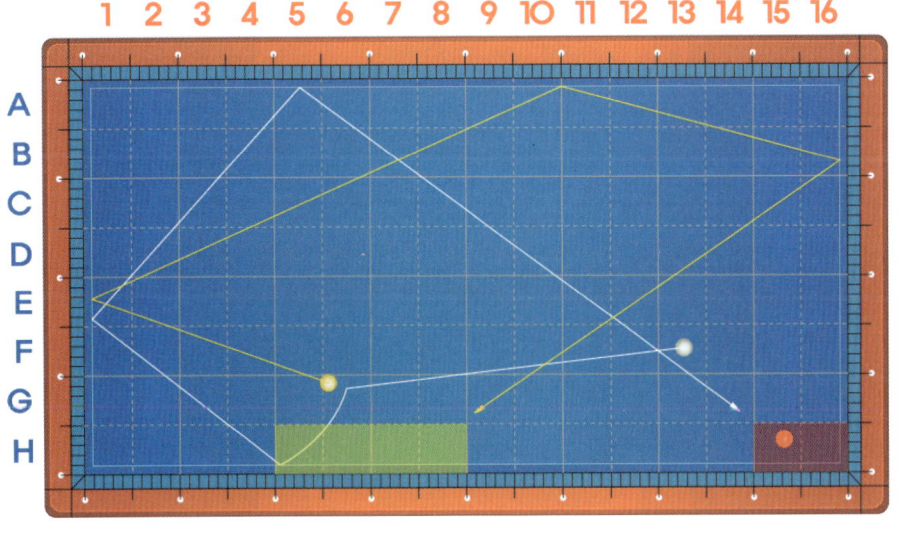

3.4-16 밖으로 돌리기 패턴 2

3.4-17은 오브젝트볼1의 첫 입사점이 롱 레일에 형성되는 패턴으로 앞의 경우보다는 강한 스트록을 구사해야 한다.

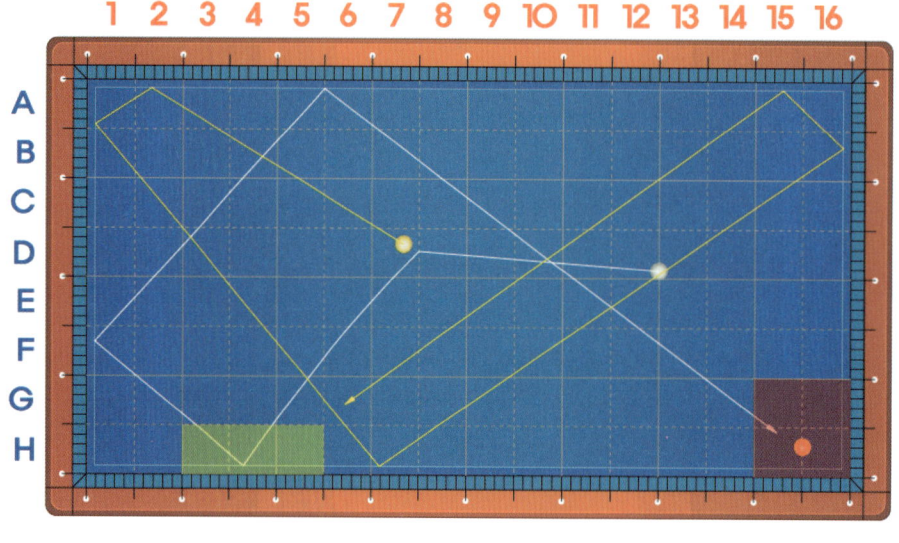

3.4-17 밖으로 돌리기 패턴 3

3.4-18은 밖으로 돌리기 중 가장 편안한 형태의 포지셔닝으로 횡 비틀기를 억제함으로써 짧은 진로를 확보해야 한다.

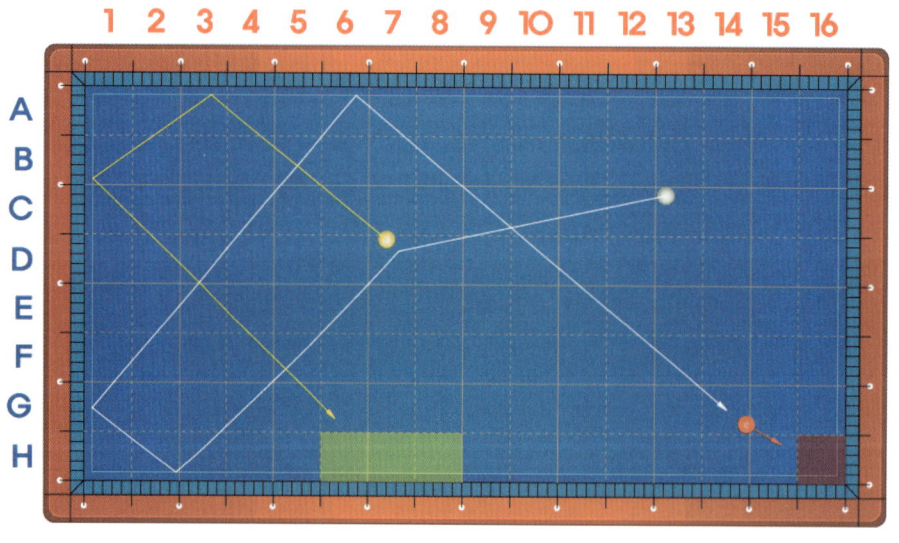

3.4-18 밖으로 돌리기 패턴 4

포지셔닝의 원칙에서 소개했듯이 판에 박힌 옆으로 돌리기와 밖으로 돌리기를 만들어내는 것만이 능사는 아니다. 경우에 따라서는 3.4-19나 3.4-20과 같이 세 개의 공을 중앙으로 집중시키는 방법을 택할 수도 있다. 실제로 해 보면 알겠지만 대개는 편안한 밖으로 돌리기나 옆으로 돌리기가 서게 된다.

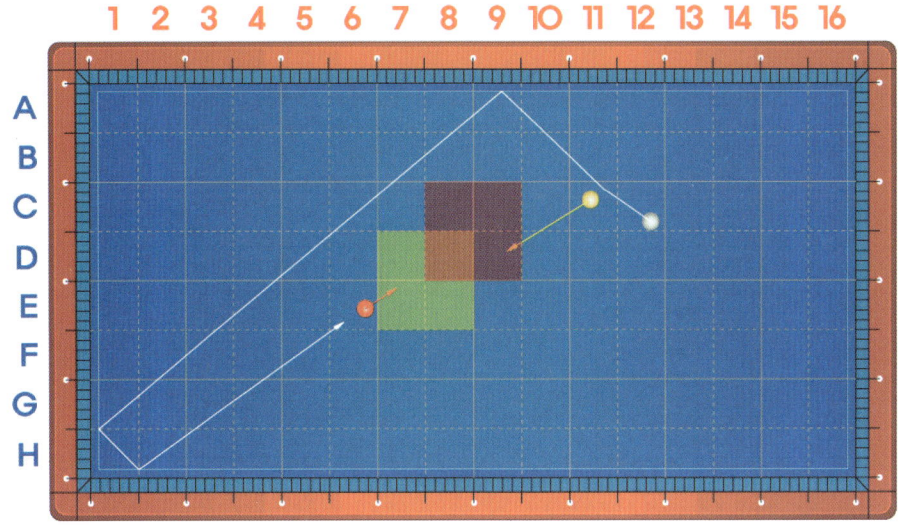

3.4-19 밖으로 돌리기 패턴 5

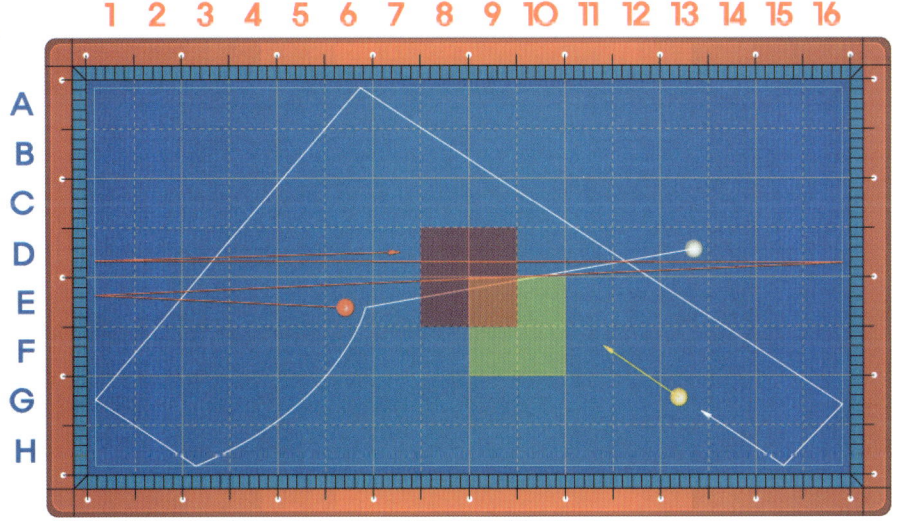

3.4-20 밖으로 돌리기 패턴 6

응용편-포지셔닝

공의 배치가 여의치 않으면 오브젝트볼1을 코너에 몰아넣음으로써 보다 큰 에러마진을 확보하면 유리하다. 최소한 중급 난이도의 대회전 정도는 확보할 수 있다. 3.4-21의 패턴은 안으로 돌리기 또는 밖으로 돌리기 대회전을 노린 포지셔닝이다.

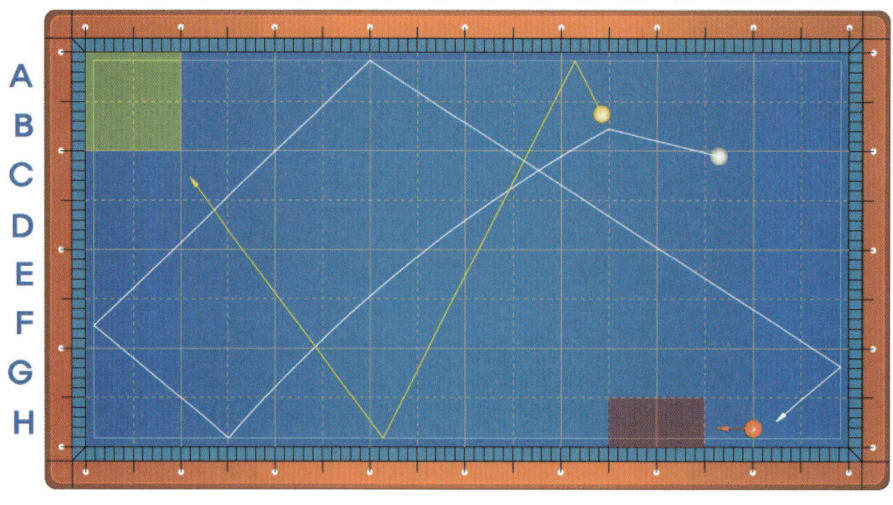

3.4-21 밖으로 돌리기 패턴 7

3.4-22처럼 오브젝트볼2가 단축에서 조금 떨어진 경우는 같은 유형의 밖으로 돌리기 또는 옆으로 돌리기를 만들어 낼 수 있다.

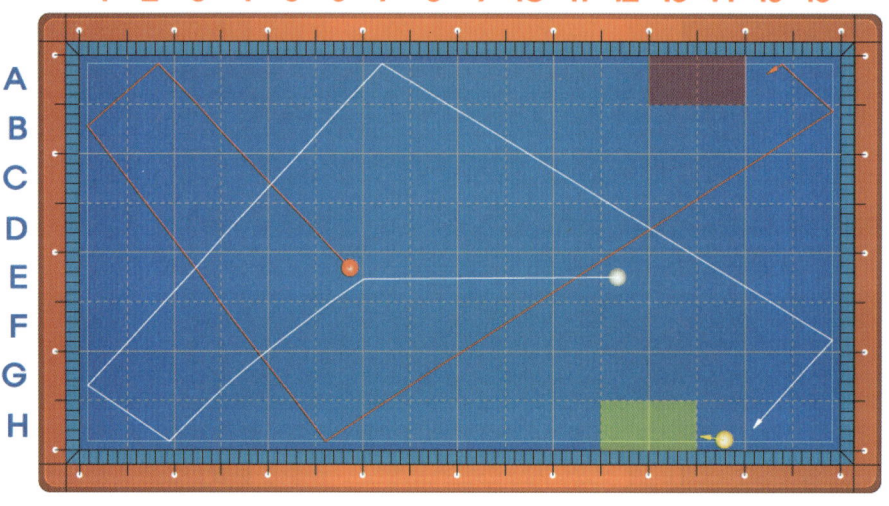

3.4-22 밖으로 돌리기 패턴 8

3.4-23는 얇은 두께를 설정할수록 뒷공의 배치가 유리해지는 패턴이다. 다만 하단타점이 작용할 수 없을 정도로 얇지만 않으면 된다. 스트록은 부드러우면서도 절도가 있어야 한다.

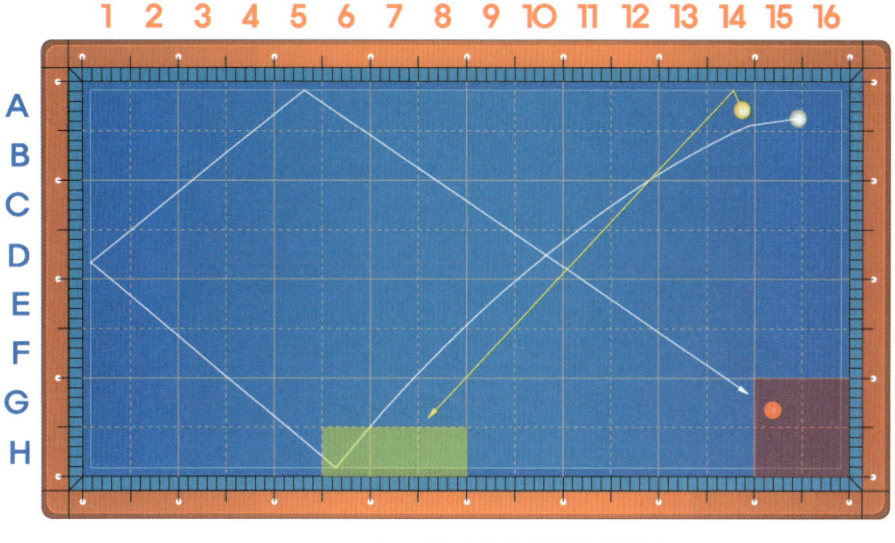

3.4-23 밖으로 돌리기 패턴 9

3.4-24는 얇은 두께를 설정하면 오브젝트볼1이 오브젝트볼2를 향해 진행하는 경우이다. 따라서 충분한 두께를 설정하고 강한 스트록을 구사해 대회전의 뒷공 배치를 노리는 것이 바람직하다.

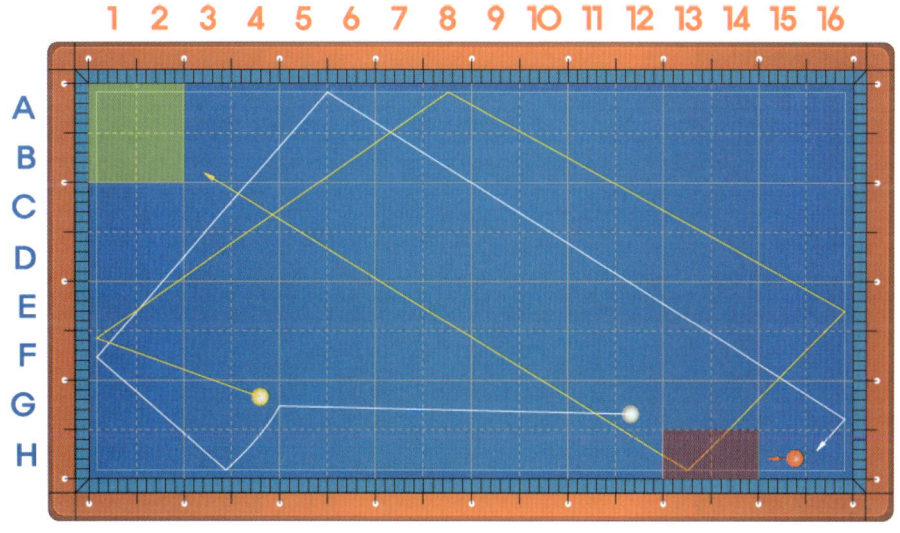

3.4-24 밖으로 돌리기 패턴 10

3.4-25는 얇은 두께를 설정해야 하는 밖으로 돌리기로 큐볼이 오브젝트볼1보다 빠르게 지나가야 한다. 역시 중급 이하 난이도의 대회전을 만들어 내는 것이 목표다.

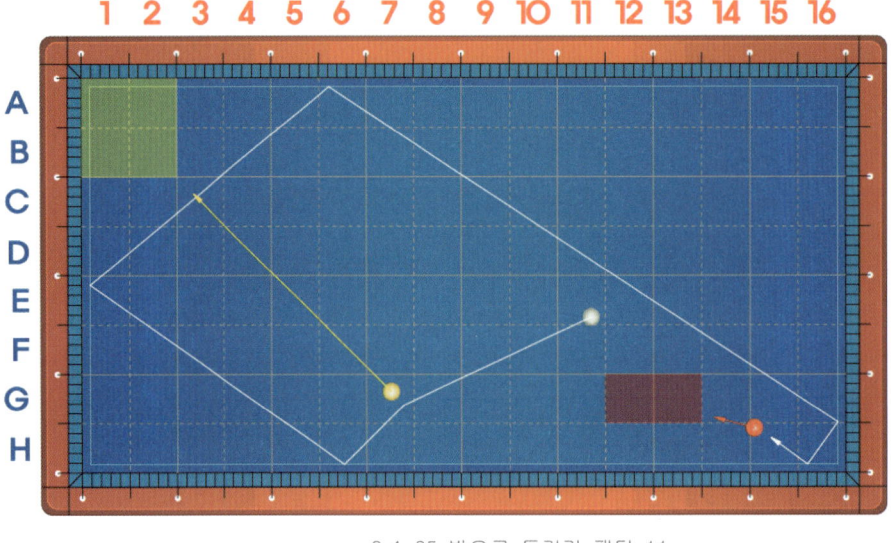

3.4-25 밖으로 돌리기 패턴 11

3.4-26은 관중들로 하여금 탄성을 자아내게 하는 절묘한 바꿔치기로 매우 쉬운 밖으로 돌리기나 옆으로 돌리기를 이끌어낼 수 있다.

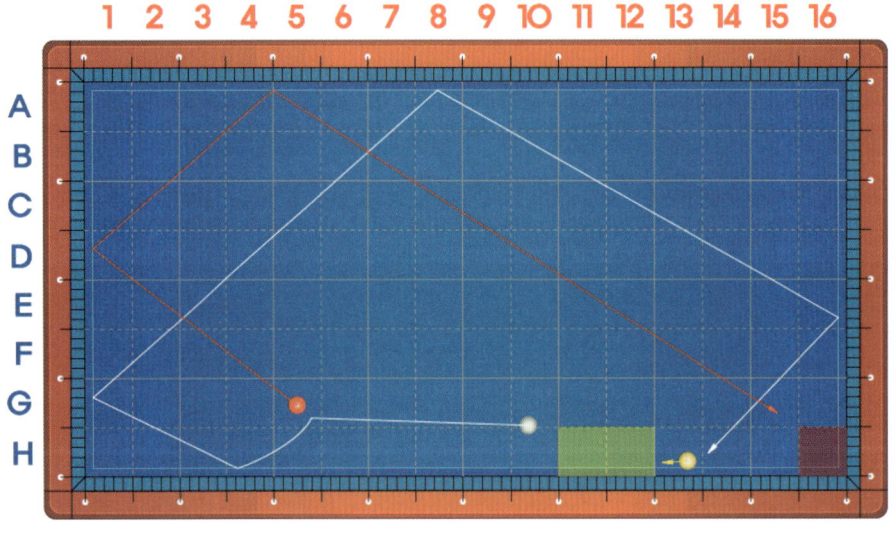

3.4-26 밖으로 돌리기 패턴 12

3.4-27은 짧은 밖으로 돌리기를 정상적인 간격으로 되돌리는 방법이다. 절제된 타점과 정교한 스트록이 요구된다.

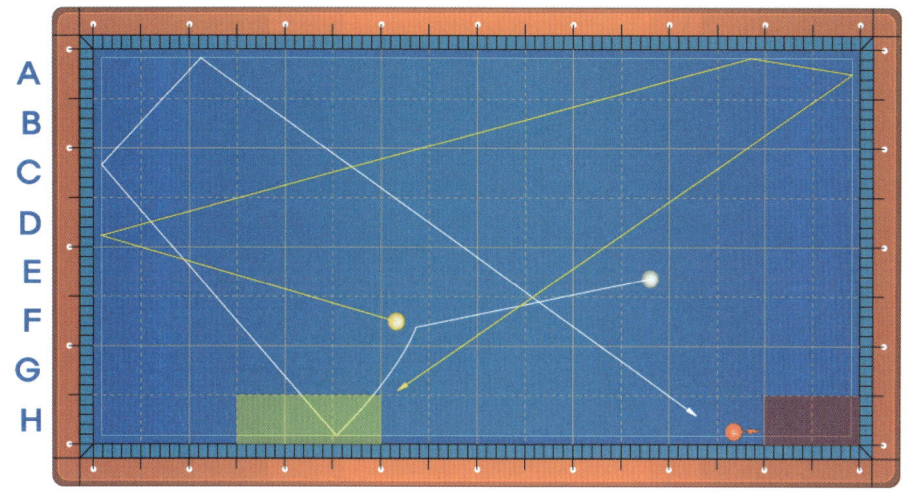

3.4-27 밖으로 돌리기 패턴 13

3.4-28은 3.4-27과 반대의 경우로 긴 밖으로 돌리기를 정상적인 간격으로 되돌리는 방법이다. 적절한 두께설정에 부드러운 스트록이 요구되며 난이도 면에서는 3.4-27에 비해 약간 떨어지는 편이다.

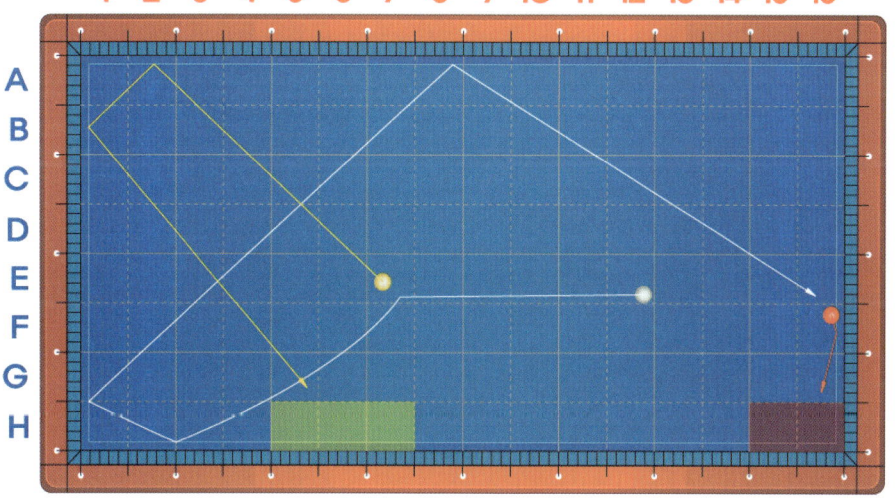

3.4-28 밖으로 돌리기 패턴 14

3.4-29는 또 다른 형태의 간격조정으로 오브젝트볼1을 짧게 돌릴수록 쉬운 뒷공이 보장된다.

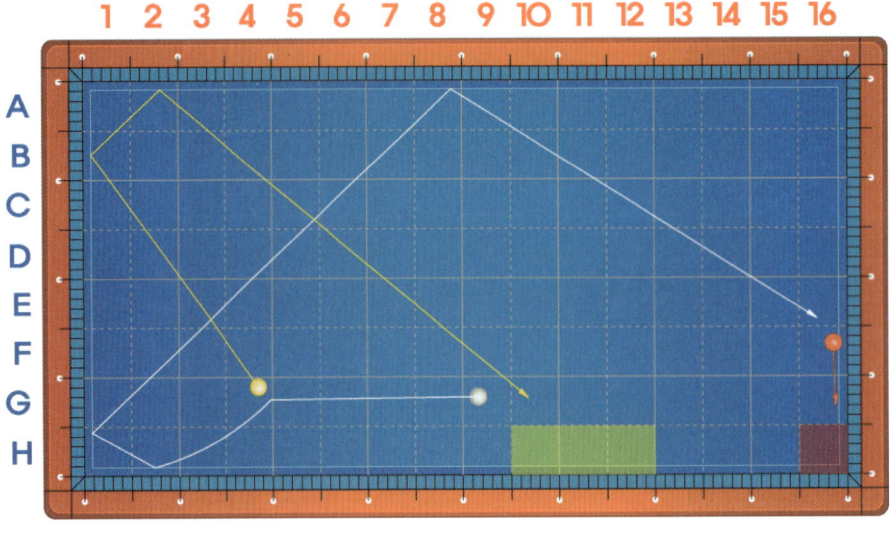

3.4-29 밖으로 돌리기 패턴 15

다른 패턴을 무리하게 짜 맞추려 들면 늘 무리가 따른다. 3.4-30은 언뜻 보기엔 3.4-16과 같은 형태를 만들 수 있을 것 같지만 그렇게 하면 큐볼의 최종 진로가 길거나 키스의 위험에서 벗어나기 어렵다.

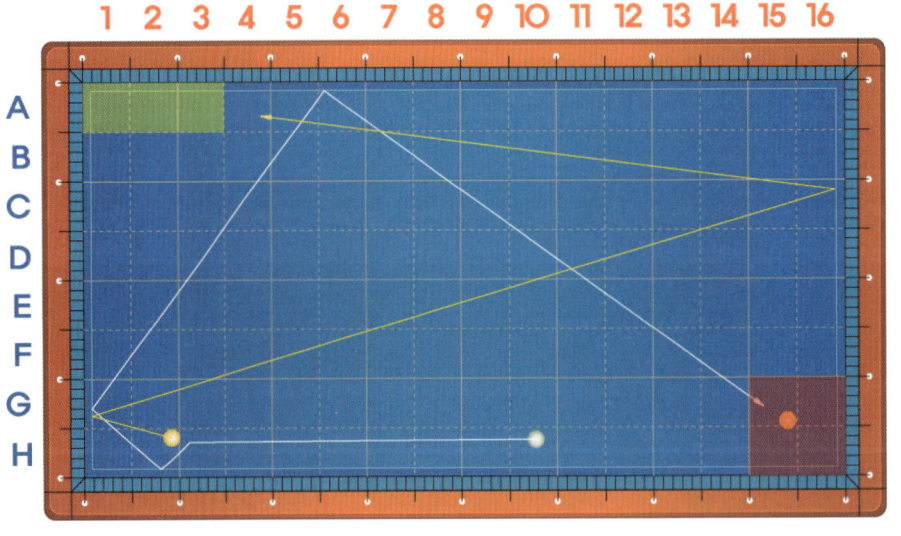

3.4-30 밖으로 돌리기 패턴 16

C 옆으로 돌리기

옆으로 돌리기는 득점확률이 높은 기본진로이기 때문에 다양한 포지셔닝의 기회가 주어진다. 3.4-31은 자연스럽게 밖으로 돌리기를 만들 수 있는 패턴으로 두께설정만 제대로 되면 어려움 없이 목적을 달성할 수 있다.

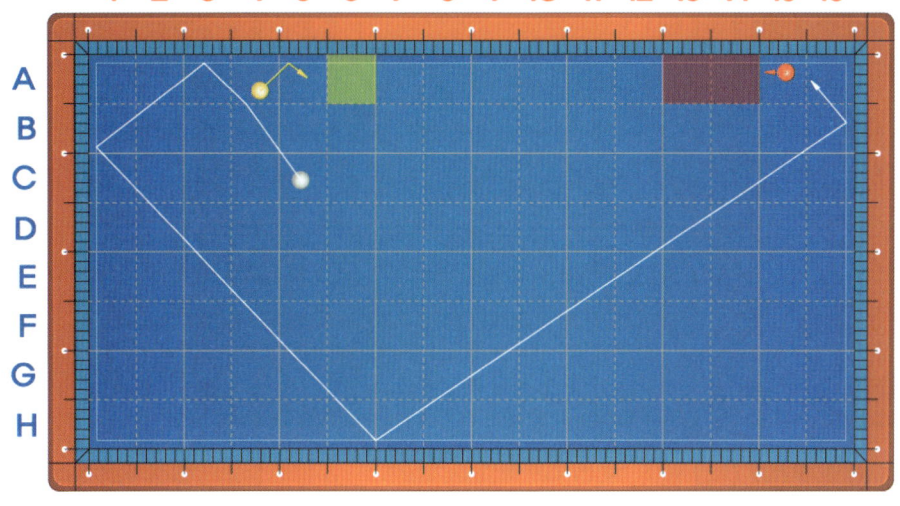

3.4-31 옆으로 돌리기 패턴 1

그러나 3.4-32와 같이 얇은 두께를 설정할 수 없는 경우엔 옆으로 돌리기를 이끌어 내는 패턴도 생각해봄직하다.

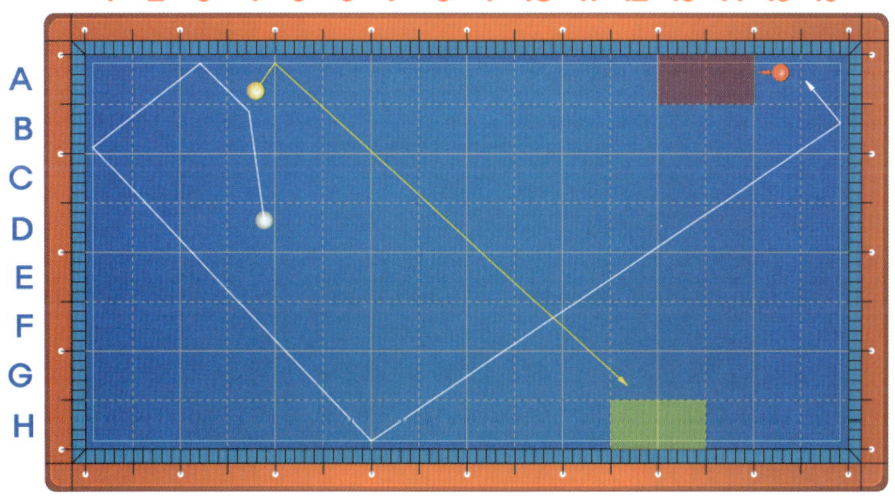

3.4-32 옆으로 돌리기 패턴 2

3.4-33은 실전에서 가장 흔히 등장하는 패턴으로 오브젝트볼1을 G,H-1,2구역이나 H-2,3,4구역으로 보내놓으면 쉬운 뒷공이 보장된다.

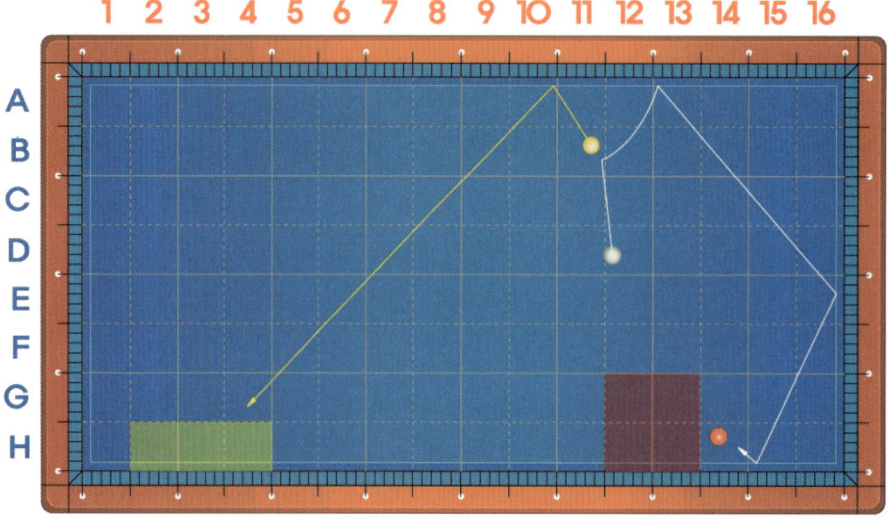

3.4-33 옆으로 돌리기 패턴 3

3.4-34도 실전에 자주 만나게 되는 패턴으로 밖으로 돌리기를 이끌어내는 것이 바람직하다. 부드러운 스트록이 중요하다.

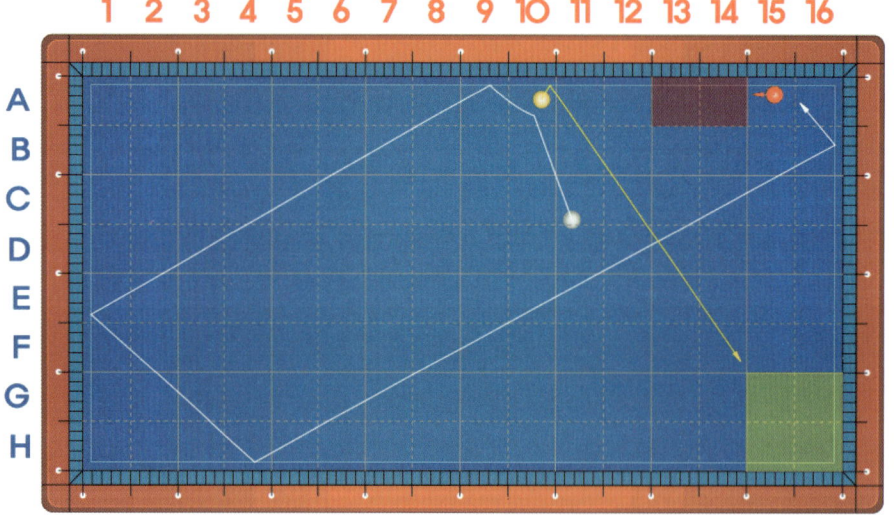

3.4-34 옆으로 돌리기 패턴 4

3.4-35는 이상천선수의 주특기였던 '옆으로 돌리기 한 점 더 치기'이다. 얇은 두께와 절제된 타점, 그리고 부드러운 스트록이 요구된다.

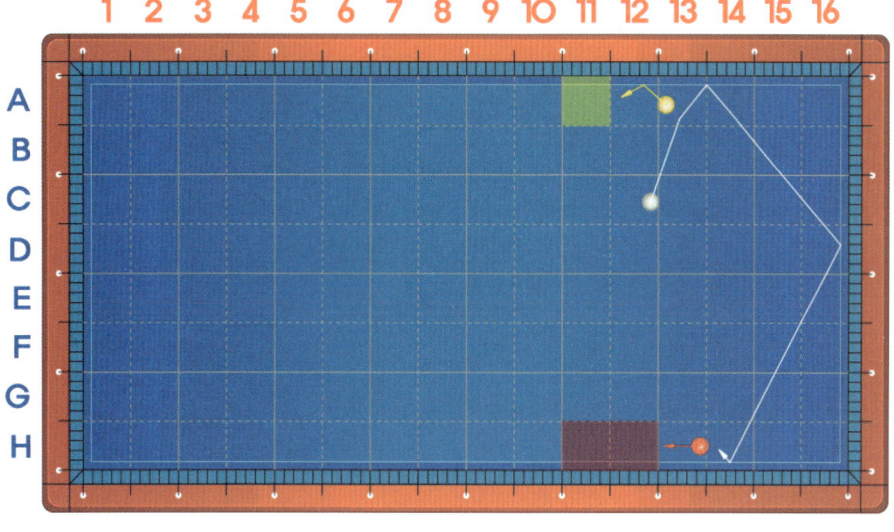

3.4-35 옆으로 돌리기 패턴 5

3.4-36은 옆으로 돌리기에서 밖으로 돌리기를 이끌어내는 패턴으로 오브젝트볼1을 리버스의 형태로 진행시키는 것이 핵심이다.

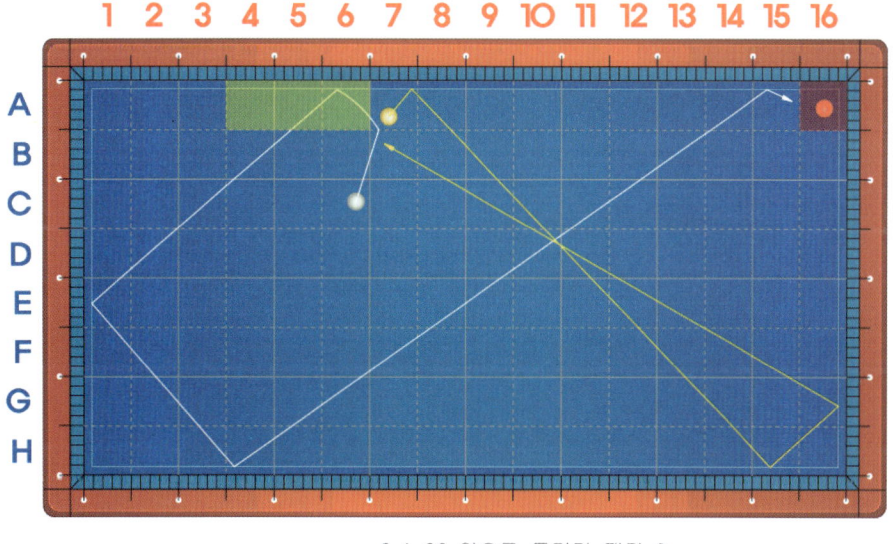

3.4-36 옆으로 돌리기 패턴 6

응용편-포지셔닝 107

옆으로 돌리기도 상황에 따라서는 중앙 집중을 노릴 필요가 있는데 3.4-37과 3.4-38이 그 대표적인 패턴이다. 밖으로 돌리기와 마찬가지로 난이도가 낮은 뒷공을 만나게 될 것이다.

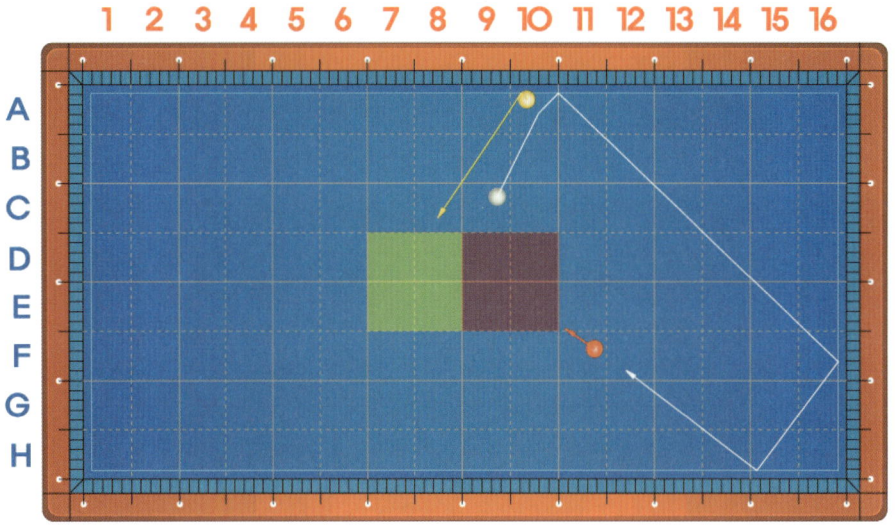

3.4-37 옆으로 돌리기 패턴 7

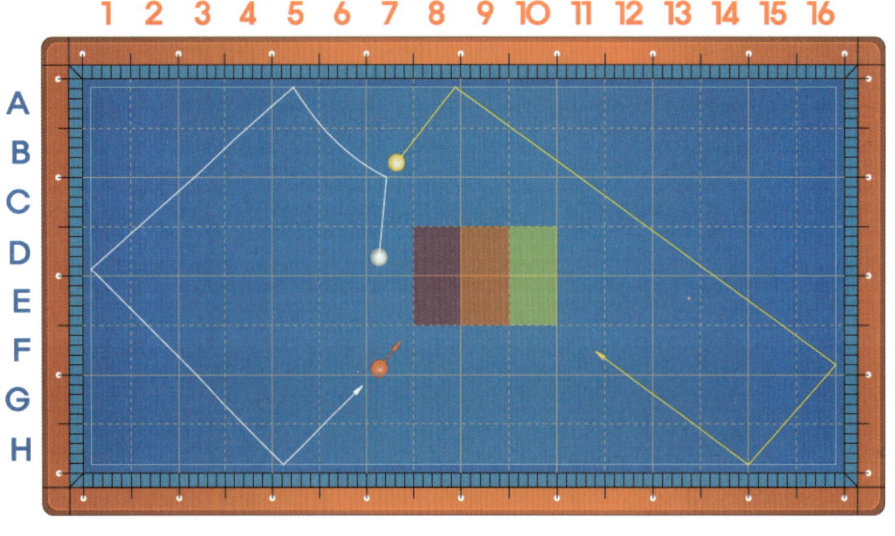

3.4-38 옆으로 돌리기 패턴 8

3.4-39도 옆으로 돌리기에서 밖으로 돌리기를 이끌어내는 패턴이다. 가벼운 끌어 치기로 시간차를 만들어내야 D-10구역에서 키스를 피할 수 있다.

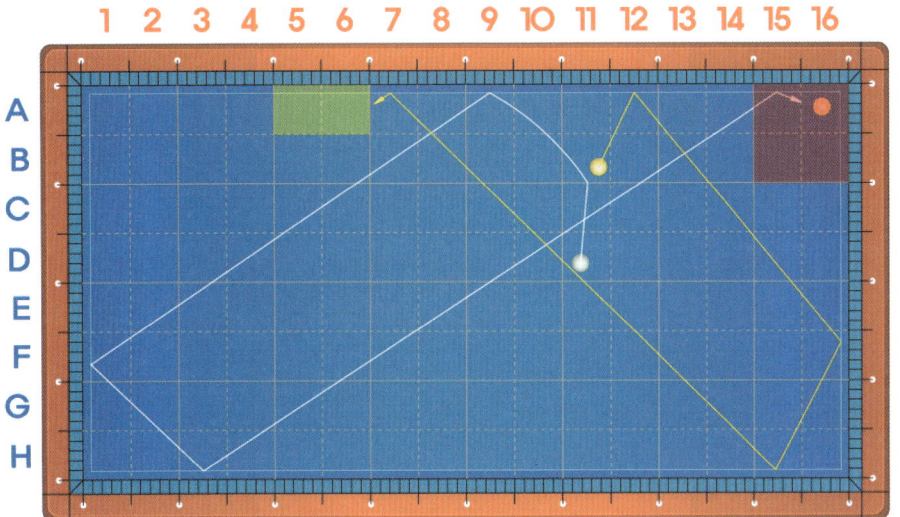

3.4-39 옆으로 돌리기 패턴 9

3.4-40도 옆으로 돌리기에서 밖으로 돌리기를 이끌어내는 패턴인데 과도한 스트록을 구사하면 큐볼이 첫 번째 레일터치 후 곡구를 일으킬 위험이 높다.

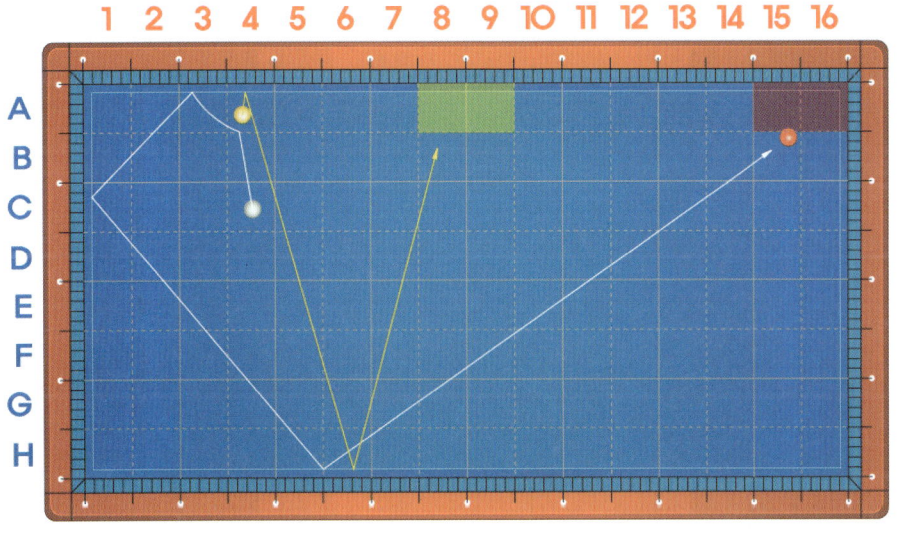

3.4-40 옆으로 돌리기 패턴 10

3.4-41은 기본적으로 3.4-39와 유사한 패턴이지만 보다 두꺼운 두께와 강력한 스트록이 요구되므로 레일 잉글리시를 활용한 리버스 엔드 효과를 노려야 한다.

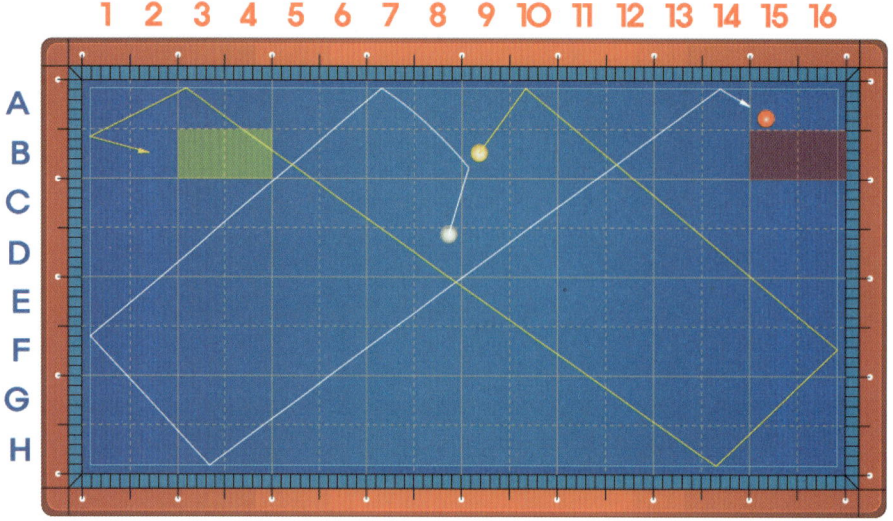

3.4-41 옆으로 돌리기 패턴 11

3.4-42는 오브젝트볼2의 위치상 중앙집중을 노리는 것이 바람직하다.

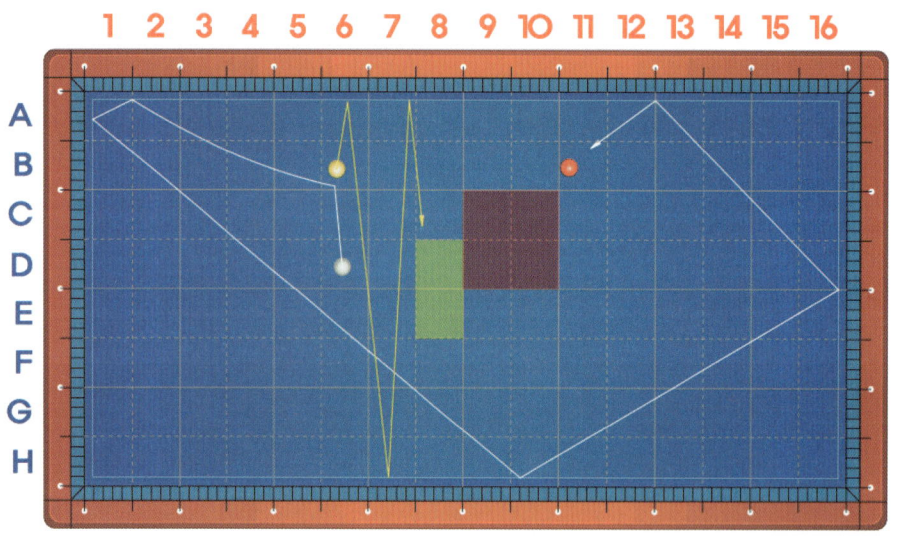

3.4-42 옆으로 돌리기 패턴 12

때로는 3.4-43이나 3.4-44와 같이 간결한 포지셔닝을 하는 것도 효율적이다.

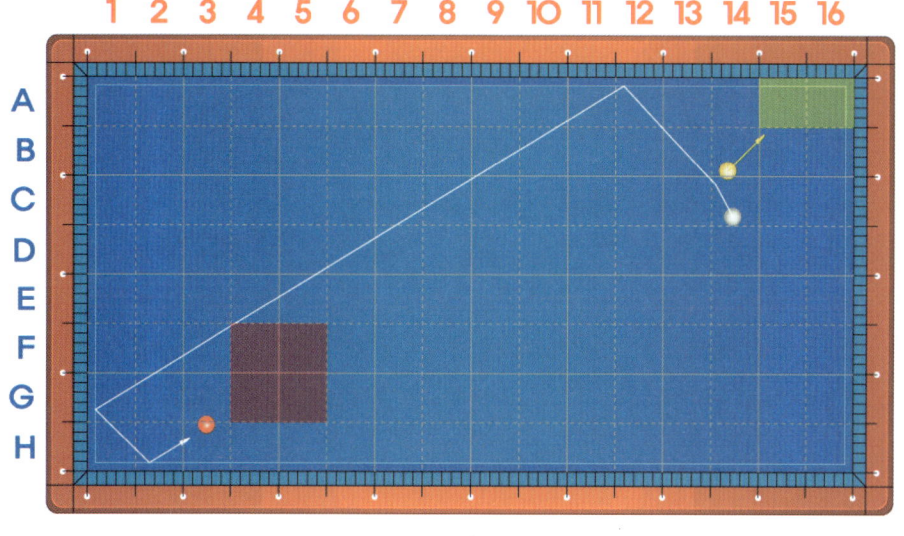

3.4-43 옆으로 돌리기 패턴 13

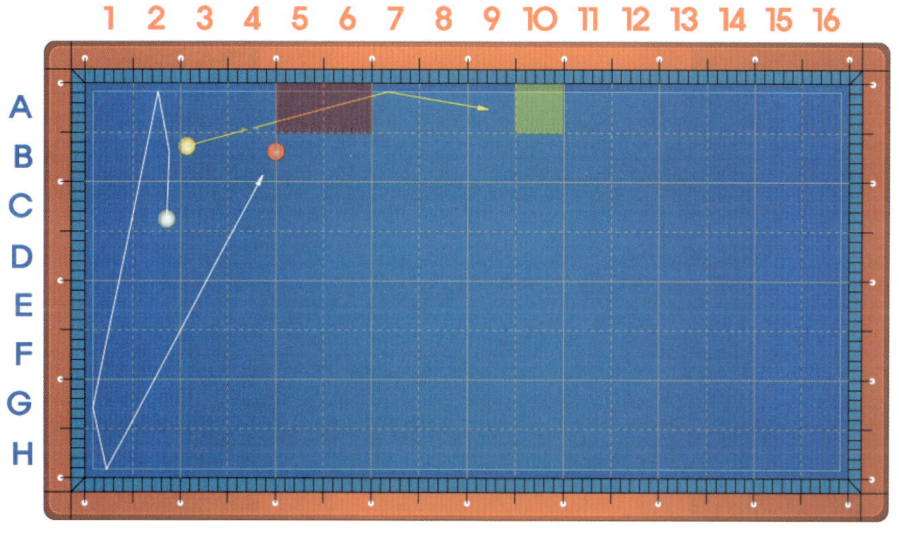

3.4-44 옆으로 돌리기 패턴 14

3.4-45는 가장 편안한 옆으로 돌리기 포지셔닝으로 스트록의 조절 외에는 별다른 난제가 없다.

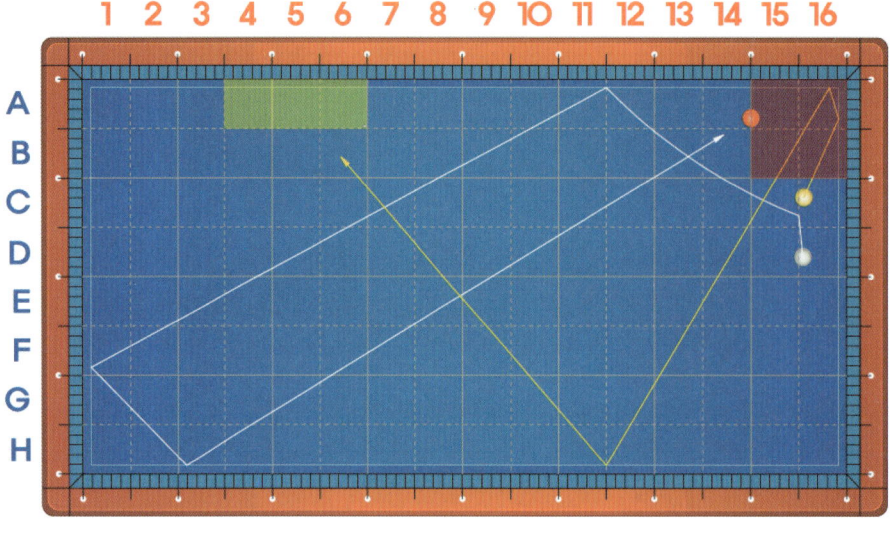

3.4-45 옆으로 돌리기 패턴 15

3.4-46은 얇은 두께에서 큰 변화가 요구되는 패턴으로 매우 얇은 두께설정과 부드러운 롱 스트록이 요구된다.

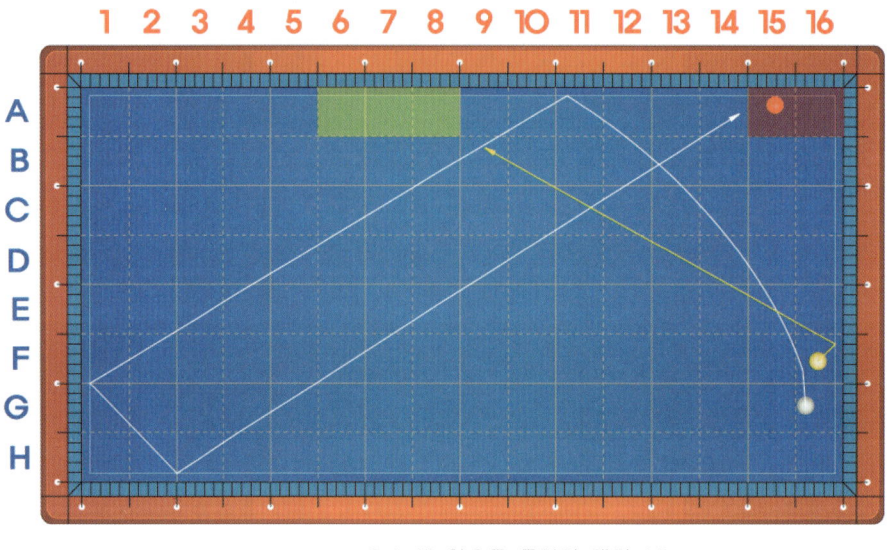

3.4-46 옆으로 돌리기 패턴 16

3.4-47은 편안한 두께설정이 가능하므로 롱 스트록만 구사할 수 있으면 어렵지 않게 목표를 달성할 수 있다.

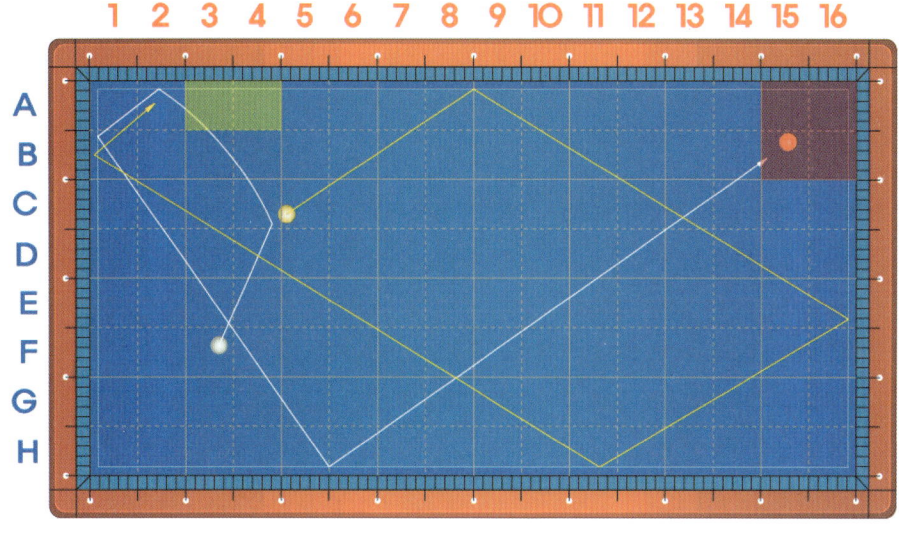

3.4-47 옆으로 돌리기 패턴 17

3.4-48은 옆으로 돌리기에서 또 다른 옆으로 돌리기를 이끌어내는 패턴으로 약간의 연습만으로도 실전응용이 가능하다.

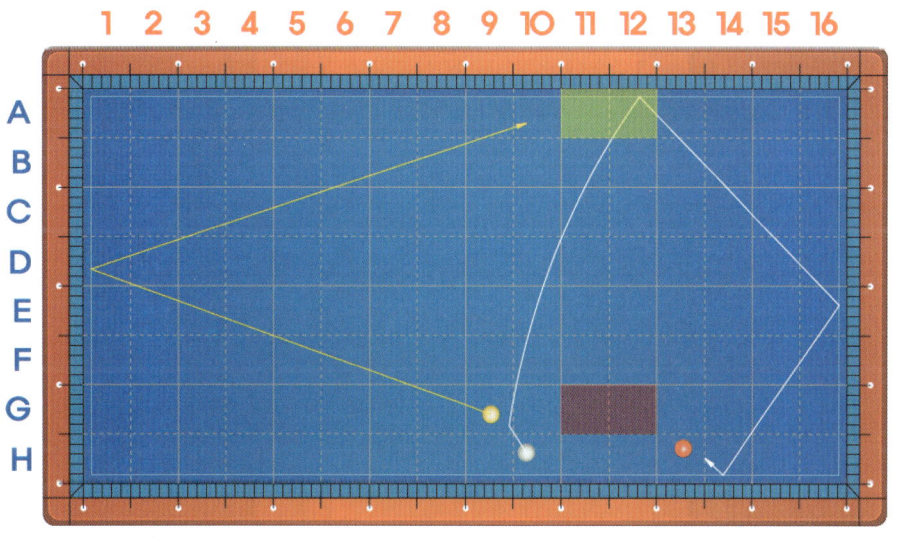

3.4-48 옆으로 돌리기 패턴 18

옆으로 돌리기도 상황이 여의치 않으면 오브젝트볼1을 코너로 진행시켜야 한다. 3.4-49의 경우 밖으로 돌리기를 이끌어내려고 무리하다 보면 득점에 실패할 가능성이 크다.

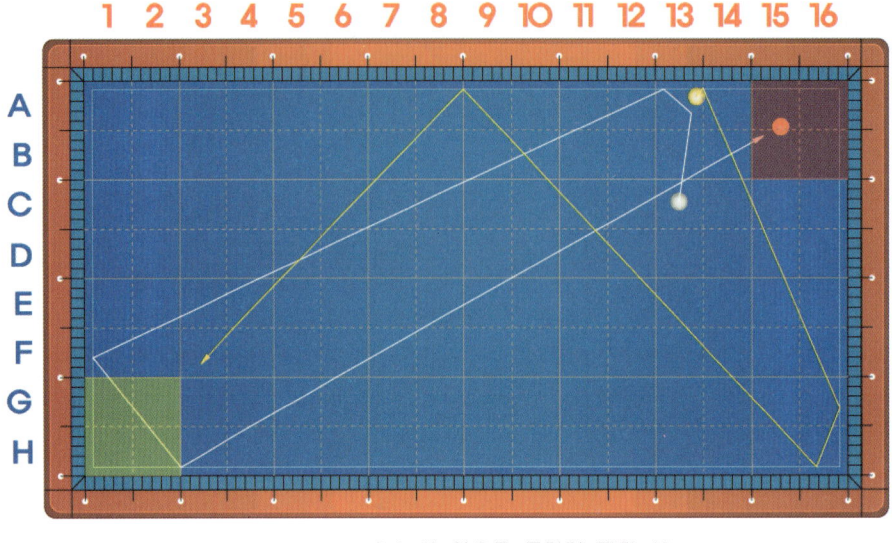

3.4-49 옆으로 돌리기 패턴 19

3.4-50과 같은 포지셔닝을 자연스럽게 달성할 수 있다면 옆으로 돌리기는 마스터했다고 자부해도 좋다.

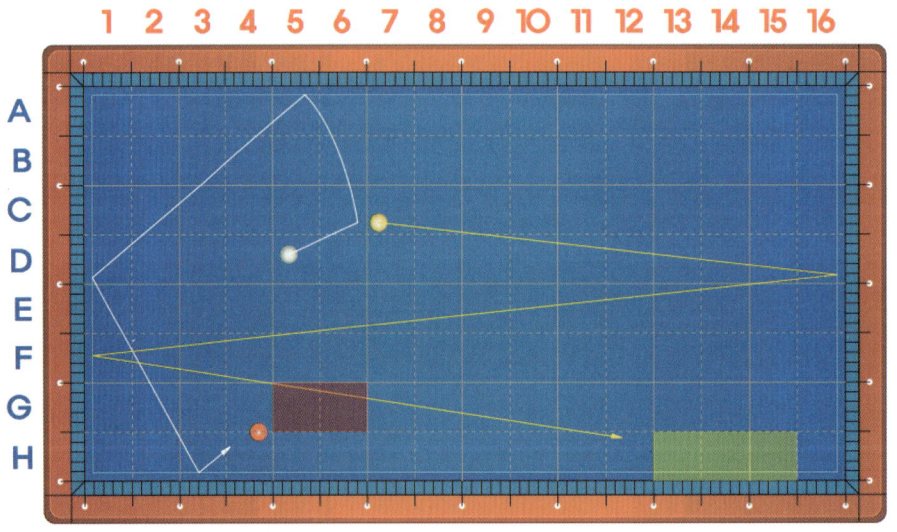

3.4-50 옆으로 돌리기 패턴 20

D 빗겨 치기

빗겨 치기는 오브젝트볼1이 숏 레일에 평행하게 움직이는 경우가 많기 때문에 힘조절에 실패하면 난구를 만나게 될 가능성이 크다. 3.4-51과 같은 배치에서 그림에 표현된 포지셔닝에 실패하면 공격권을 상실할 가능성이 높다.

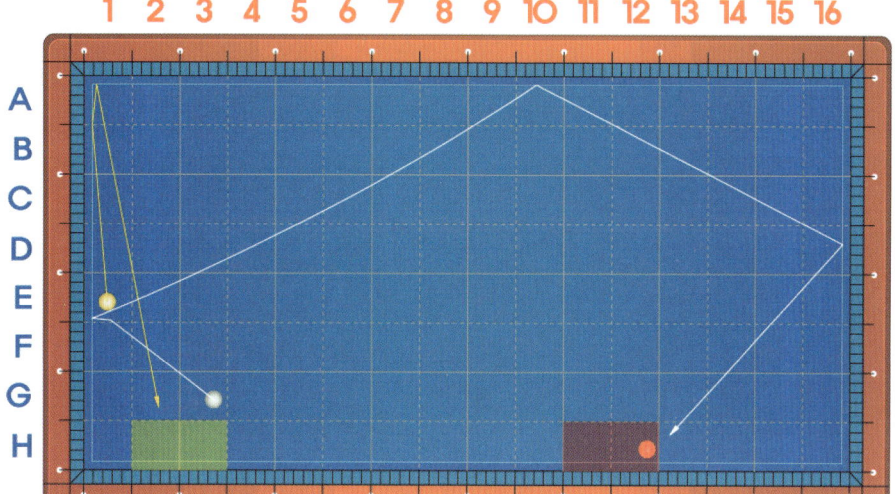

3.4-51 빗겨 치기 패턴 1

3.4-52는 실전에서 흔히 마주치는 패턴으로 오브젝트볼이 D,E-1,2구역에 멈추지 않도록 유의해야 한다.

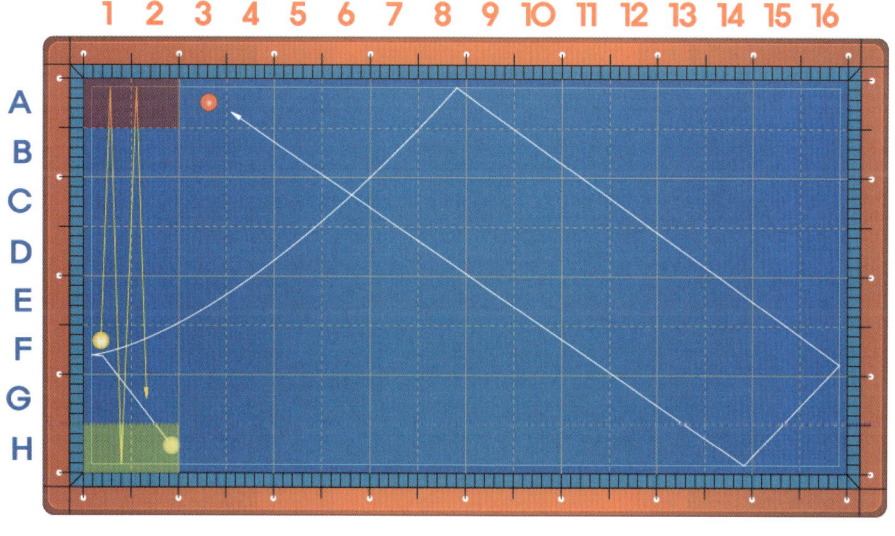

3.4-52 빗겨 치기 패턴 2

3.4-53의 배치는 빗겨 치기에서 밖으로 돌리기나 옆으로 돌리기를 이끌어낼 수 있는 패턴이다. 정교한 정렬과 간결하면서도 힘찬 스트록이 요구된다.

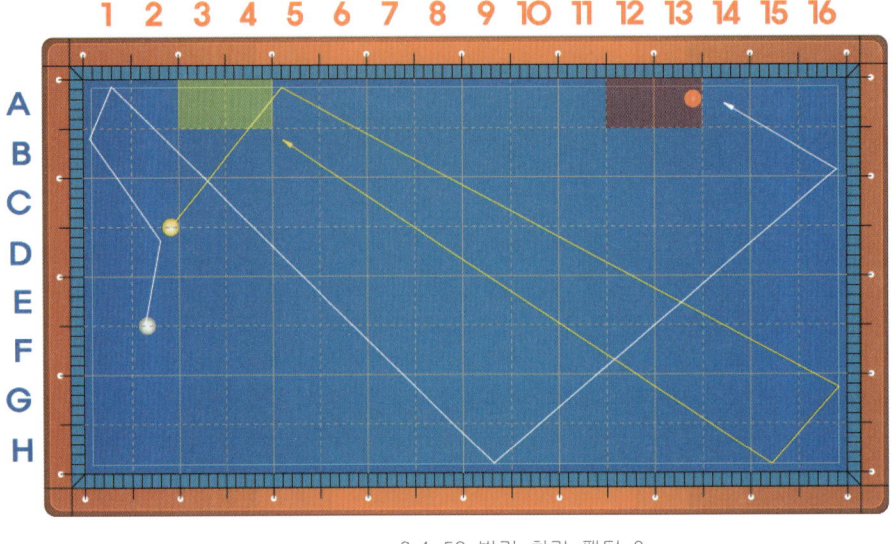

3.4-53 빗겨 치기 패턴 3

3.4-54는 매우 간결한 포지셔닝으로 정렬만 정확하면 어렵지 않게 밖으로 돌리기를 이끌어낼 수 있다.

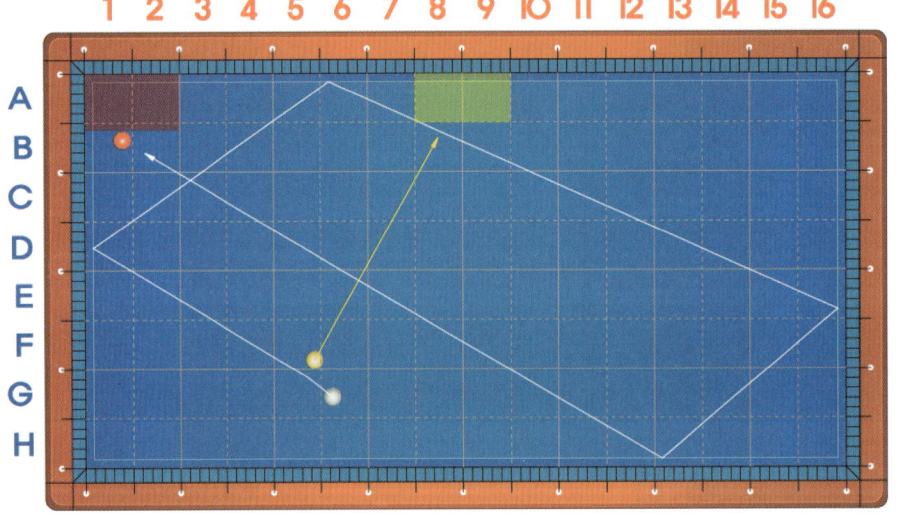

3.4-54 빗겨 치기 패턴 4

3.4-55는 옆으로 돌리기 대회전을 시도하기엔 키스의 부담이 큰 배치다. 이런 경우 빗겨 치기 횡단을 선구하면 득점과 포지셔닝이라는 두 마리 토끼를 잡을 수 있다.

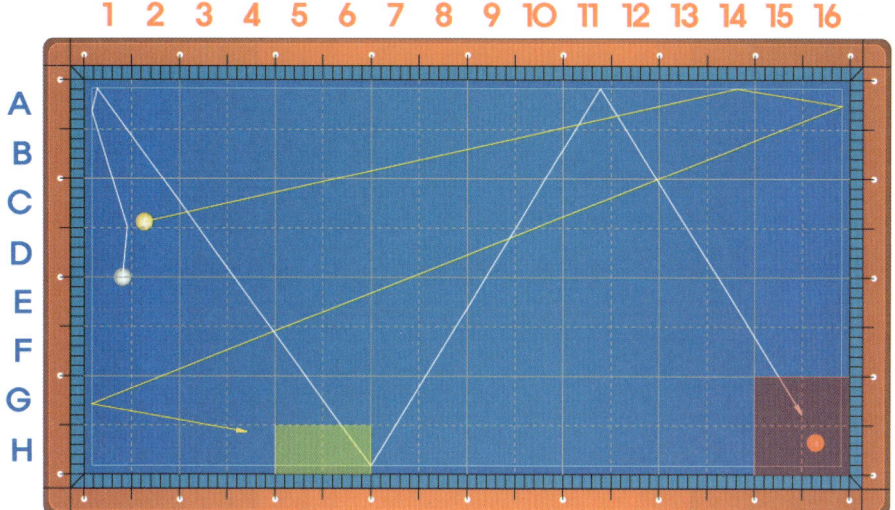

3.4-55 빗겨 치기 패턴 5

3.4-56은 실전에서 흔히 마주치는 단축 빗겨 치기로 두께설정과 스트록의 조절이 조화를 이루어야 목표를 달성할 수 있다.

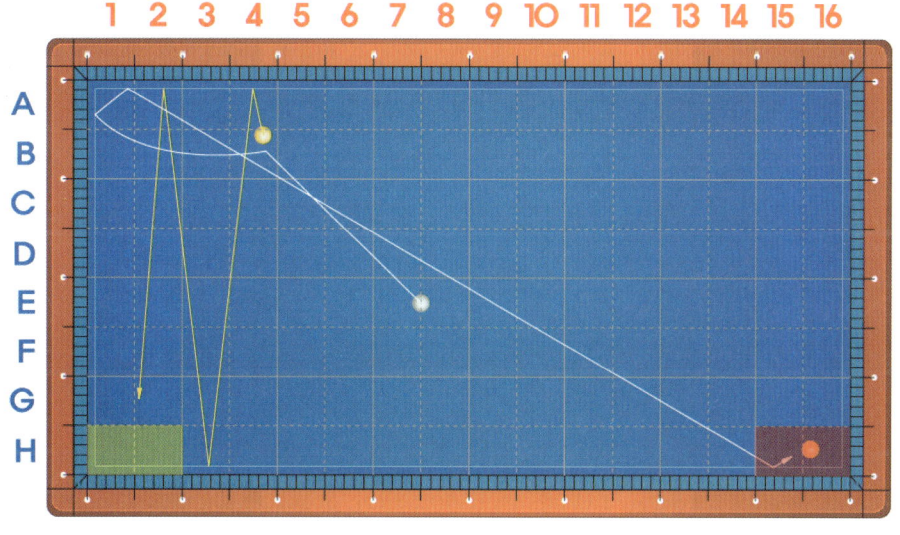

3.4-56 빗겨 치기 패턴 6

3.4-57의 배치에서 옆으로 돌리기를 선구하면 키스의 위험도 크고 득점을 하더라도 난구가 설 가능성이 높다.

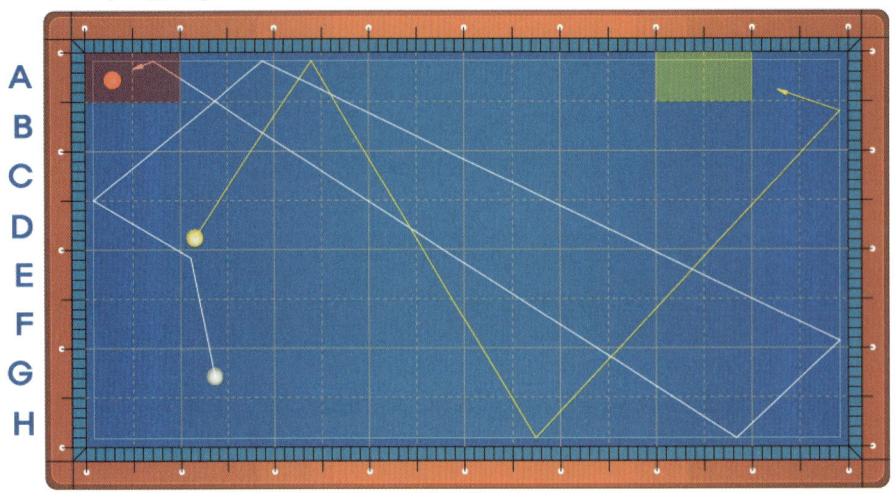

3.4-57 빗겨 치기 패턴 6

3.4-58도 실전에 흔히 등장하는 배치로 두께설정과 스트록의 조절이 완전하지 못하면 키스가 발생하거나 난구가 설 가능성이 높다.

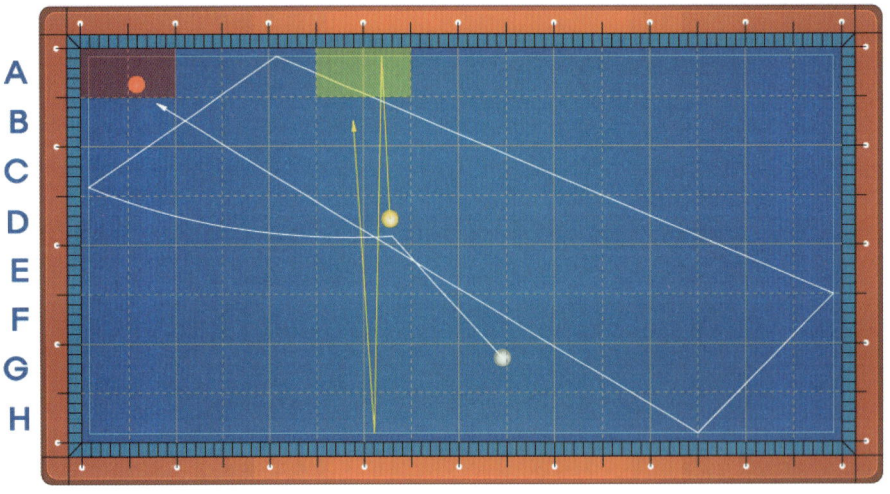

3.4-58 빗겨 치기 패턴 7

3.4-59와 60은 가장 난이도가 높은 빗겨 치기 포지셔닝으로 공의 배치에 적합한 타점의 미세조정까지 해낼 수 있어야 한다.

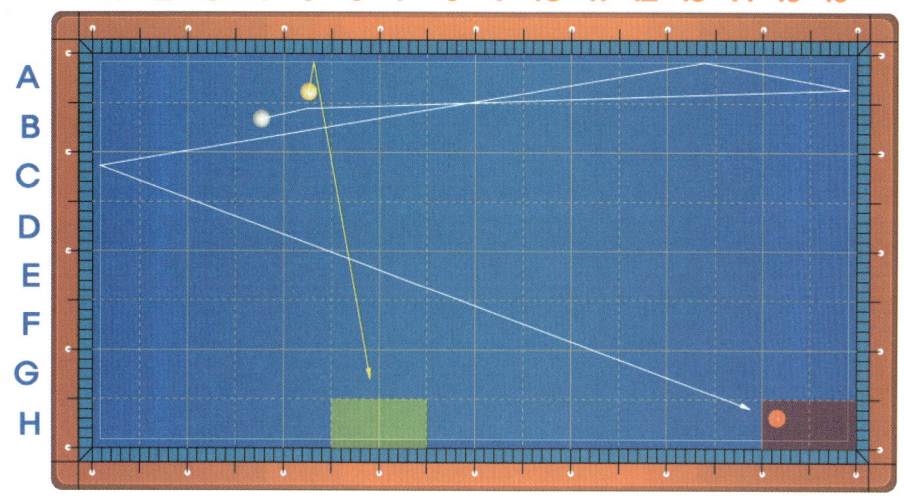

3.4-59 빗겨 치기 패턴 8

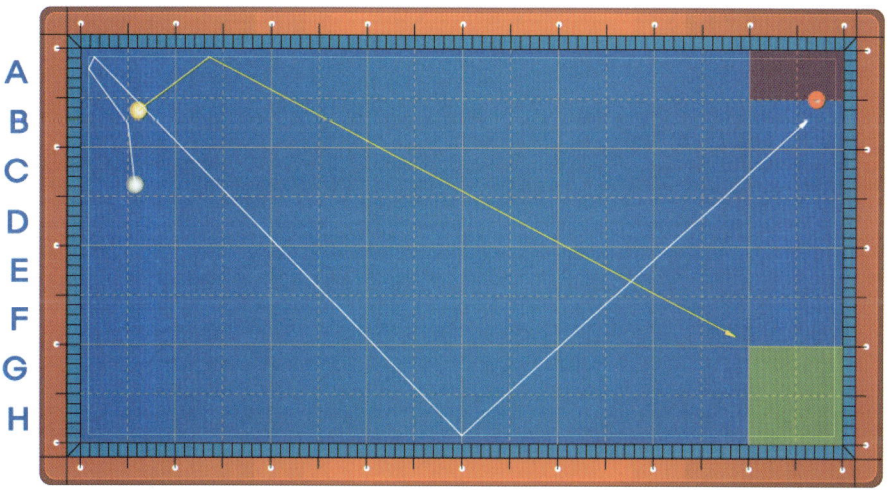

3.4-60 빗겨 치기 패턴 9

E 대회전

대회전은 기본적으로 4대 기본진로의 연장이므로 요령에서 큰 차이는 없다. 다만 오브젝트볼1의 활주거리가 늘어나 오차범위가 커진다는 점에서 보다 정교한 정렬과 스트록의 강도 조절이 요구될 뿐이다.

3.4-61부터 3.4-66까지는 다양한 형태의 안으로 돌리기 대회전으로 오브젝트볼1을 진행시키기만 하면 키스는 자동적으로 해결된다.

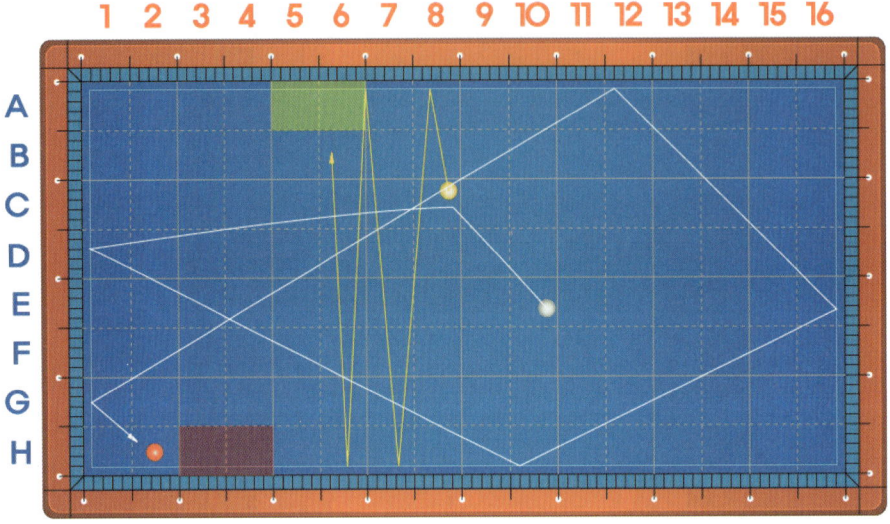

3.4-61 대회전 패턴 1

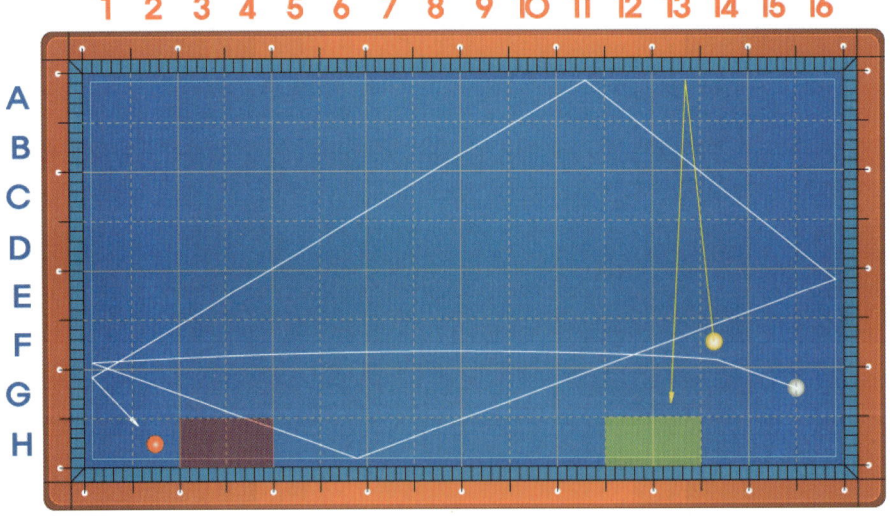

3.4-62 대회전 패턴 2

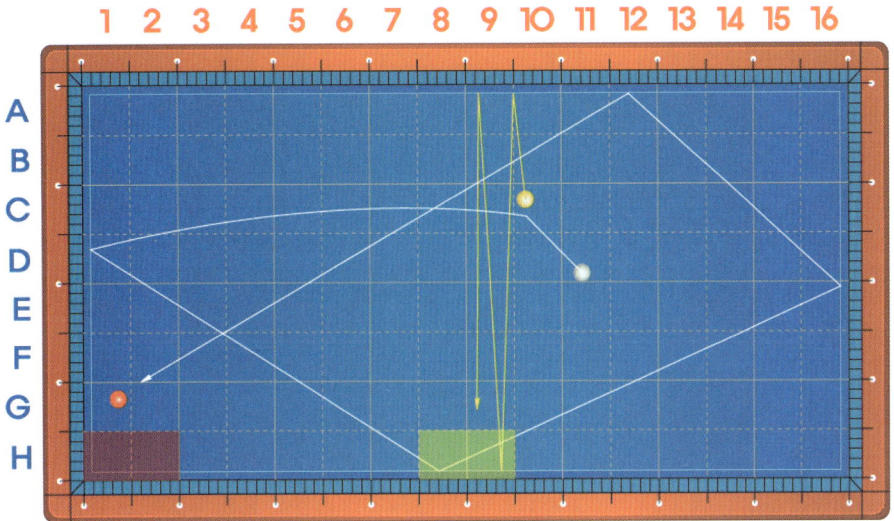

3.4-63 대회전 패턴 3

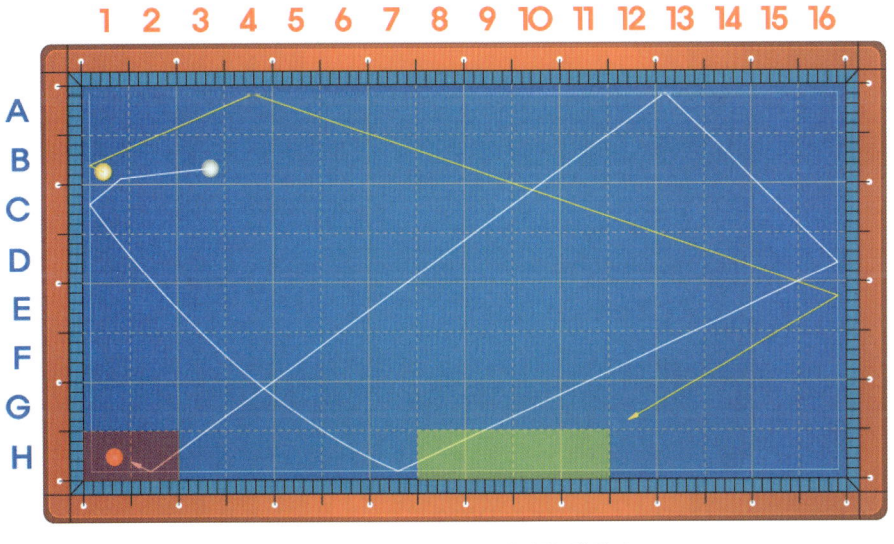

3.4-64 대회전 패턴 4

응용편-포지셔닝 121

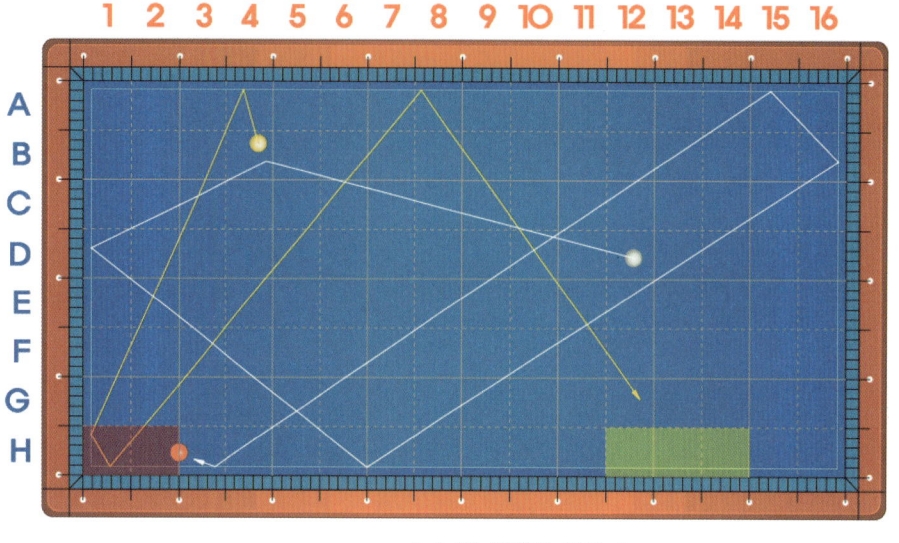

3.4-65 대회전 패턴 5

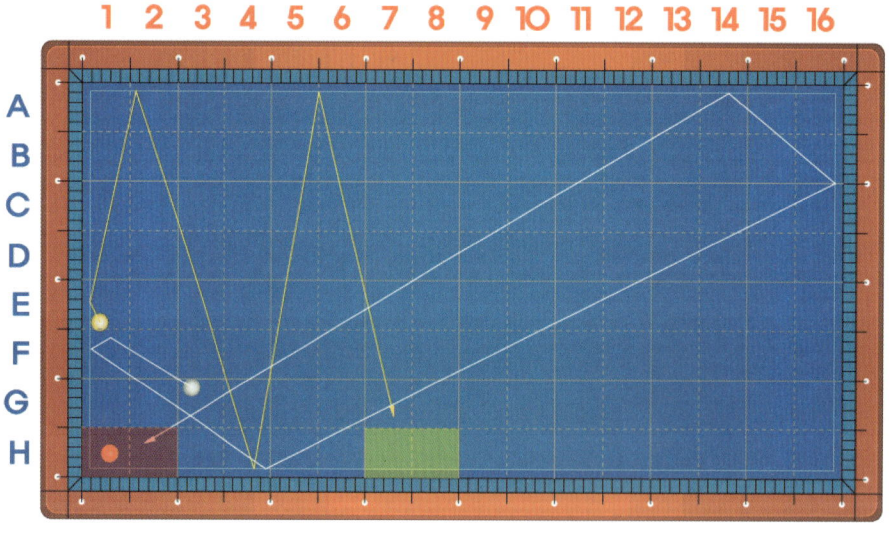

3.4-66 대회전 패턴 6

3.4-67부터 3.4-69는 가장 흔한 밖으로 돌리기 대회전이다. 두께에 대한 의존도를 줄이고 스트록에 대한 의존도를 늘이는 것이 많은 도움이 된다.

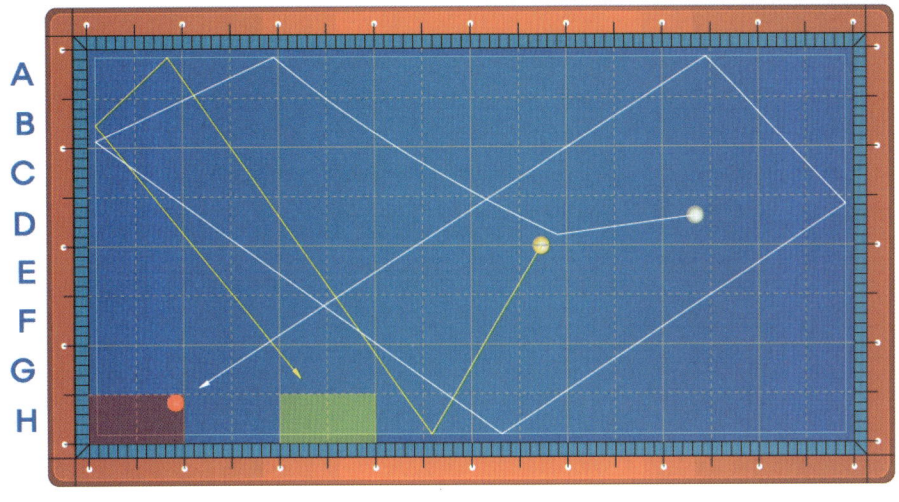

3.4-67 대회전 패턴 7

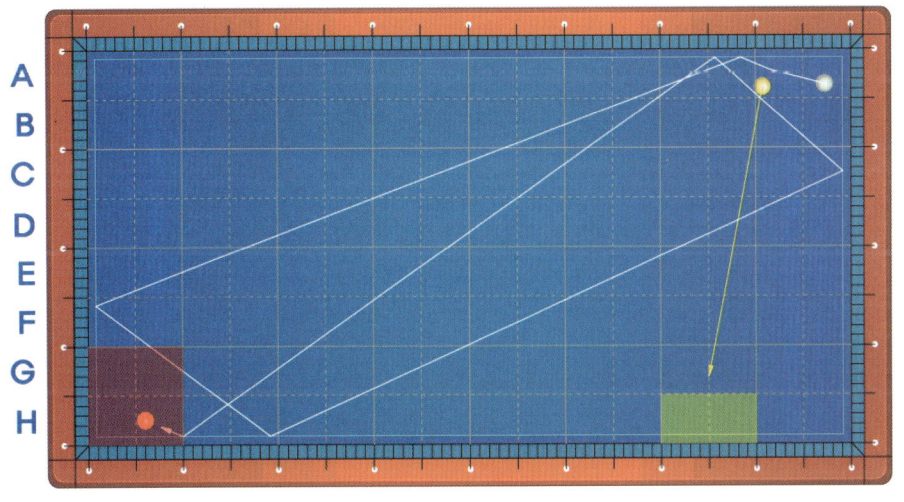

3.4-68 대회전 패턴 8

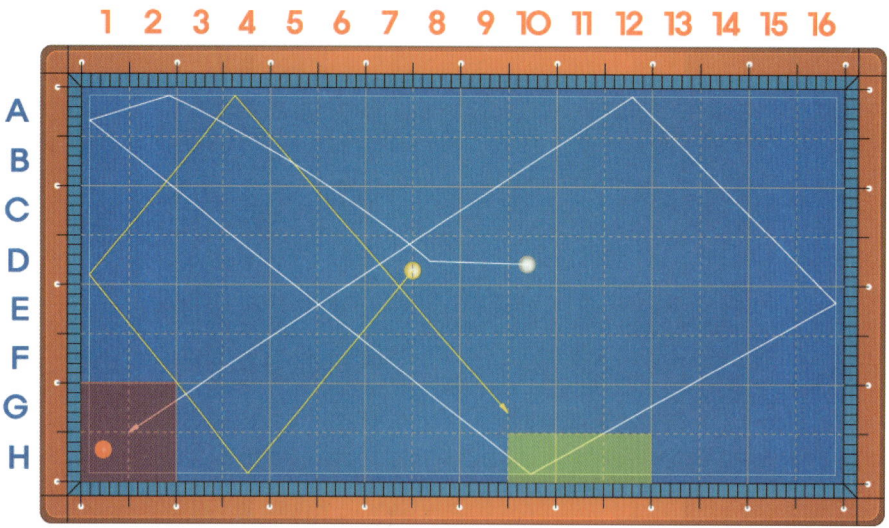

3.4-69 대회전 패턴 9

3.4-70과 71은 대표적인 옆으로 돌리기 대회전으로 정확한 정렬이 핵심이다.

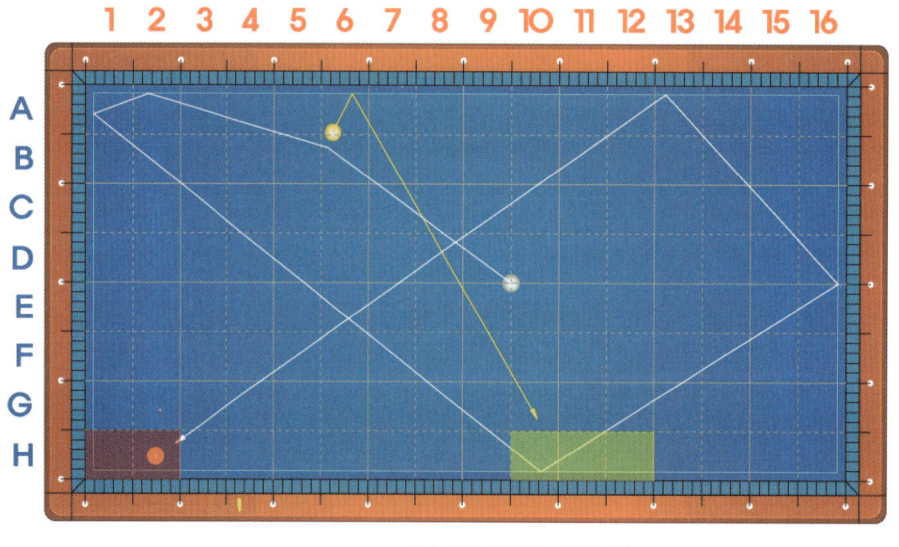

3.4-70 대회전 패턴 10

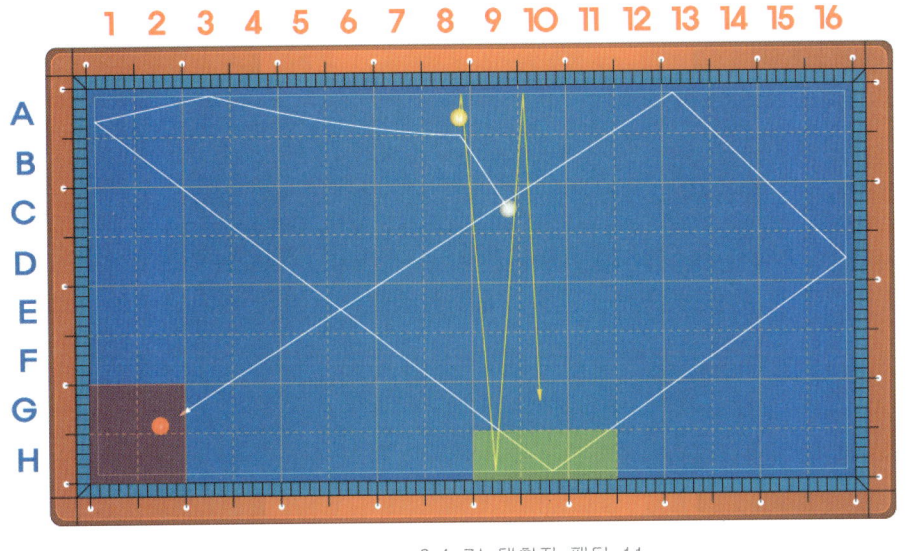

3.4-71 대회전 패턴 11

3.4-72는 빗겨 치기 대회전으로 오브젝트볼1에 가벼운 타격을 가해야 한다.

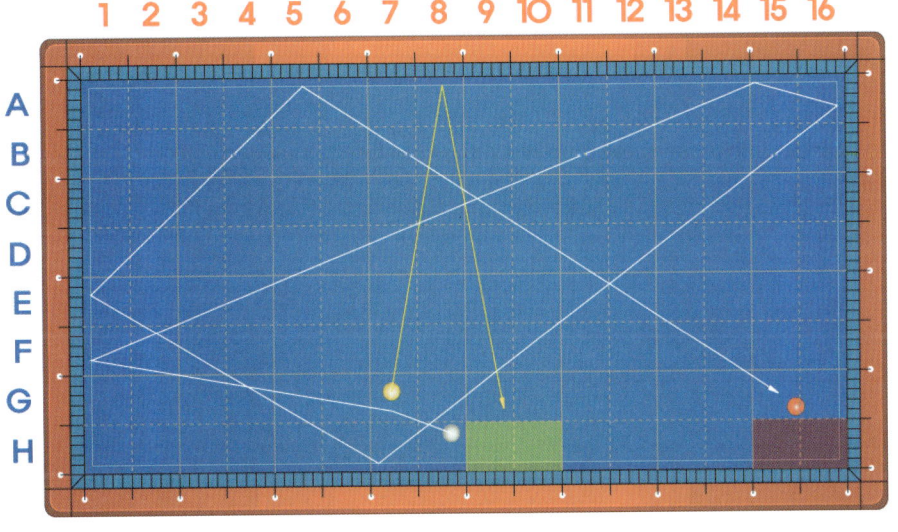

3.4-72 대회전 패턴 12

F 횡단

많은 이들이 테이블 횡단의 포지셔닝을 포기하는 경향이 있는데 실제로는 제법 다양한 패턴이 존재한다. 물론 난이도는 높은 편이지만 충분한 연습을 거치고 나면 완성도 높은 샷의 구사가 가능해진다.

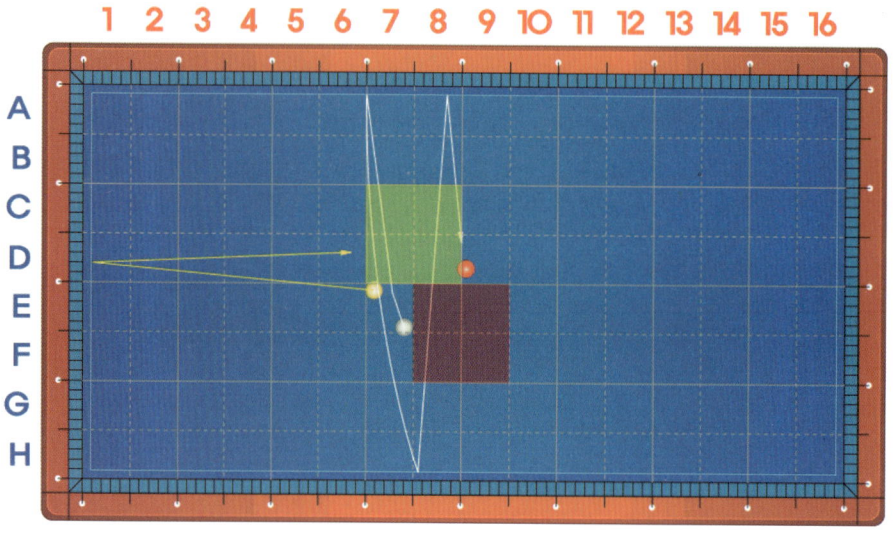

3.4-73 테이블 횡단 패턴 1

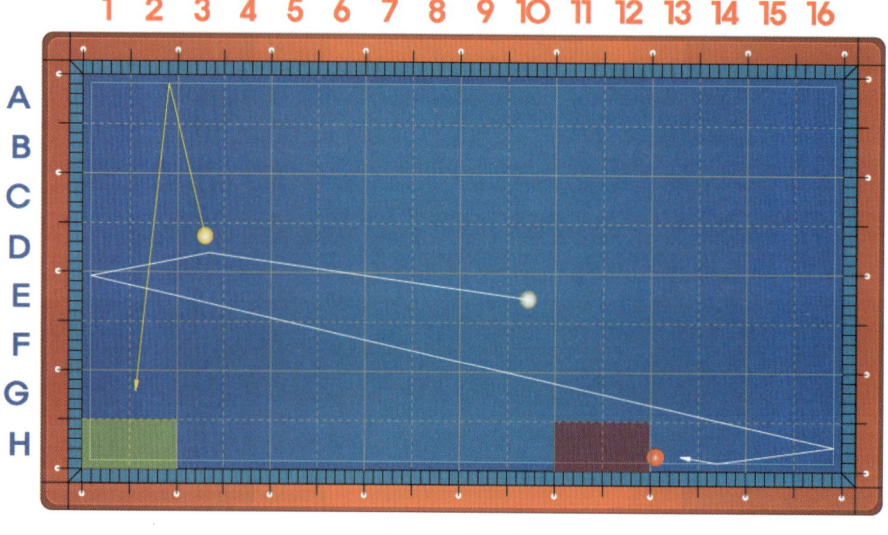

3.4-74 테이블 횡단 패턴 2

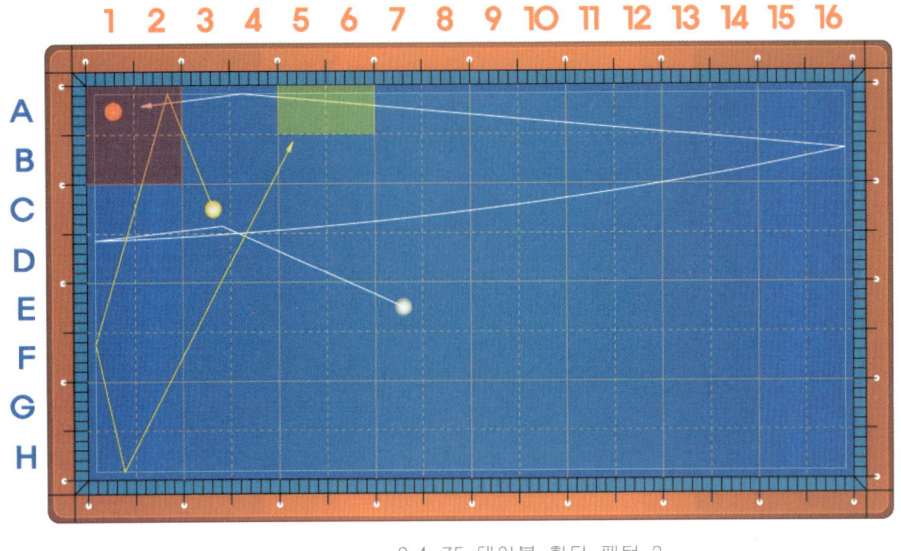

3.4-75 테이블 횡단 패턴 3

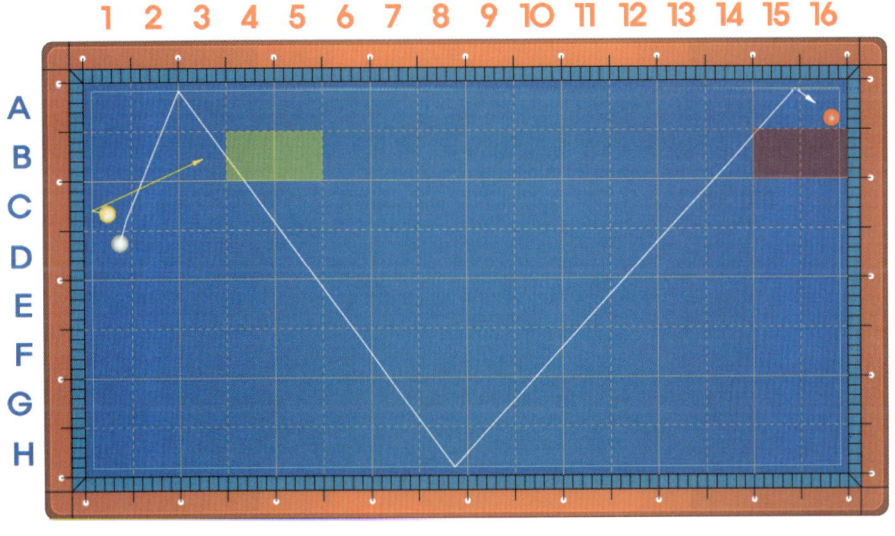

3.4-76 테이블 횡단 패턴 4

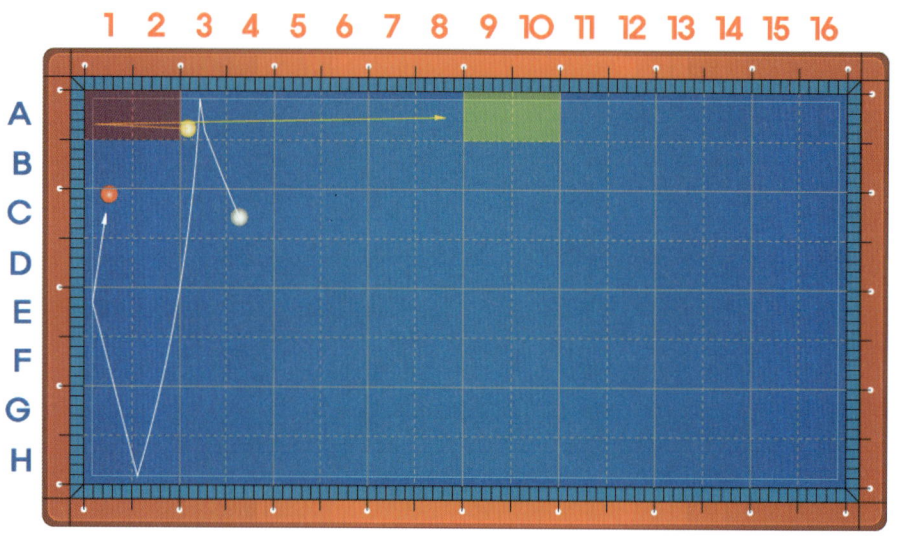

3.4-77 테이블 횡단 패턴 5

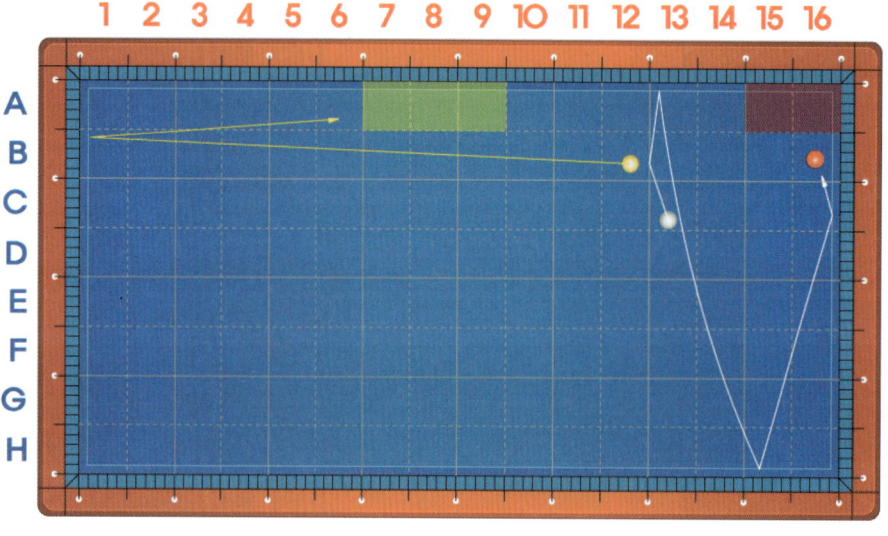

3.4-78 테이블 횡단 패턴 6

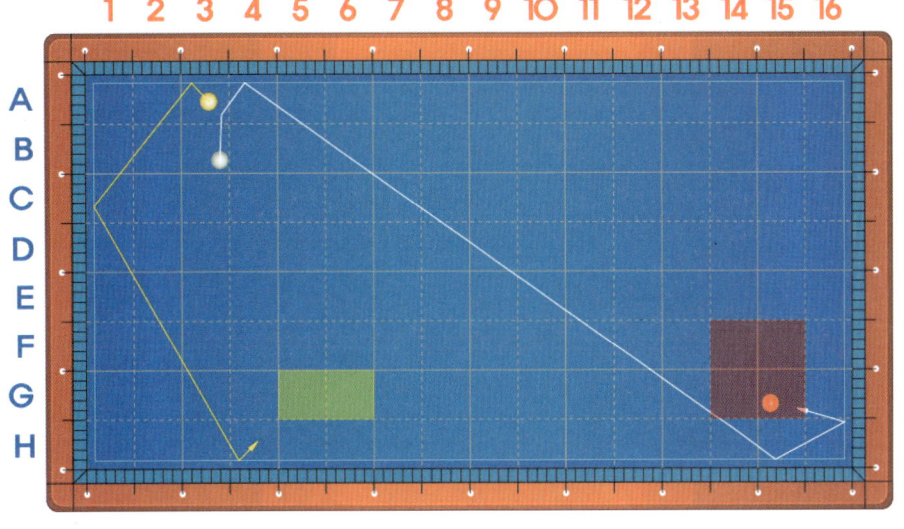

3.4-79 테이블 횡단 패턴 7

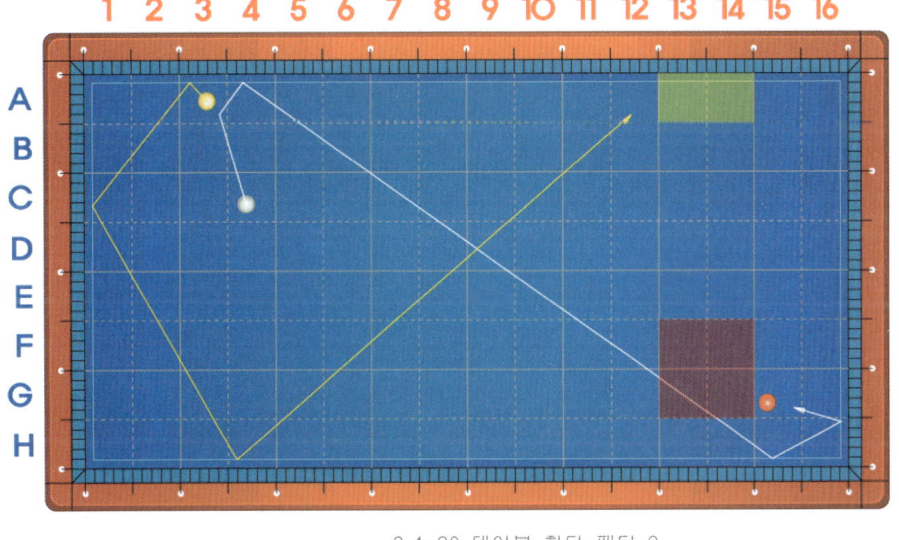

3.4-80 테이블 횡단 패턴 8

응용편-포지셔닝

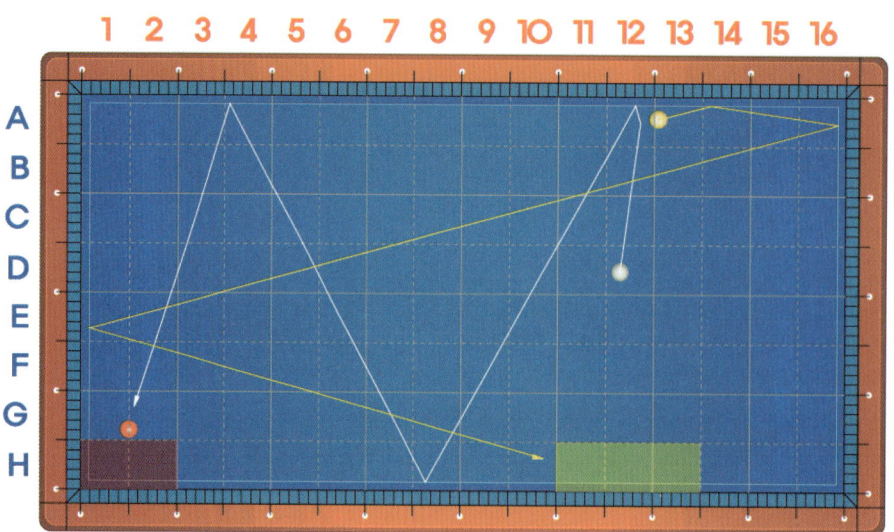

3.4-81 테이블 횡단 패턴 9

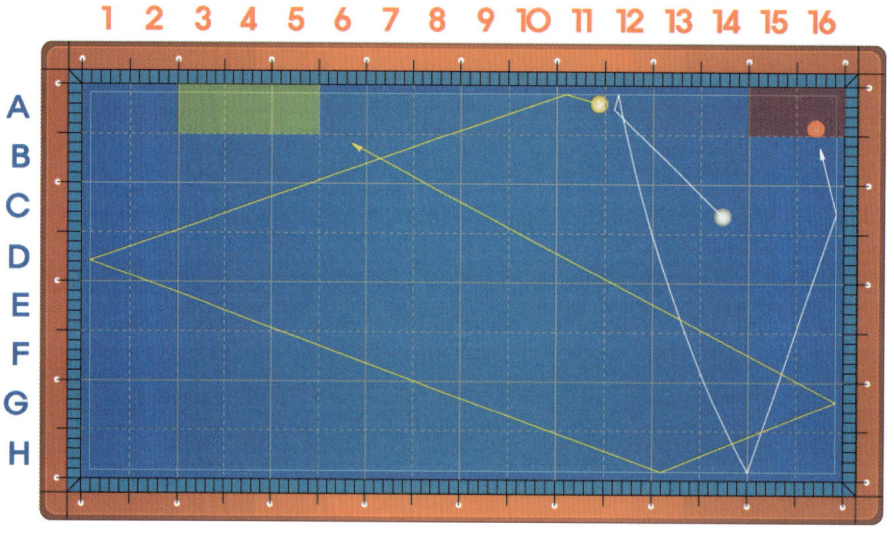

3.4-82 테이블 횡단 패턴 10

3.4-83 테이블 횡단 패턴 11

G 되돌려 치기

오브젝트 볼을 먼저 맞히는 되돌려 치기는 포지셔닝의 또 다른 보고다. 득점확률도 높기 때문에 스트록의 완급조절만 몸에 익히면 된다.

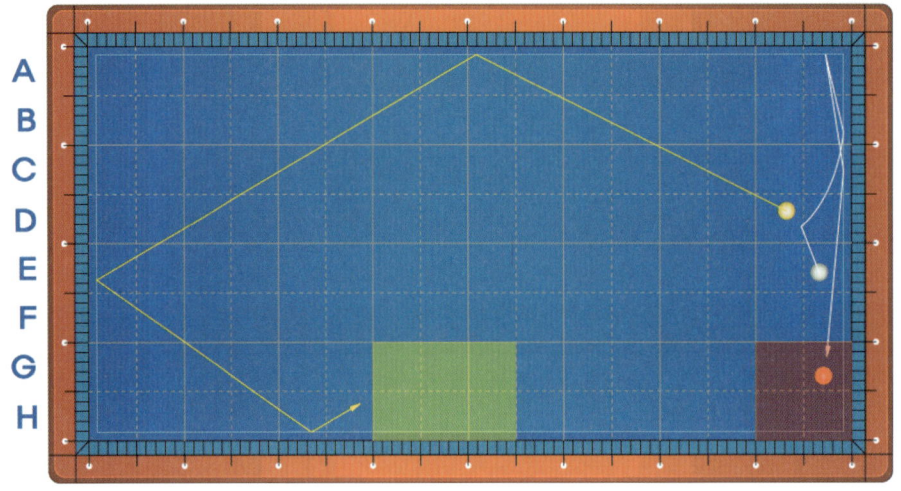

3.4-84 되돌려 치기 패턴 1

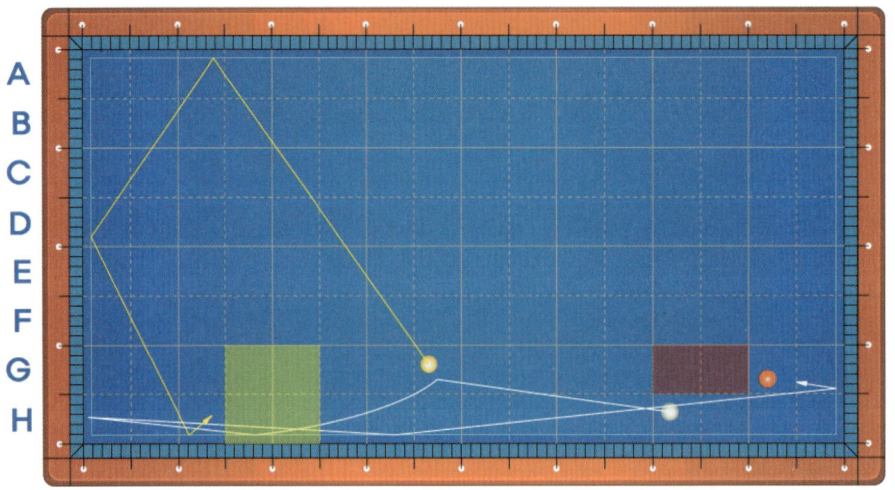

3.4-85 되돌려 치기 패턴 2

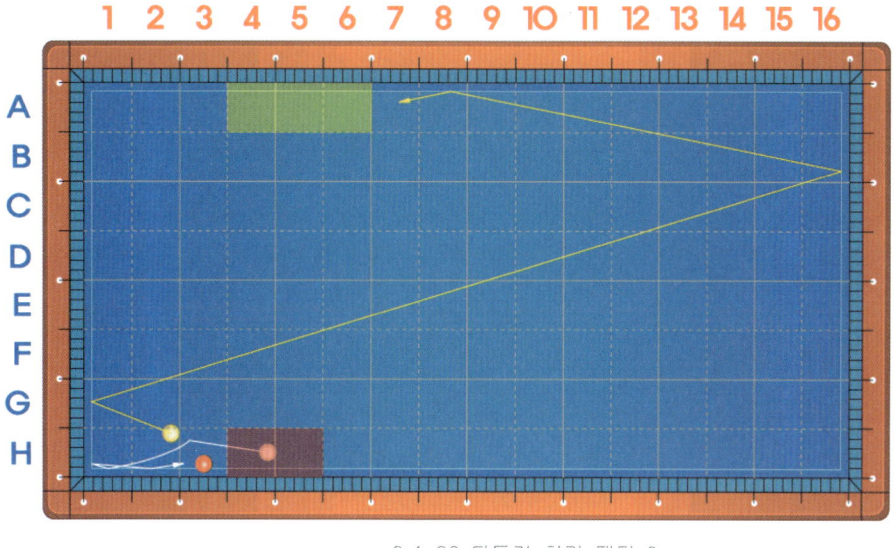

3.4-86 되돌려 치기 패턴 3

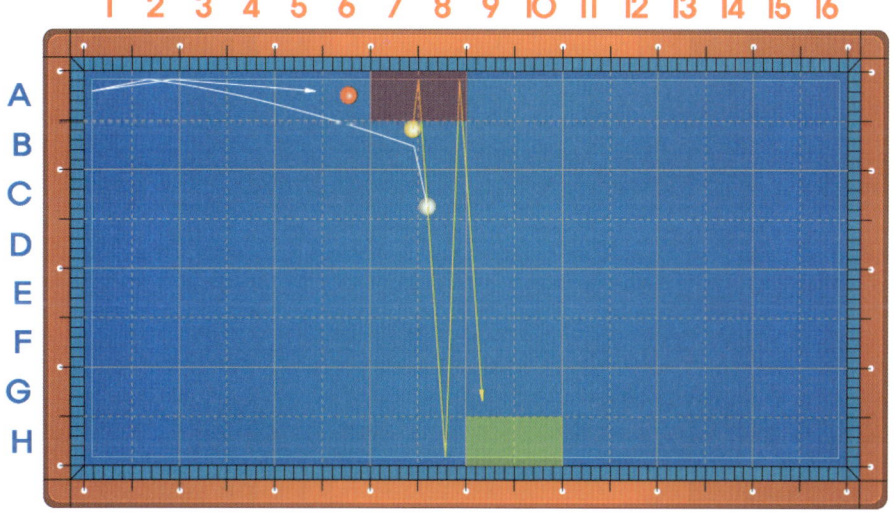

3.4-87 되돌려 치기 패턴 4

응용편-포지셔닝 133

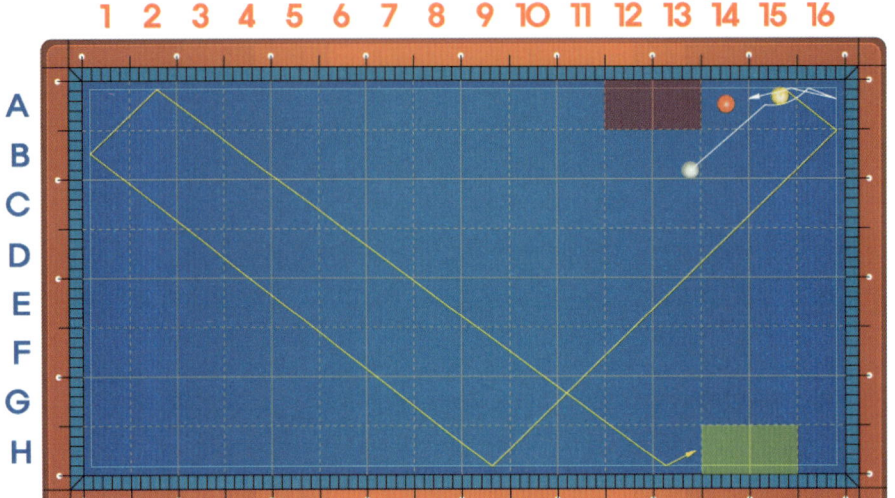

3.4-88 되돌려 치기 패턴 5

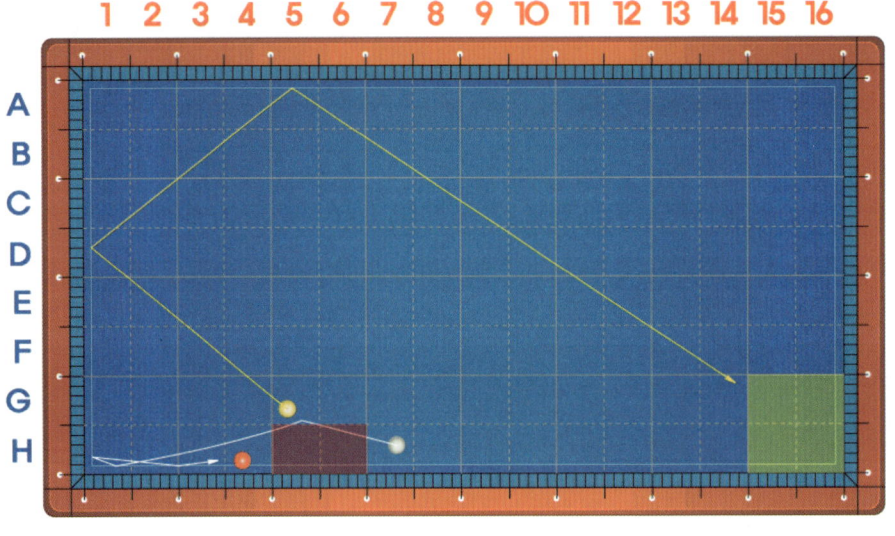

3.4-89 되돌려 치기 패턴 6

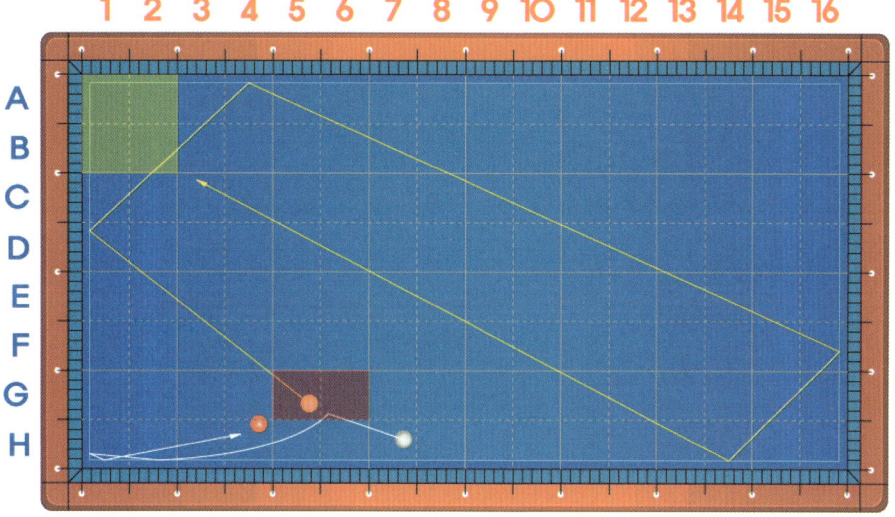

3.4-90 되돌려 치기 패턴 7

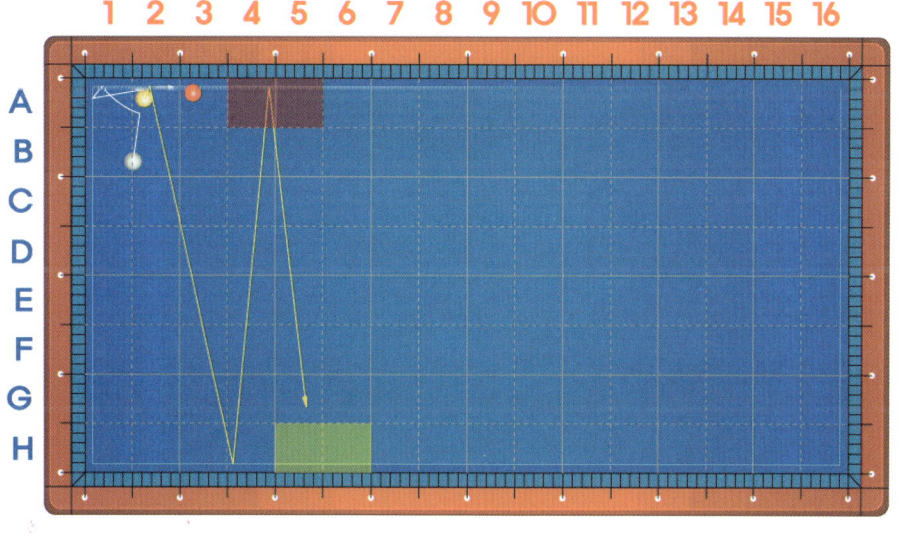

3.4-91 되돌려 치기 패턴 8

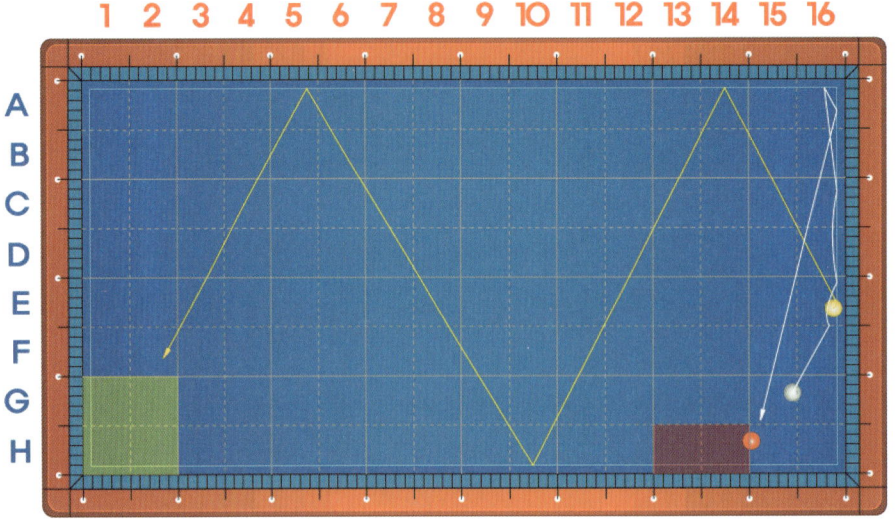

3.4-92 되돌려 치기 패턴 9

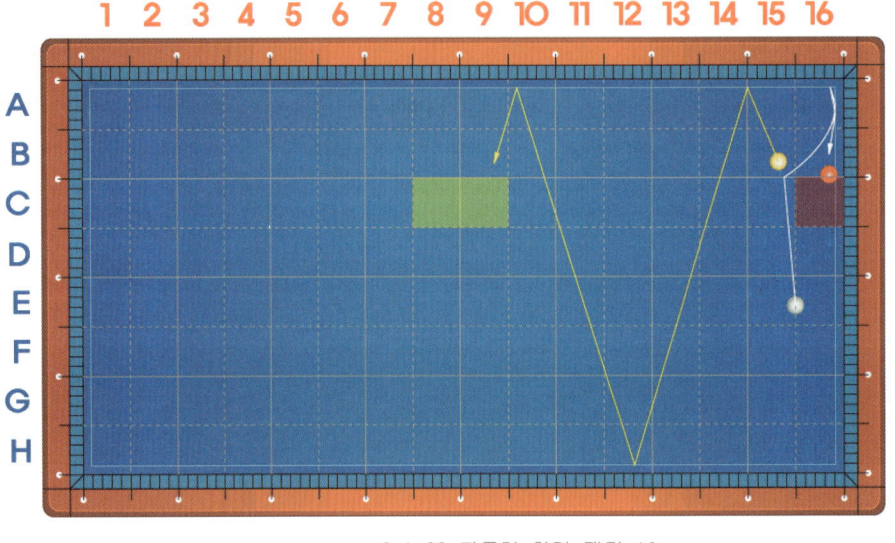

3.4-93 되돌려 치기 패턴 10

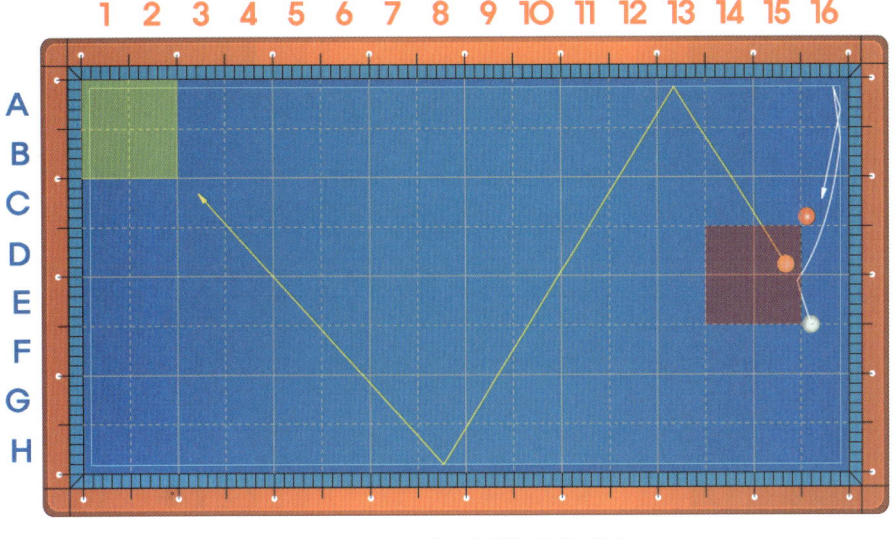

3.4-94 되돌려 치기 패턴 11

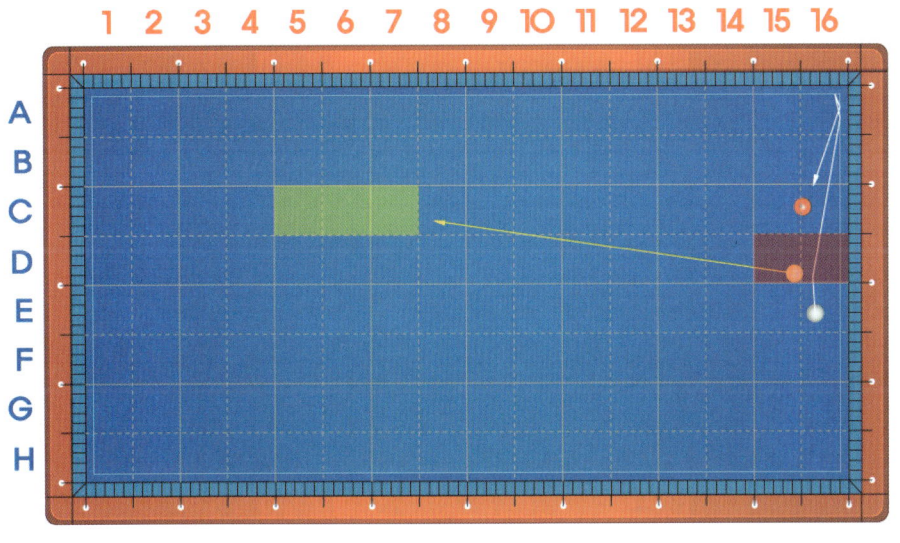

3.4-95 되돌려 치기 패턴 12

H 빈 쿠션 치기

1뱅크나 2뱅크 레일-퍼스트 샷은 의외로 다양한 포지셔닝 패턴이 존재한다. 더구나 포지셔닝이 득점확률을 떨어뜨릴 가능성도 높지 않기 때문에 큰 부담을 가질 필요도 없다.

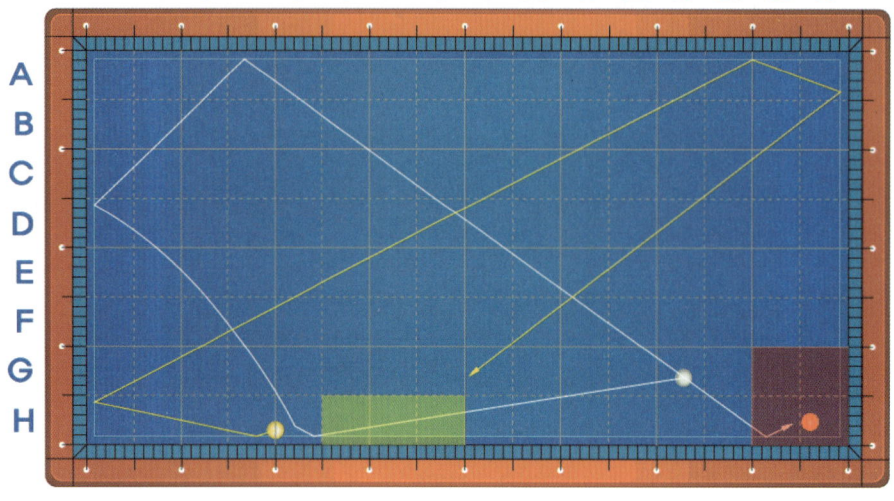

3.4-96 빈 쿠션 치기 패턴 1

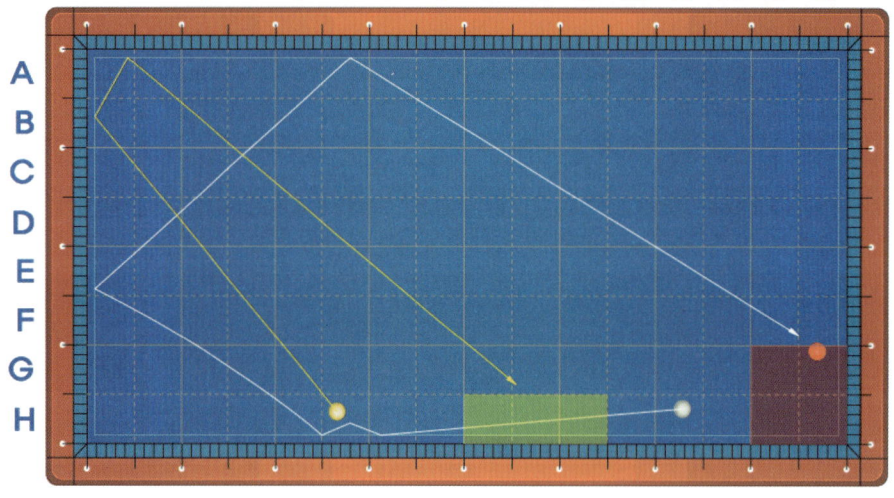

3.4-97 빈 쿠션 치기 패턴 2

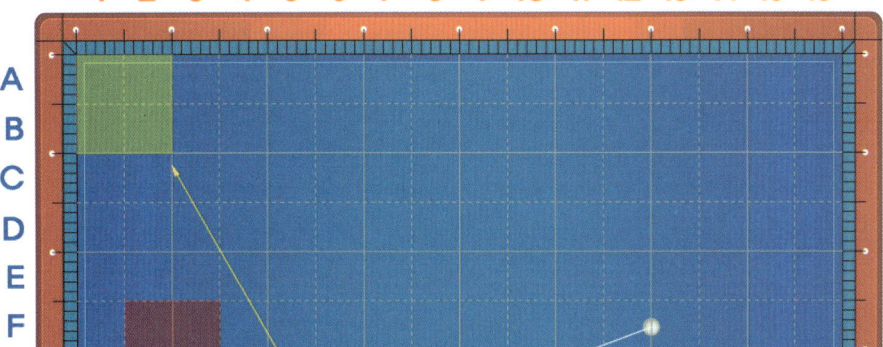

3.4-98 빈 쿠션 치기 패턴 3

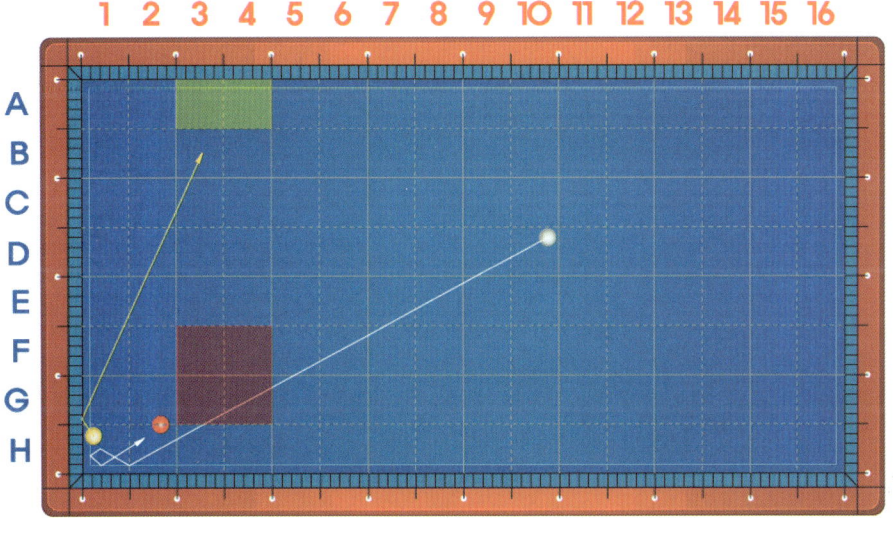

3.4-99 빈 쿠션 치기 패턴 4

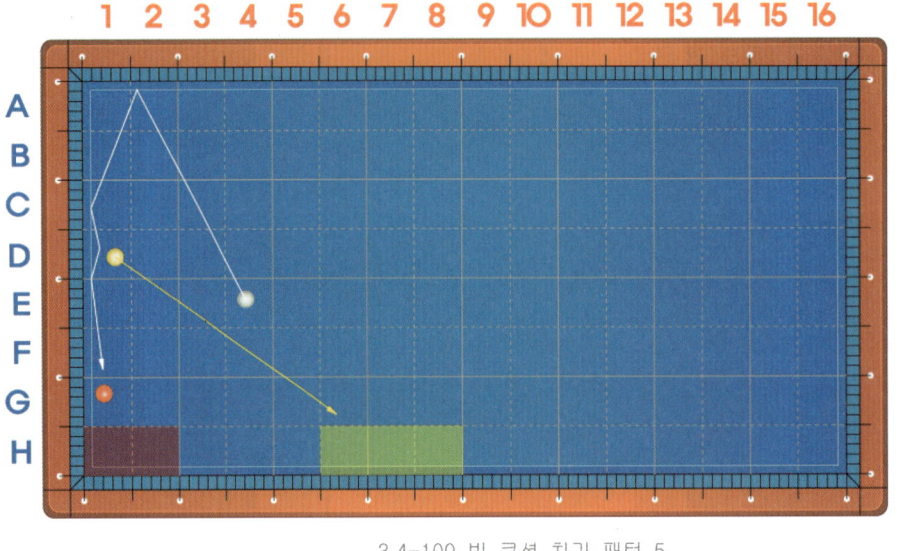

3.4-100 빈 쿠션 치기 패턴 5

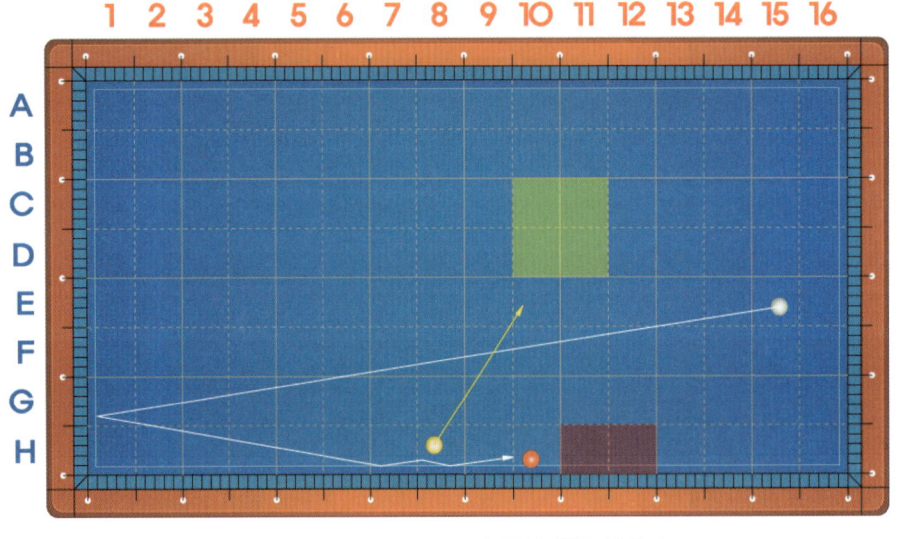

3.4-101 빈 쿠션 치기 패턴 6

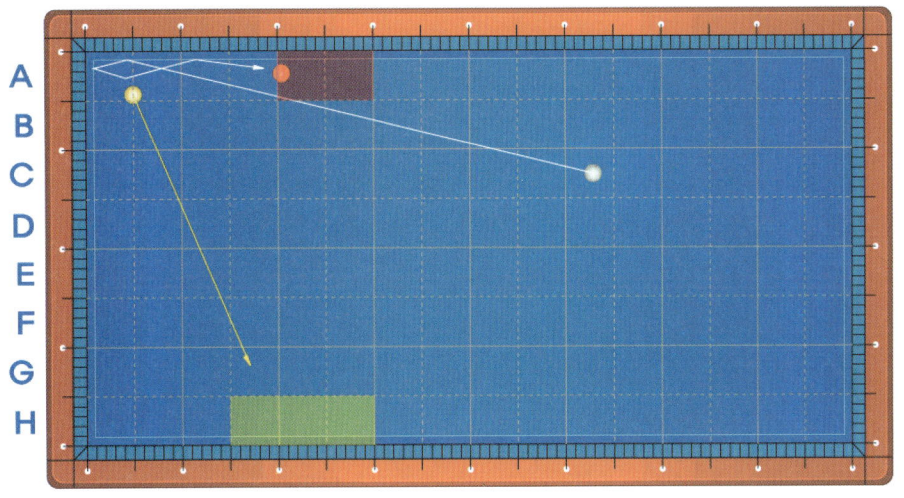

3.4-102 빈 쿠션 치기 패턴 7

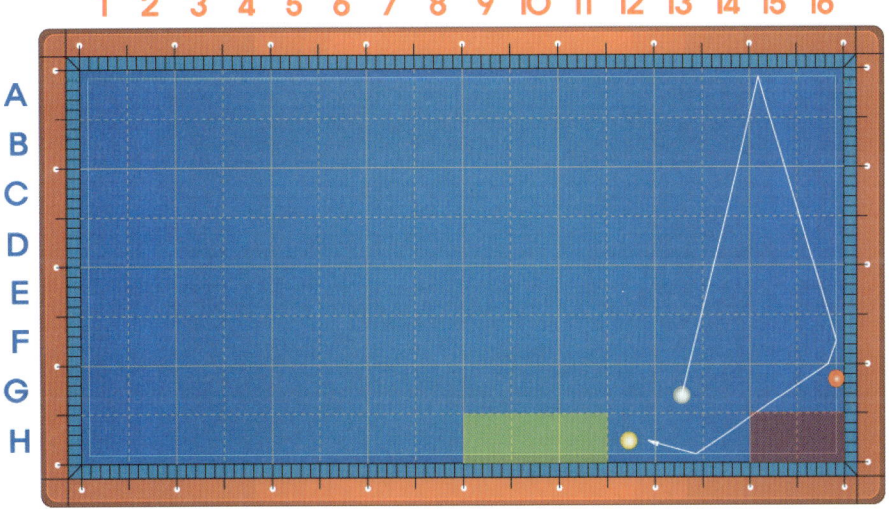

3.4-103 빈 쿠션 치기 패턴 8

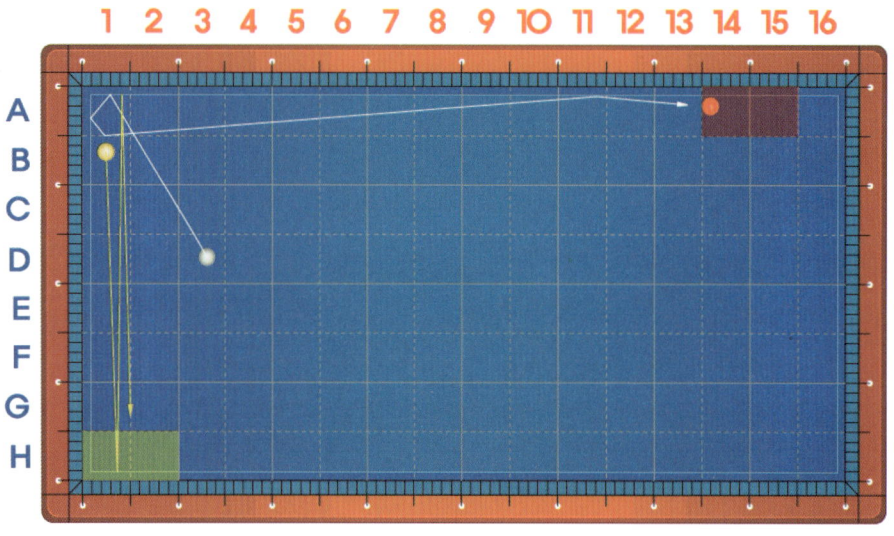

3.4-104 빈 쿠션 치기 패턴 9

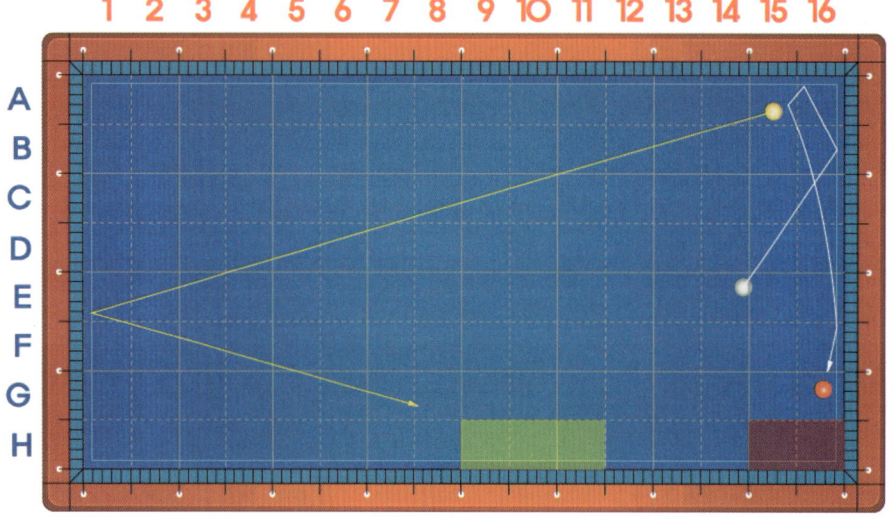

3.4-105 빈 쿠션 치기 패턴 10

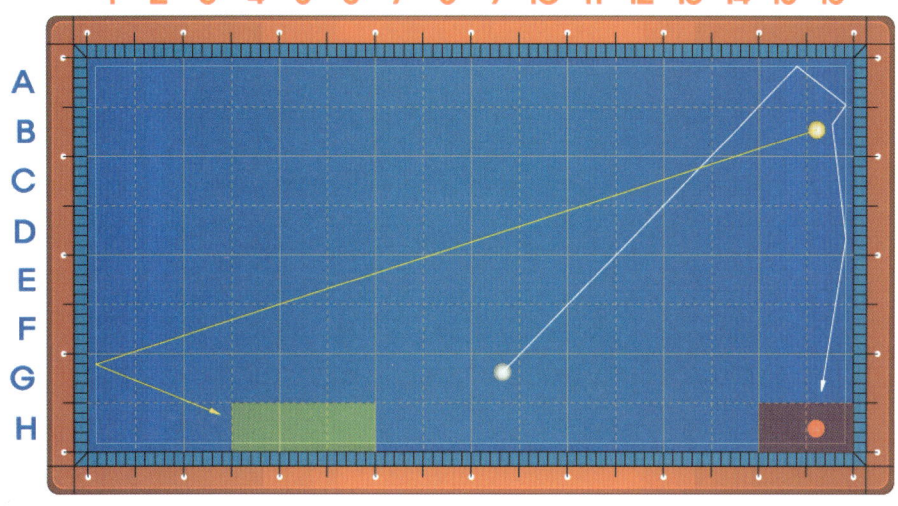

3.4-106 빈 쿠션 치기 패턴 11

3뱅크 이상의 빈 쿠션 치기로 포지셔닝을 하려면 큐볼과 오브젝트볼2가 충돌한 후 약 30~40cm정도의 거리에서 멈추도록 스트록의 강도를 조절해야 한다. 이는 정확한 위치보다는 편안한 정렬을 확보한다는 개념으로 다음에 어떤 선구를 하게 될지는 모르나 대개는 밖으로 돌리기나 옆으로 돌리기로 이어진다.

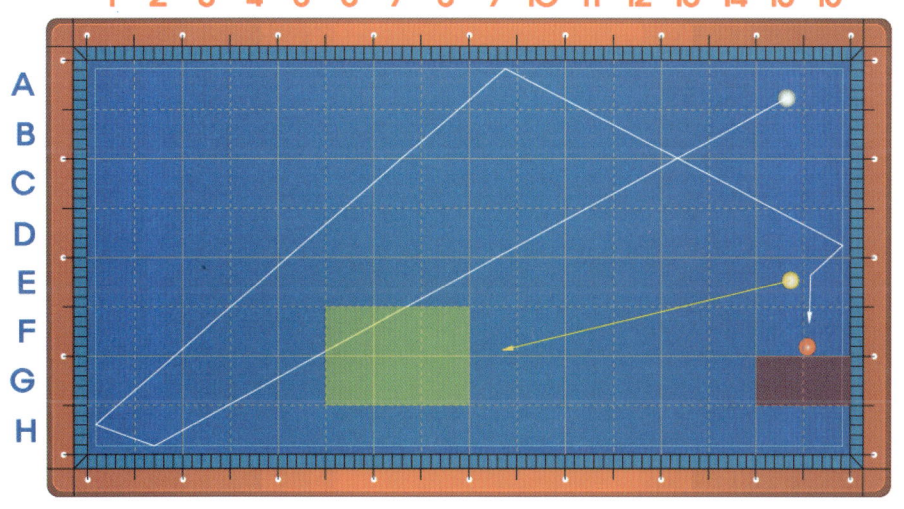

3.4-107 빈 쿠션 치기 패턴 12

응용편-포지셔닝 143

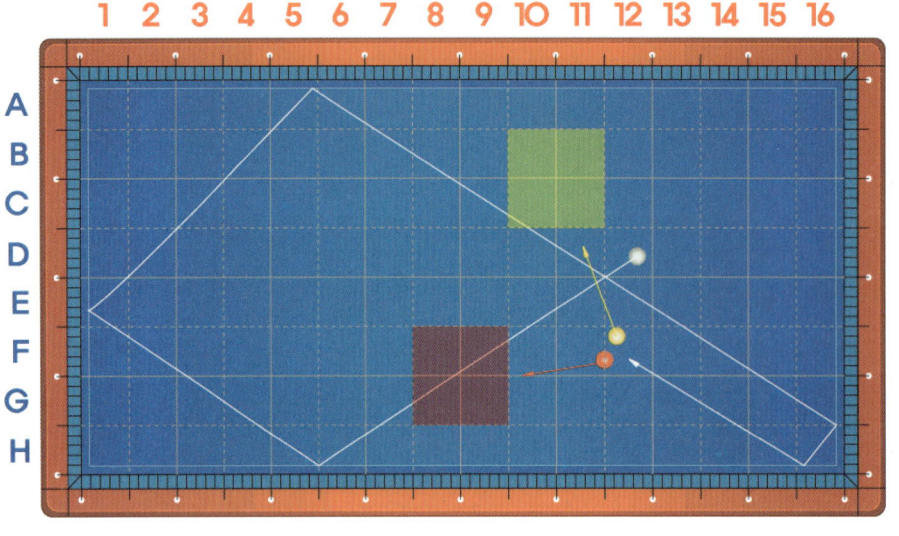

3.4-108 빈 쿠션 치기 패턴 13

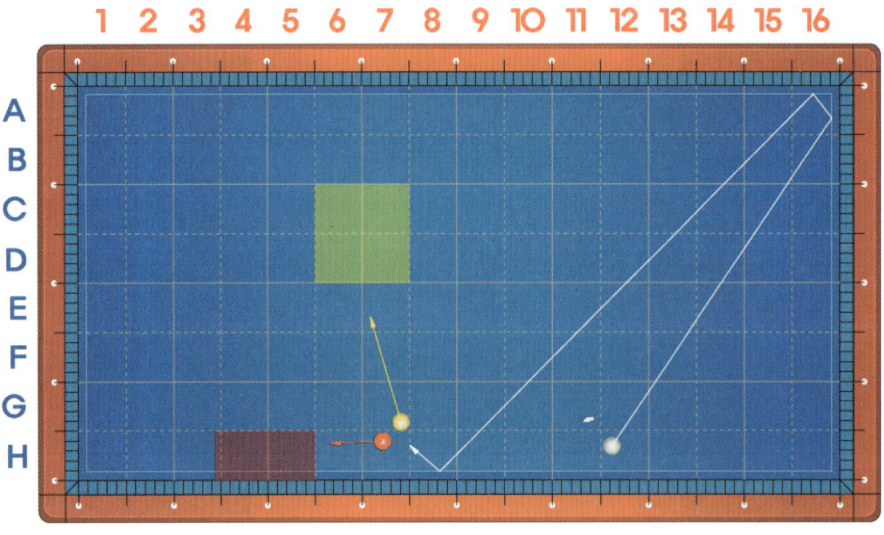

3.4-109 빈 쿠션 치기 패턴 14

기타

앞서 소개된 기본진로들 외에 난구풀이에서도 포지셔닝이 가능하다. 한가할 때 다음에 소개된 패턴들을 하나하나 시도해 보고 오브젝트볼1의 진로를 제어하는 요령을 터득하기 바란다.

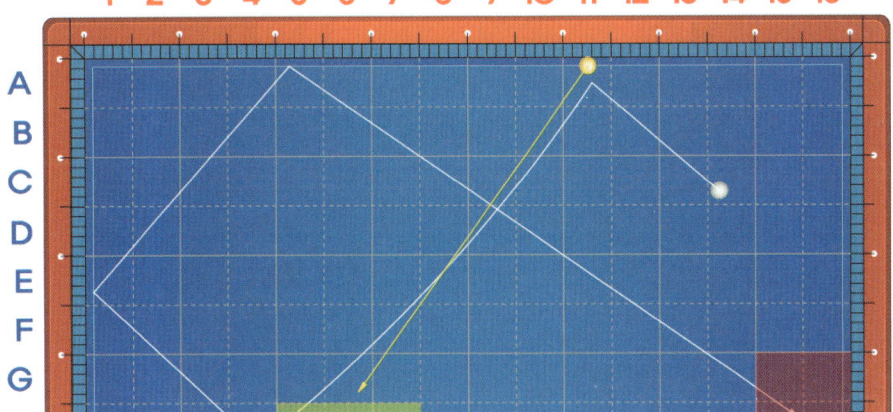

3.4-110 기타 패턴 1

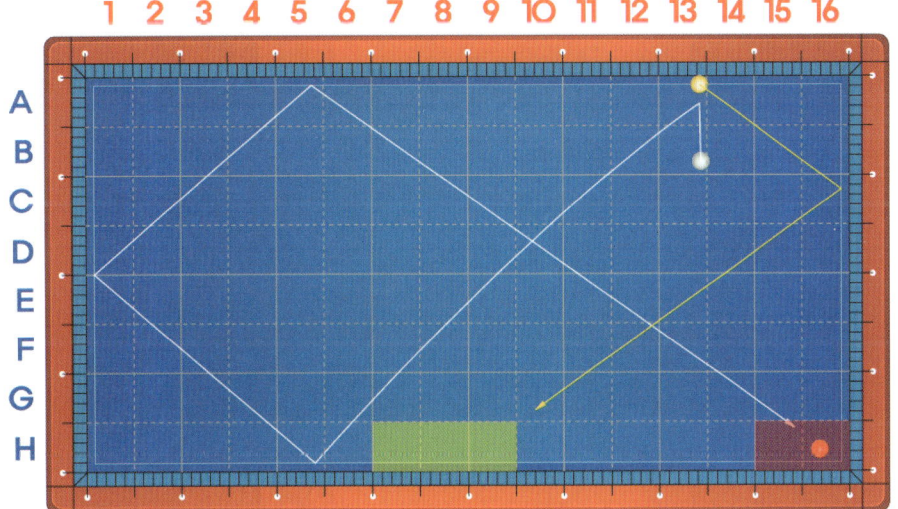

3.4-111 기타 패턴 2

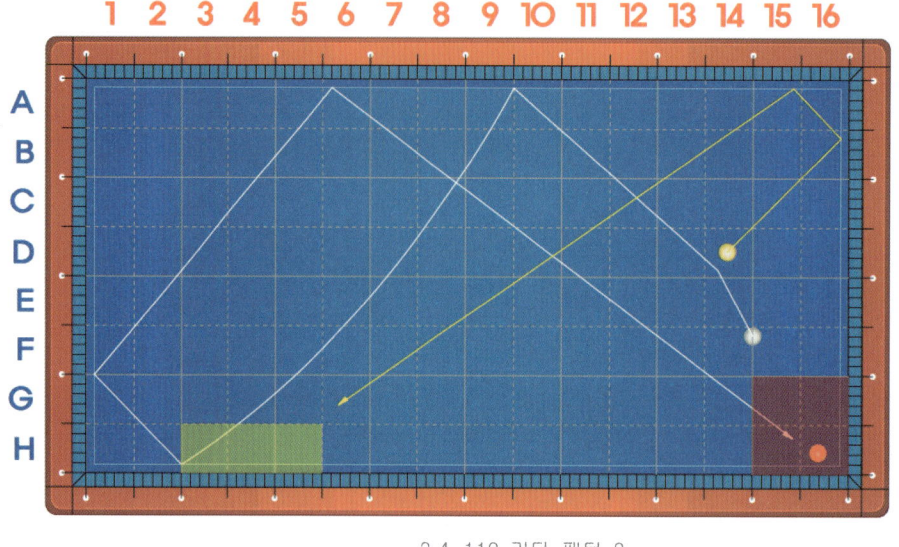

3.4-112 기타 패턴 3

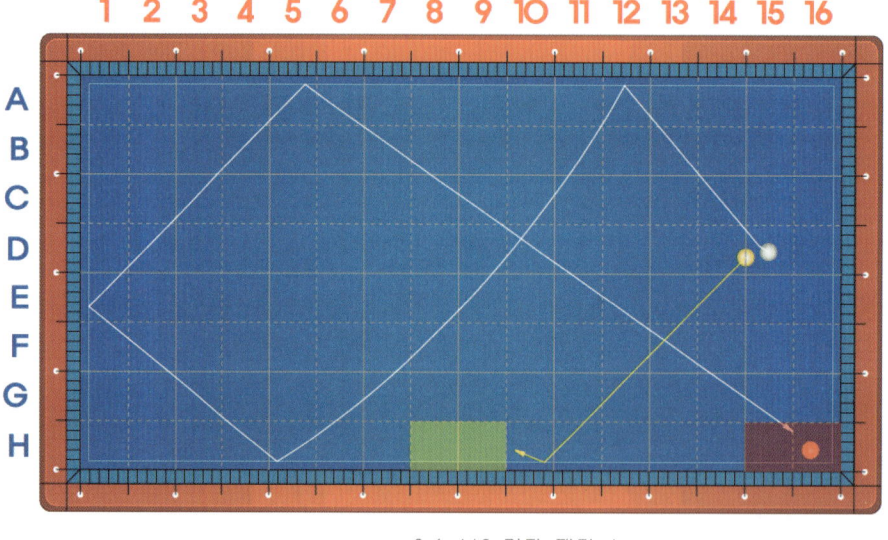

3.4-113 기타 패턴 4

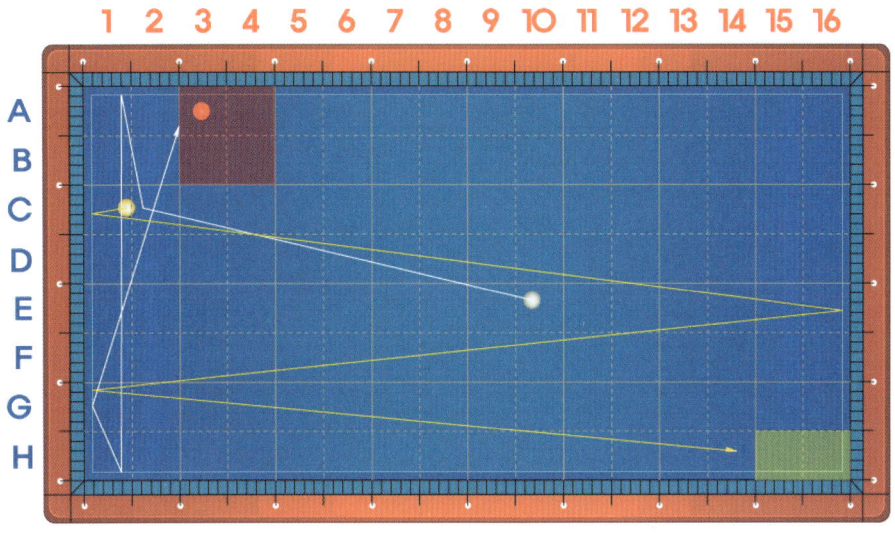

3.4-114 기타 패턴 5

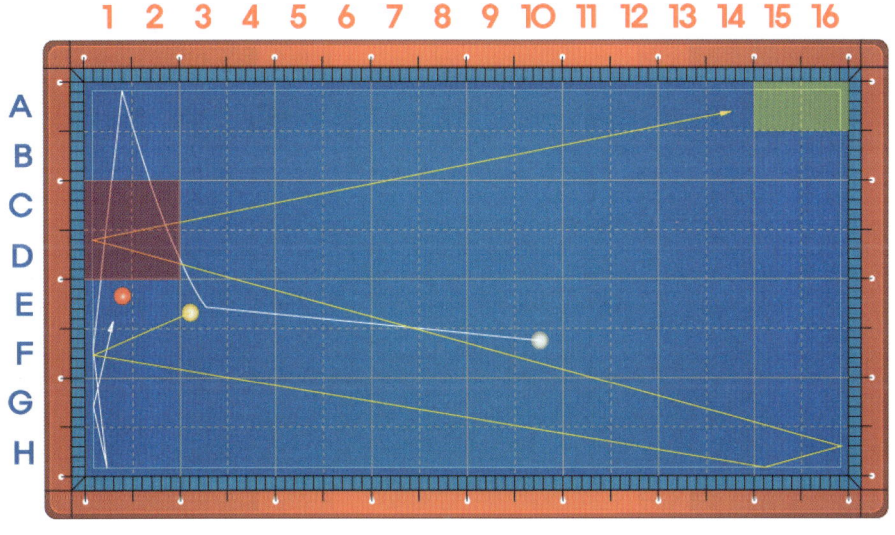

3.4-115 기타 패턴 6

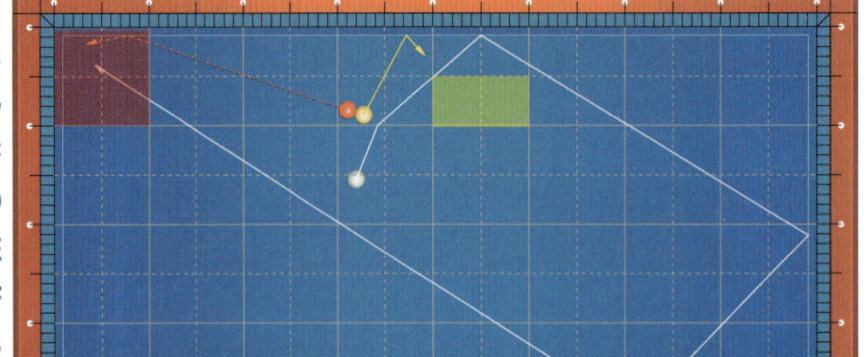

3.4-116 기타 패턴 7

3.5 피해야 할 위치 Must Avoid Positions

　포지셔닝의 목적은 공들을 의도한 위치에 세우는 것으로 뒤집어 말하면 어중간한 위치를 피하는 것이다. '케이티스 하우스Katie's house'라 불리는 3.5-1은 오브젝트볼이 들어가면 득점이 어려워지는 구역이다. 방어를 위한 목적이 아니라면 반드시 피해야 한다.

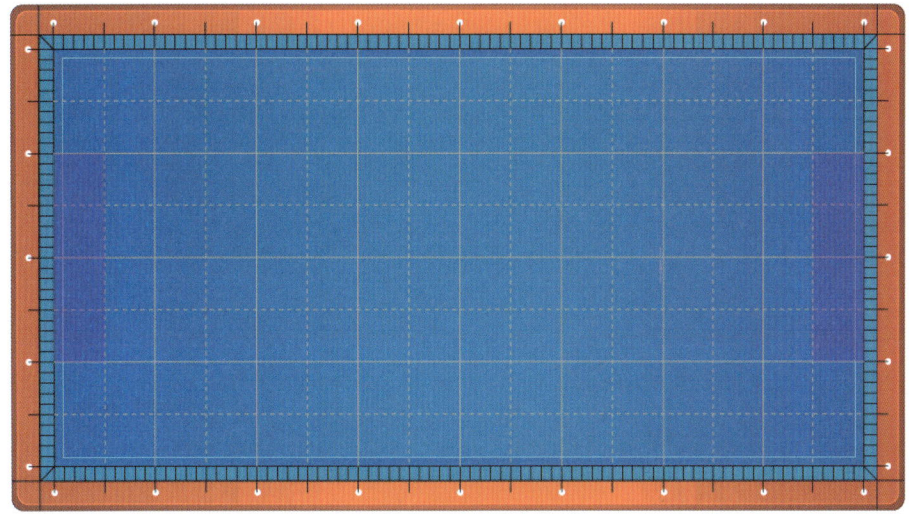

3.5-1 케이티스 하우스

　※ 오브젝트볼2가 레일에서 공 지름의 1.5배 정도 떨어져 있을 때 큐볼이 레일에 먼저 맞게 되면 오브젝트볼이 멀리 달아날 뿐 아니라 큐볼이 레일에 붙게 될 위험이 높다. 이런 경우 정렬이 까다로워지고 타점설정도 제약을 받으므로 다른 진로를 선택하거나 매우 정교한 시스템 운용을 해야 한다.

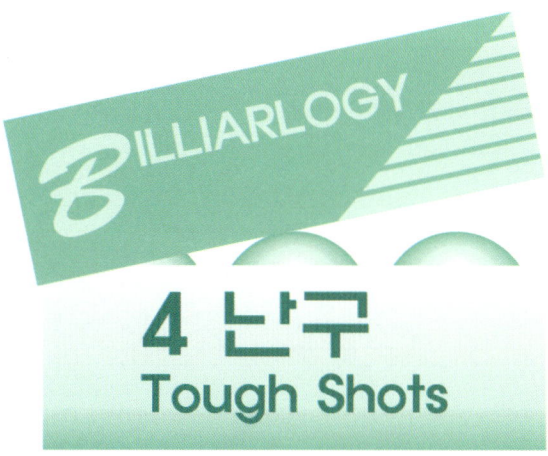

4 난구
Tough Shots

4.1 키스의 활용 Utilizing Kisses

4.2 인위적인 곡구 Intensive Curve

4.3 극단적인 스네이크 Extreme Snake

4.4 마이너스 잉글리시 Minus English

4.5 테이블 횡단 샷의 응용 Applying Cross-table

　시합을 하다보면 마땅히 적용할 시스템도 없는데다가 득점확률마저 매우 낮은 공의 배치와 맞닥뜨리게 된다. 이런 난감한 샷을 난구라 하는데, 뒷공을 조절하는 능력이 떨어지는 플레이어일수록 더 많은 난구를 겪게 되며 그만큼 공격권을 상실할 위험도 높다. 물론 프로들도 뒷공의 배치를 100% 조절하기는 어렵고 서로가 서로를 견제하기 때문에 난구에서 완전히 해방될 수 없다.

　어차피 피해갈 수 없는 장애물이라면 적극적으로 대처하는 수밖에 없다. 지면관계상 모든 난구를 검토할 수는 없는 노릇이니 프로들 사이에서 효율적인 해법으로 인정된 것들만 추려 다루기로 한다.

4.1 키스의 활용 Utilizing Kisses

　오브젝트볼이 레일에 붙거나 매우 근접한 상태라면 득점이 쉽지 않다. 붙은 공을 오브젝트볼1로 설정하면 키스나 곡구를 피하기 어렵고 오브젝트볼2로 설정하기엔 에러마진이 작기 때문이다. 또 오브젝트볼끼리 붙거나 근접한 경우도 키스의 위험이 크고 에러마진이 작아서 난구에 포함된다.

　이런 경우엔 키스를 아예 적극적으로 활용함으로써 득점확률을 높이면 된다. 이를 '공 쿠션 치기$^{ball\ cushion\ shot}$'라 하는데, 키스를 이용해 큐볼의 진로를 변화시키는 '키스 백 샷$^{kiss\ back\ shot}$'과 키스를 이용해 오브젝트볼2의 위치를 이동시키는 '타임 샷$^{time\ shot}$'이 있다.

　키스 백 샷은 정렬의 구조만 익히면 어렵지 않게 득점할 수 있지만 타임 샷은 창의적인 사고와 정확한 정렬, 스트록의 완급조절까지 더해져야 하기 때문에 보다 많은 연습이 요구된다.

　이제 몇 가지 예제를 통해 그 요령과 주의할 사항들을 알아보기로 하자.

4.1-1은 간단한 키스 백 샷으로 실전에서 흔히 마주치는 배치이다. 큐볼의 위치상 대회전이나 길게 치기보다는 키스 백 샷을 시도하는 편이 득점확률이 높다.

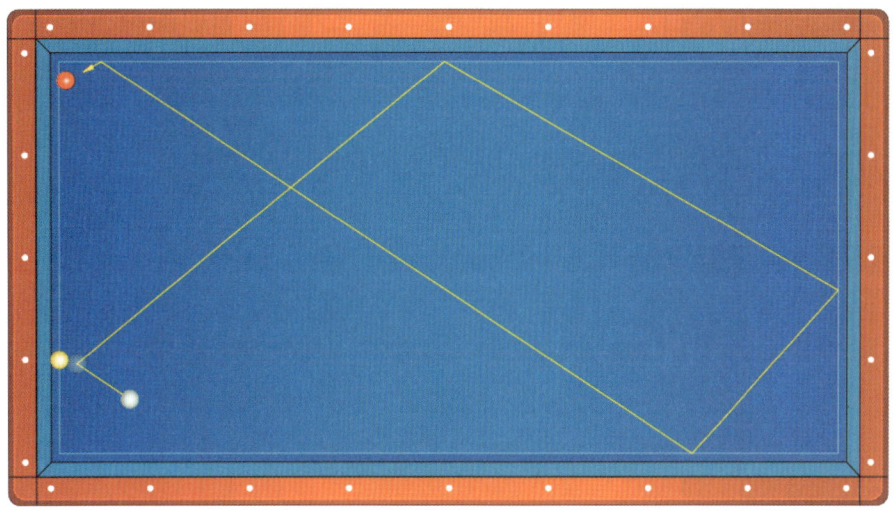

4.1-1 키스 백 샷 1

정렬의 요령은 4.1-2와 다음의 설명을 참조하면 된다.

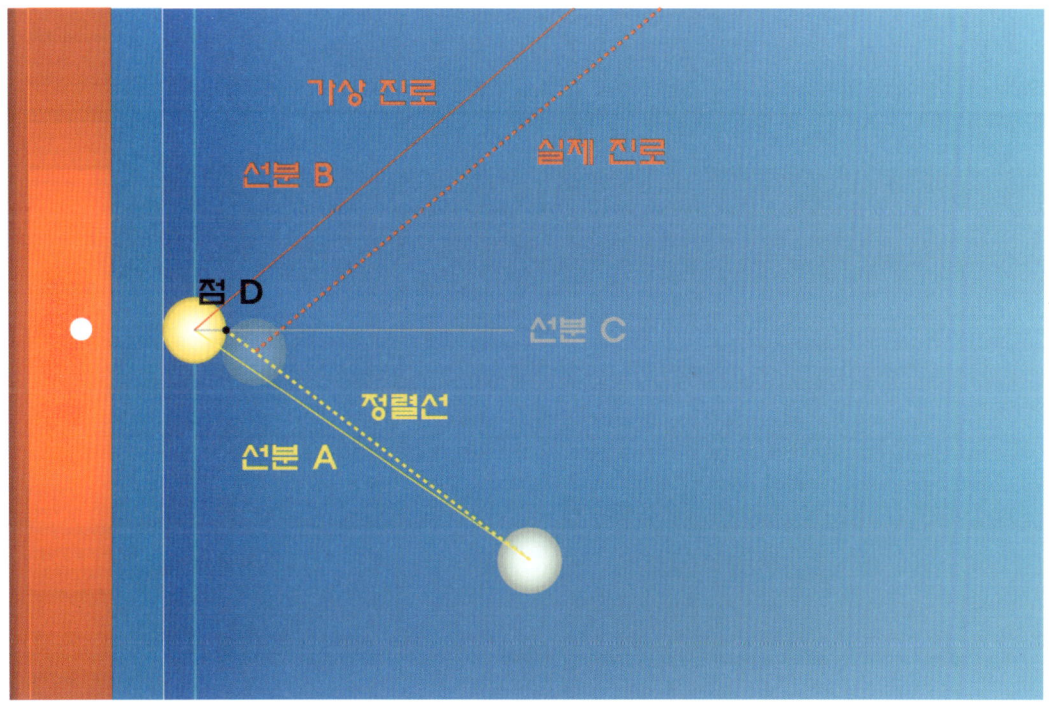

4.1-2 키스 백 샷의 정렬

응용편-난구 153

🎱 큐볼과 오브젝트볼의 무게중심을 연결하는 선분 A를 구상한다.

🎱 오브젝트볼의 무게중심으로부터 원하는 첫 번째 입사점을 연결하는 선분 B를 구상한다.

🎱 선분 A와 B가 이루는 각을 양분하는 선분 C를 구상한다.

🎱 선분 C와 오브젝트볼의 표면이 만나는 점 D를 찾는다.

🎱 큐볼의 무게중심과 점 D를 연결하는 선분이 정렬선이 된다.

※ 가상진로와 실제진로는 다소 차이가 있으나 종 비틀기를 가하지 않는 한 거의 평행을 이루기 때문에 에러마진을 벗어날 정도는 아니다.

※ 정렬에 비틀기에 따른 스쿼트와 커브도 반영해주어야 하므로 극단적인 타점 설정은 피하는 것이 바람직하다.

4.1-3은 안으로 돌리기와 유사한 형태의 키스 백 샷이다. 구조는 단순하지만 에러마진이 작기 때문에 정교한 정렬이 요구된다. 종 비틀기를 배제하고 간결한 스트록을 구사해 큐볼이 끌리는 현상이 일어나지 않도록 주의한다.

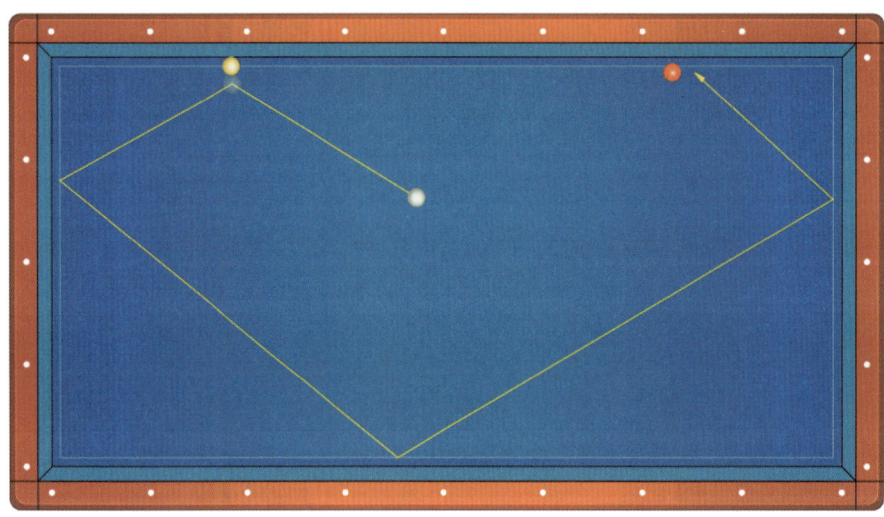

4.1-3 키스 백 샷 1

4.1-4는 안으로 돌리기 대회전과 유사한 형태의 키스 백 샷이다. 큐볼의 이동거리가 길어 보다 강한 스트록이 요구되므로 스쿼트에 주의해야 한다.

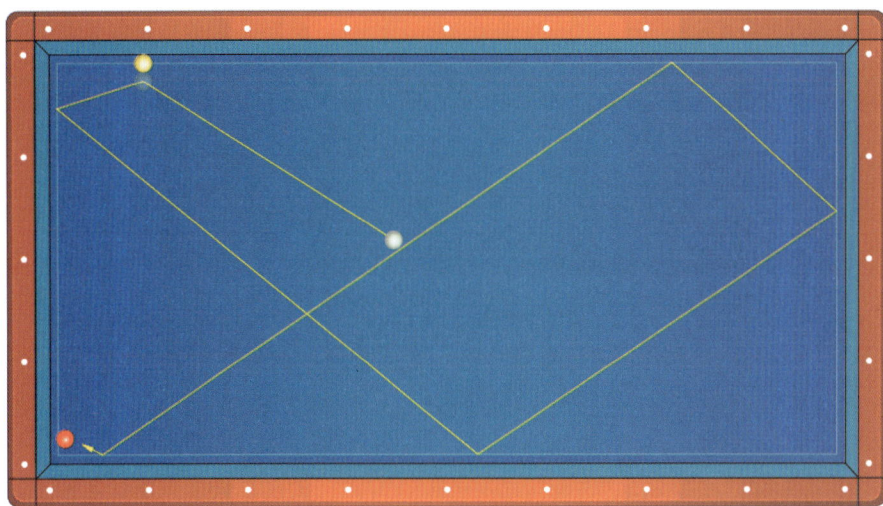

4.1-4 키스 백 샷 2

4.1-5는 밖으로 돌리기와 유사한 형태의 키스 백 샷이다. 약간의 하단타점을 설정해 큐볼의 2차 진로를 직선에 가깝게 유지하는 것이 시스템을 그대로 적용할 수 있는 비결이다.

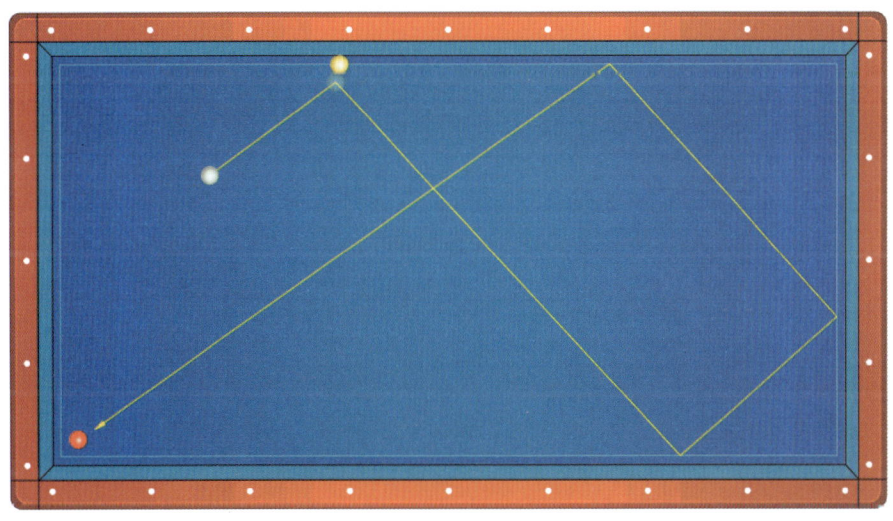

4.1-5 키스 백 샷 3

4.1-6은 오브젝트볼1이 코너에 프로우즌 된 경우다. 역시 대회전과 유사한 키스 백 샷을 구사하면 된다. 오브젝트볼1이 좌우로 벗어나질 않기 때문에 다른 키스 백 샷에 비해 난이도가 낮은 편이다.

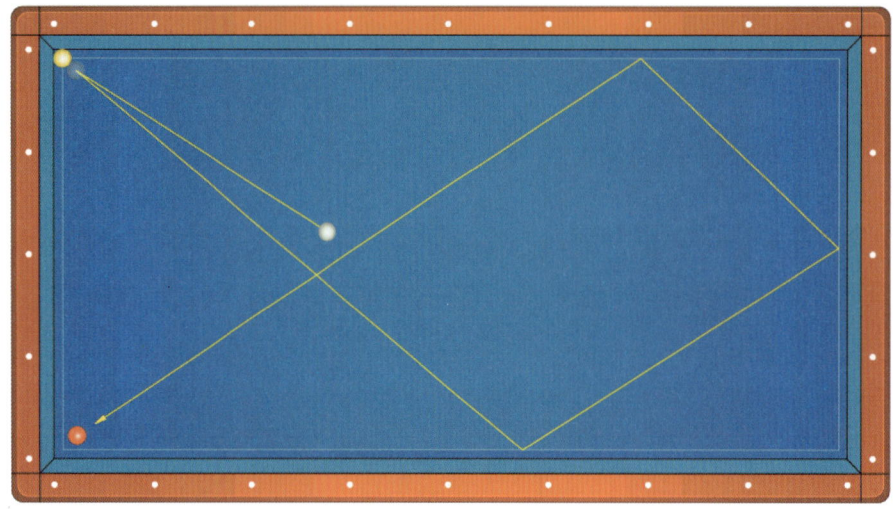

4.1-6 키스 백 샷 4

4.1-7은 비슷한 상황에서 조금 얇은 두께를 설정해 큐볼을 숏 레일과 평행하게 진행시키는 형태다. 대신 역 방향 횡 비틀기와 구름관성을 이용해 뱀 샷의 효과를 내는 것이다. 모양새가 화려해서 어렵게 보이지만 실제로 시도해 보면 의외로 쉽다는 것을 깨닫게 될 것이다.

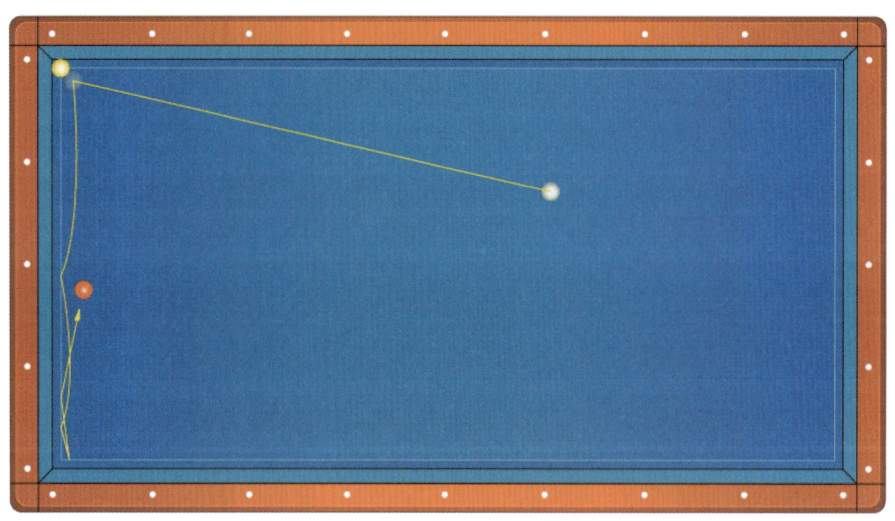

4.1-7 키스 백 샷 5

4.1-8은 가장 단순하고 고전적인 키스 백 샷으로 정면에 가까운 두께를 설정해 되돌리기의 형태를 만드는 것이다. 과도한 횡 비틀기를 자제해야 정확한 두께를 확보할 수 있다.

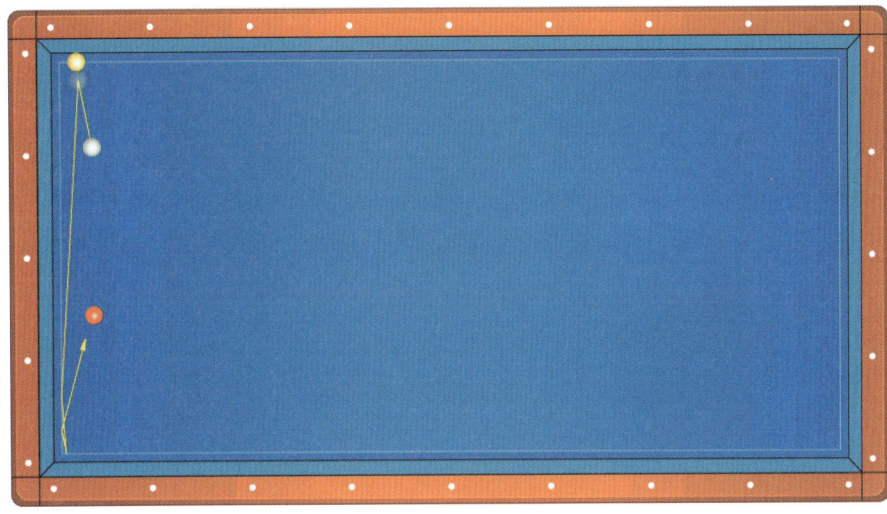

4.1-8 키스 백 샷 6

4.1-9는 난이도가 가장 높은 키스 백 샷 중 하나이다. 키스 백 된 큐볼이 리버스의 형태로 진행하는 것으로 완전한 정렬은 물론 최종 입사점까지 비틀기를 유지할 수 있는 롱 스트록이 요구된다. 너무 강한 스트록을 구사하면 첫 번째 입사점에서 레일의 형태변화가 커져 실패할 가능성이 높아진다.

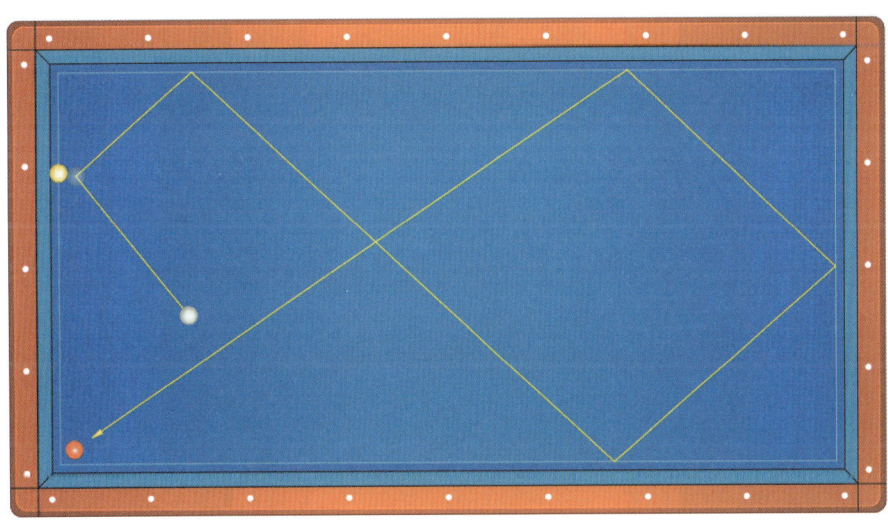

4.1-9 키스 백 샷 7

응용편-난구

4.1-10은 가장 널리 알려진 타임 샷으로 옆으로 돌리기를 구사하면 큐볼과 오브젝트볼2가 좌측 상단의 코너부근에서 만나는 형태이다. 두께를 두껍게 설정하면 오브젝트볼의 진행속도가 빨라져 큐볼보다 먼저 코너를 벗어나게 된다.

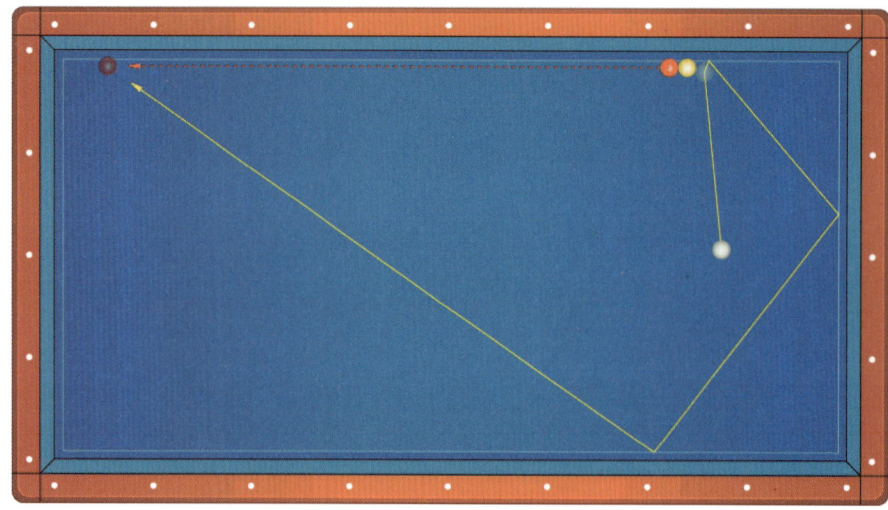

4.1-10 타임 샷 1

4.1-11은 길게 치기의 형태로 얇은 두께를 설정해야 키스를 피할 수 있다. 반 팁 정도의 역 비틀기를 가해 큐볼의 진로를 길게 유지해야 한다.

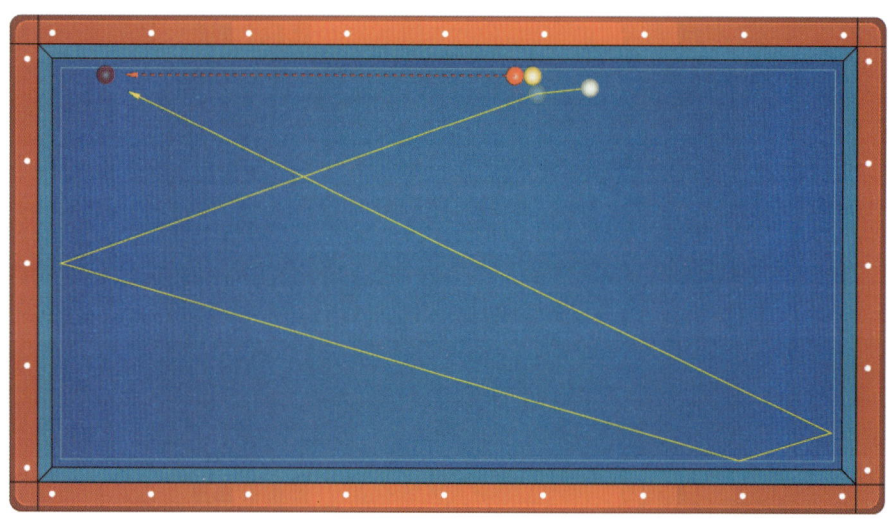

4.1-11 타임 샷 2

4.1-12는 실전에서 빈번하게 등장하는 옆으로 돌리기 형태의 타임 샷이다. 풀의 콤비네이션 샷이 가능한 플레이어라면 어렵지 않게 득점할 수 있다. 오브젝트볼끼리 강하게 충돌하지 않도록 부드러운 스트록을 구사해야 한다.

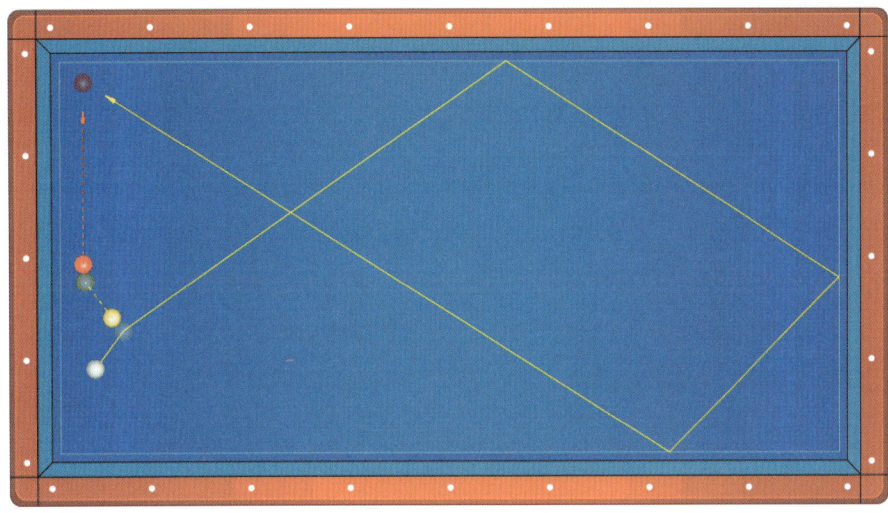

4.1-12 타임 샷 3

4.1-13은 안으로 돌리기 대회전 형태의 타임 샷으로 큐볼을 황색 실선대로 진행시킬 수만 있다면 득점이 보장된다. 역시 부드러운 스트록이 중요하다.

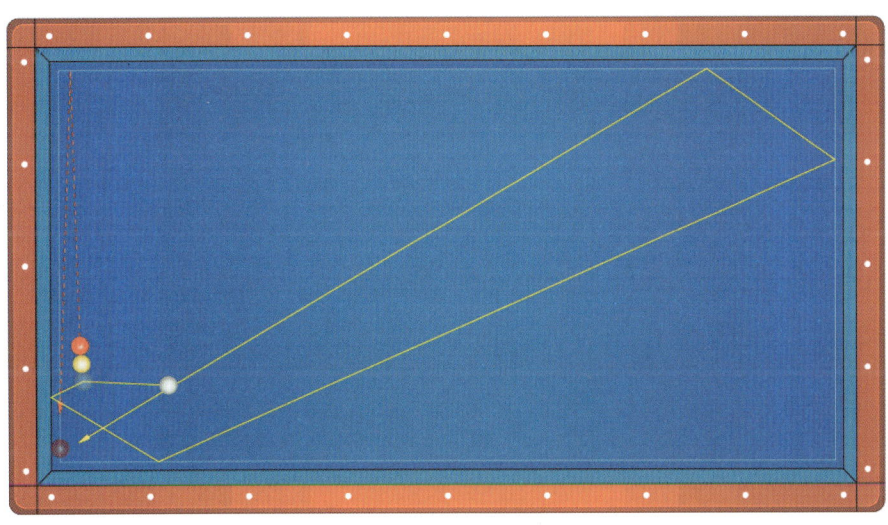

4.1-13 타임 샷 4

응용편-난구

4.1-14는 테이블 횡단을 응용한 타임 샷으로 통상적인 샷과 다를 바 없다. 다만 오브젝트볼2의 이동을 예측할 수 있는 경험만 있으면 된다.

4.1-14 타임 샷 5

4.1-15는 안으로 돌리기 대회전을 응용한 타임 샷인데 오브젝트볼끼리의 간격이 넓어 매우 정교한 정렬이 요구된다. 실전에 구사하기 전에 많은 연습을 통해 자신감을 갖는 것이 필요하다.

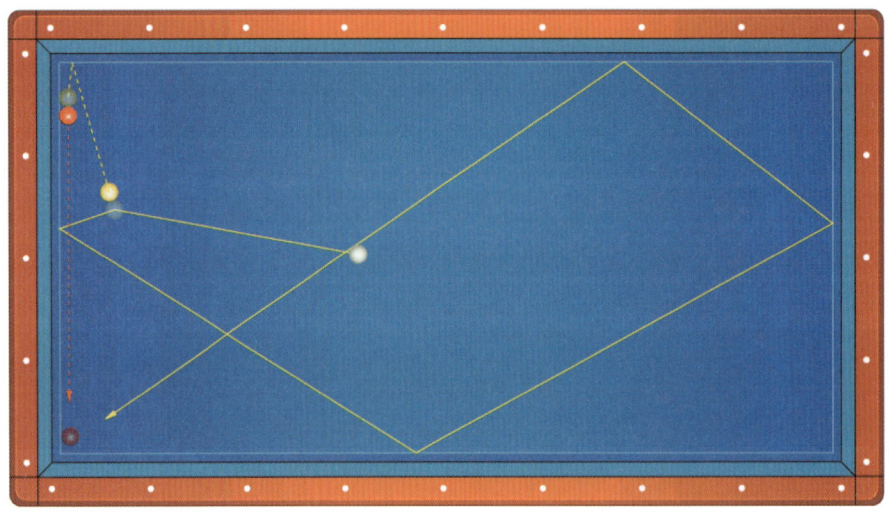

4.1-15 타임 샷 6

4.1-16은 1뱅크 밖으로 걸어 치기를 응용한 타임 샷으로 얇은 두께설정과 부드러운 스트록이 관건이다.

4.1-16 타임 샷 7

4.2 인위적인 곡구 Intensive Curve

곡선의 진로를 의미하는 곡구는 크게 두 가지로 구분하는데, 하나는 종 비틀기에 의한 곡구이고 다른 하나는 찍어 치기에 의한 곡구이다. 찍어 치기는 다음 장에서 다룰 예정이니 이번 장에서는 종 비틀기에 의한 곡구를 활용하는 법을 알아보자.

밀어 치기와 끌어 치기가 잘 단련되어 있으면 시스템의 적용범위를 크게 확대할 수 있다. 원리는 입사각을 변화시킴으로써 큐볼 출발점이나 첫 번째 입사점을 옮긴 것과 같은 효과를 내는 것이다.

4.2-1의 밖으로 돌리기는 직선의 2차 진로로는 득점 가능한 정렬선을 확보할 수 없는 상황이다. 이 경우 밀어 치기를 구사하면 출발점의 수치가 늘어나기 때문에 득점에 도달할 수 있다. 이른바 '확산효과'인데 다양한 상황에서 그 한계를 가늠할 수 있게 되기까지는 상당한 훈련이 필요하다.

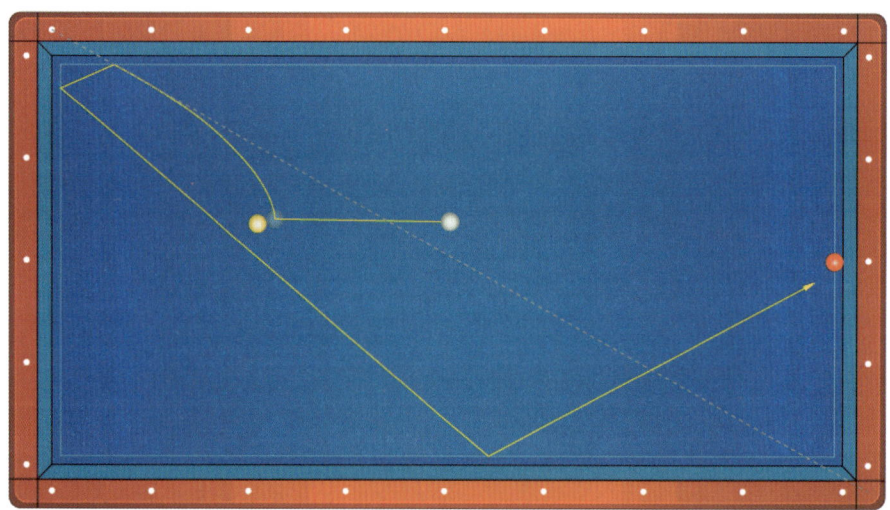

4.2-1 밀어 치기에 의한 확산 효과 1

4.2-2는 확산효과를 이용한 옆으로 돌리기로 가급적 절제된 횡 비틀기를 설정해주어야 수월해진다.

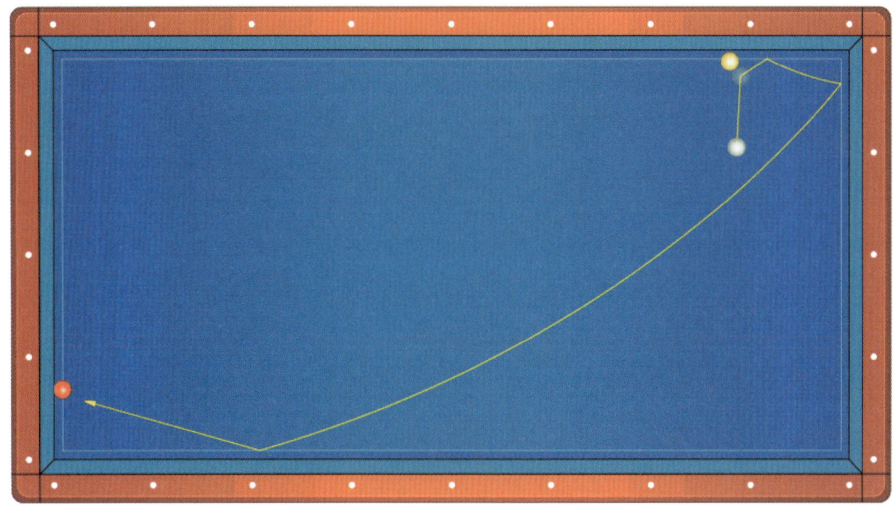

4.2-2 밀어 치기에 의한 확산 효과 2

　4.2-3의 밖으로 돌리기는 반대의 경우로 '축소효과'를 이용해 진로를 짧게 수정하는 것이다. 확산효과는 두께가 두꺼울수록 커지는 반면 축소효과는 두께가 얇을수록 확실해진다.

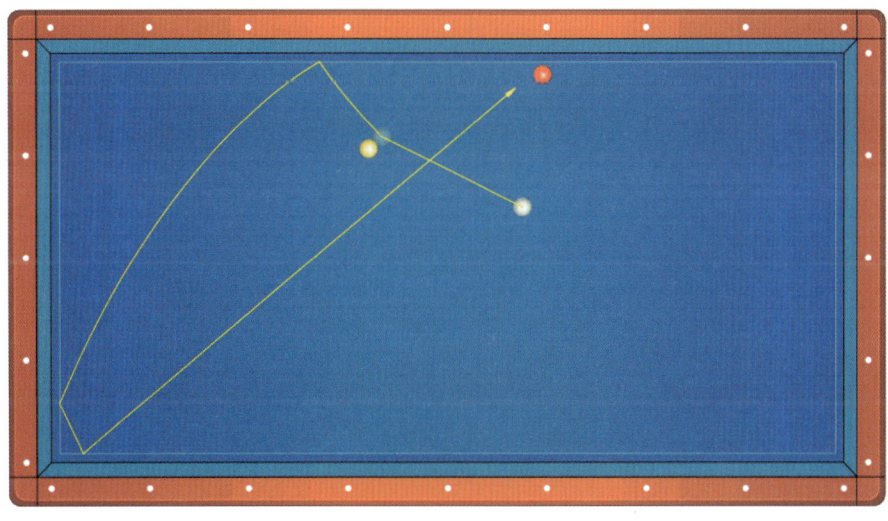

4.2-3 끌어 치기에 의한 축소 효과 1

4.2-4는 축소효과를 이용한 빈 쿠션 치기로 롱 스트록을 구사하지 않으면 오브젝트 볼을 아예 못 맞히는 사태가 발생한다.

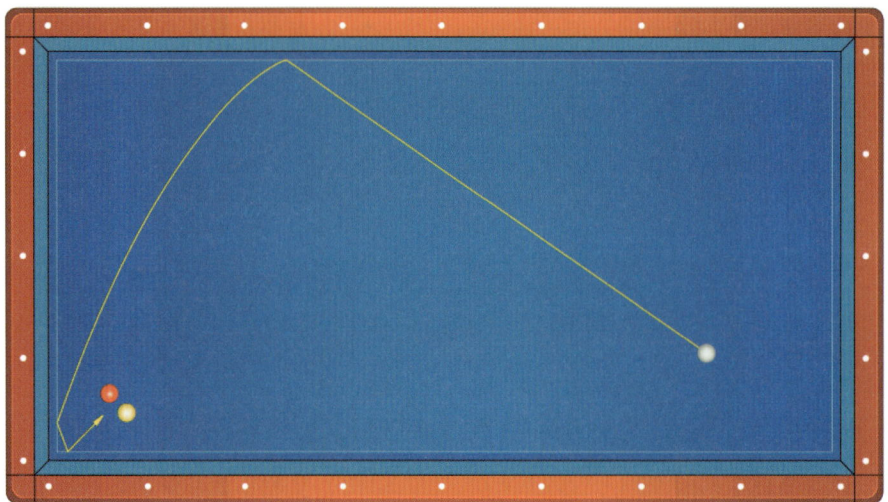

4.2-4 끌어 치기에 의한 축소 효과 2

4.3 극단적인 스네이크 Extreme Snake

   1장에 소개된 뱀 샷은 모두 되돌리기의 형태지만 4.3-1과 같이 오브젝트볼1이 코너에 가까이 있으면 동일한 진행이 불가능하다. 이 경우엔 반대방향 횡 비틀기를 이용해 첫 입사점에서 반사각을 확대시킴으로써 두 번째와 세 번째 입사점을 한 레일에 형성시키면 된다.

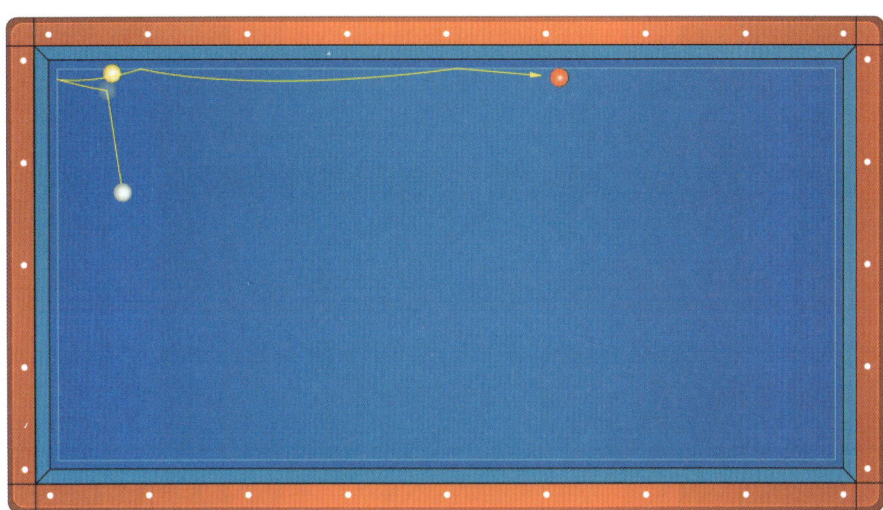

4.3 1 뱀 샷의 응용 1

4.4 마이너스 잉글리시 Minus English

　많은 플레이어들이 선회진로와 반대방향의 횡 비틀기, 즉 마이너스 잉글리시를 기피하는 경향이 있다. 그러나 상황에 따라 적절히 활용할 수만 있다면 매우 강력한 무기가 된다.

　4.4-1의 옆으로 돌리기는 순 비틀기를 배제해도 큐볼이 오브젝트볼2에 도달하기 어렵다. 이런 경우엔 마이너스 타점을 설정해 최종 반사각을 확대시킴으로써 에러마진을 확보하는 것이다.

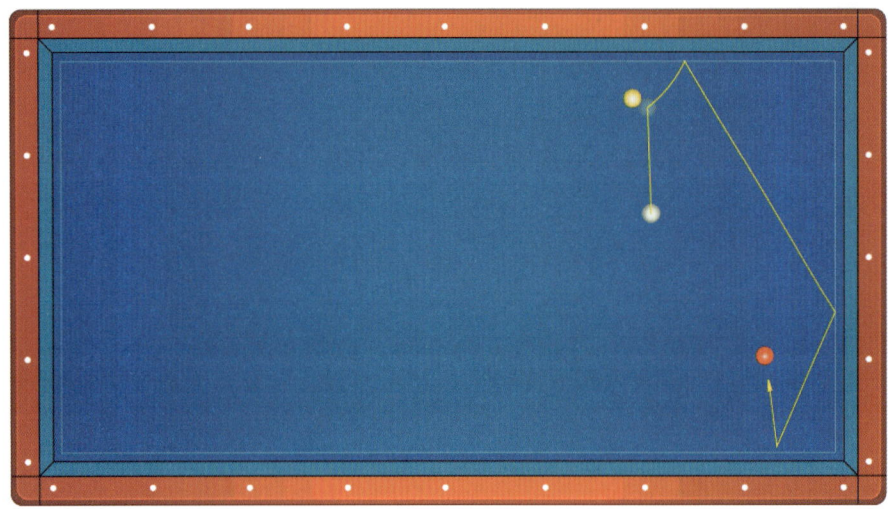

4.4-1 마이너스 잉글리시를 활용한 옆으로 돌리기

4.5 테이블 횡단 샷의 응용 Applying Cross-table Shots

테이블 횡단 샷은 그 활용범위가 거의 무한하다고 얘기될 정도이다. 난구라고 판단되는 배치 중 상당수가 테이블 횡단에서 해법을 찾을 수 있기 때문이다.

그러나 진로를 찾아낼 수 있다고 해서 테이블 횡단을 마스터했다고 생각한다면 큰 오산이다. 다른 난구에 비해 정렬과 스트록이 까다로운 편이어서 약간만 오차가 발생해도 득점에 실패하기 때문이다. 따라서 공의 배치를 조금씩 다르게 배치해가며 여러 차례 연습을 반복하는 것이 득점성공률을 높일 수 있는 유일한 길이다.

4.5-1은 옆으로 돌리기나 밖으로 돌리기를 시도하기가 애매한 배치다. 이런 경우 하단 타점에 약간의 역 비틀기(약 0.5팁)를 첨가해 첫 반사각을 축소시키는 역진 횡단을 구사하면 멋지게 득점할 수 있다.

이런 종류의 샷은 역 방향 종 비틀기의 효과가 오브젝트볼1과의 충돌이 아니라 레일 터치로 인해 가시화된다는 느낌을 가져야 한다.

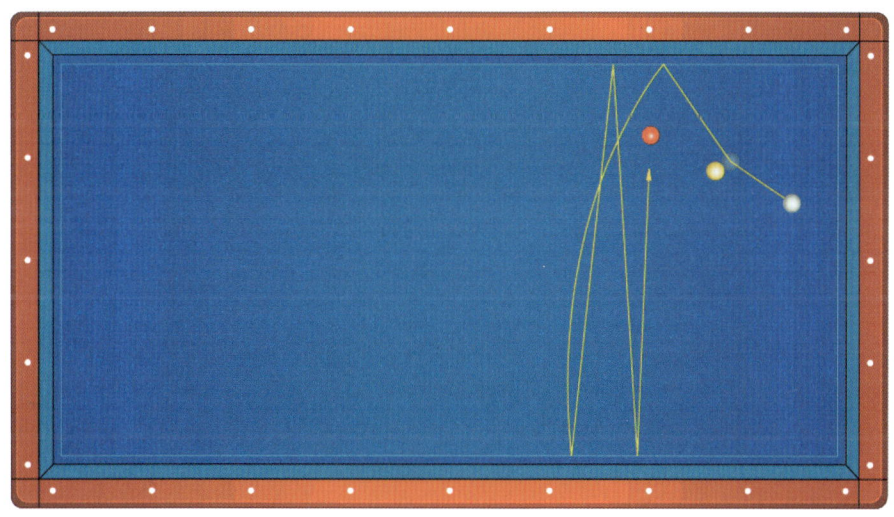

4.5-1 테이블 횡단의 활용 1

그 외에도 테이블 횡단의 용도는 다양하다. 4.5-2나 4.5-3과 같은 배치에서는 테이블 횡단 외엔 선택의 여지가 없다고 해도 과언이 아니다.

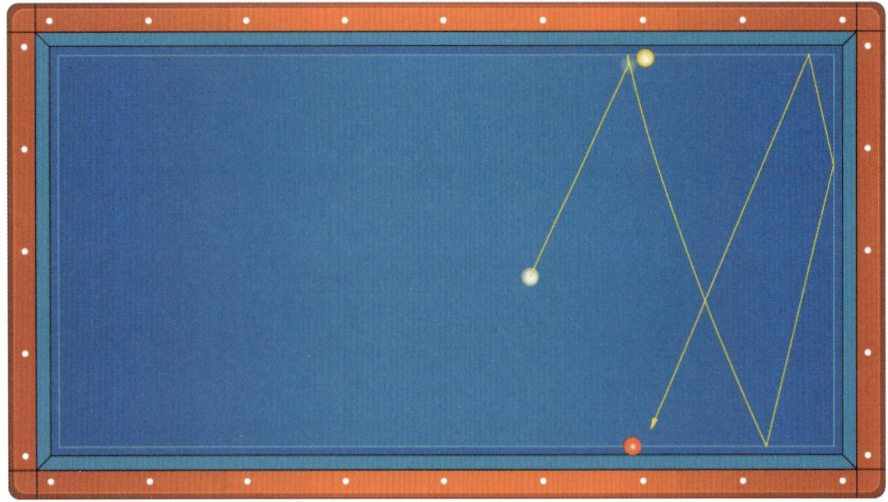

4.5-2 테이블 횡단의 활용 2

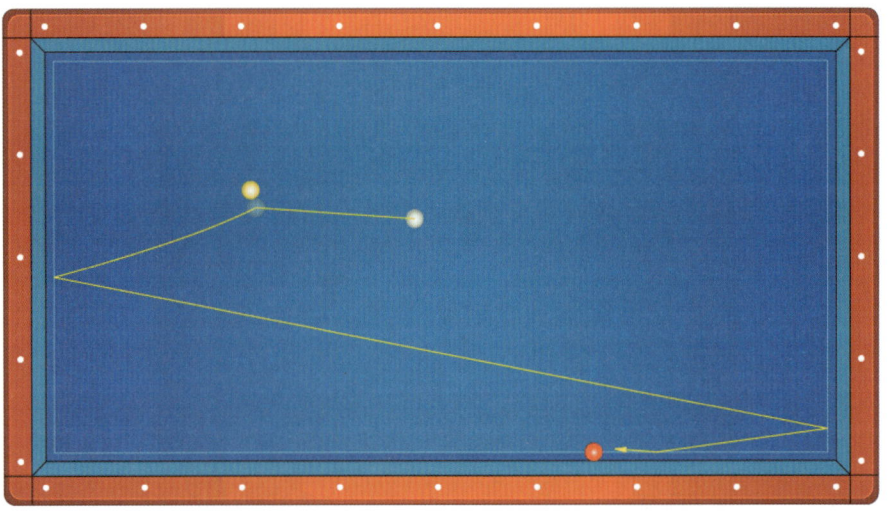

4.5-3 테이블 횡단의 활용 3

※ 득점을 확신할 수 없는 난구는 당연히 포지셔닝의 원칙에 입각해 방어를 우선시해야 한다. 연습에서 한두 번 성공한 걸 가지고 그 난구를 정복했다고 착각하는 것은 대단히 위험하다.

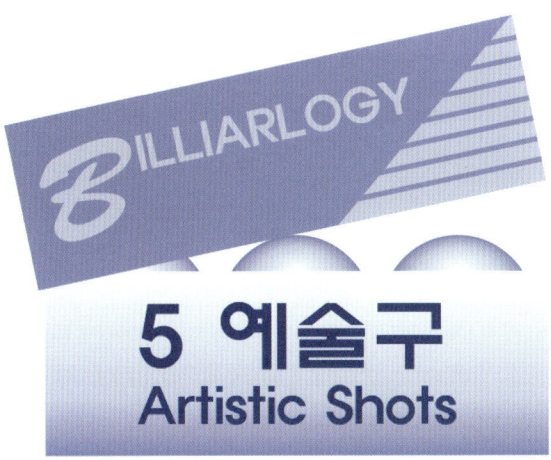

5 예술구
Artistic Shots

5.1 찍어 치기 Masse

5.2 반작용의 이용 Using Reaction

5.3 점프의 이용 Using Jump

5.4 프로들의 샷 Shots From Pros

　　난이도가 적당한 예술구는 3쿠션의 꽃과 같다. 일부 프로들은 시합에서 예술구를 철저히 배제해야한다고 주장하는데, 필자의 생각은 다르다. 실제로 어떤 공의 배치에서는 통상적인 진로보다 예술구를 선택하는 것이 득점확률이 높다. 게다가 멋진 예술구는 플레이어의 사기를 진작시키는데 상당한 도움이 되며 관객들에게도 큰 즐거움을 선사한다. 물론 연습도 제대로 안 된 상태에서 고난이도의 예술구를 남발하는 것은 어리석기 짝이 없는 플레이다.

5.1 찍어 치기 Masse

　　수평각이 30°이상인 상태에서 스트록이 이루어지는 찍어 치기는 화려한 볼거리에 앞서 실속 있는 해법을 제시한다. 물론 그 해법을 본인의 것으로 만들려면 원리를 제대로 이해해야 하고 자세와 스트록을 안정시키는 연습이 필요하다.

　　찍어 치기는 마찰력과의 싸움이다. 큐 팁의 마찰계수가 당구지의 마찰계수보다 높기 때문에 타점 설정과 큐 스틱의 기울기, 그리고 스트록의 강도에 따라 큐볼의 진로가 결정되는 것이다. 기본적인 원리는 다음과 같다.

● **수평각이 작거나 중심 타점을 설정하면 병진운동량이 커진다.**

● **수평각이 크거나 한계 타점을 설정하면 각운동량이 커진다.**

● **강한 스트록을 구사하면 각운동과 병진운동이 함께 커지면서 진로변화의 스케일도 커진다.**

　　상기 내용은 수치로 정리하기엔 너무 복잡하고 미묘하기 때문에 개개인이 연습을 통해 체화하는 수밖에 없다.

찍어 치기는 수평각을 어떻게 설정하느냐 또는 스트록의 강도를 어떻게 조절하느냐에 따라 네 가지로 구분하는데, 일반적인 오버 브리지를 사용하는 '그리크 마세$^{greek\ masse}$', 브리지를 프레임에 고정시키는 '노멀 마세$^{normal\ masse}$', 한쪽 무릎을 접어 올려 브리지를 고정시키는 '니 마세$^{knee\ masse}$', 브리지를 허리에 고정시키는 '그랜드 마세$^{grand\ masse}$' 등이 그것이다.

오버 브리지를 이용해 수평각을 30°~50° 정도로 설정하는 그리크 마세는 약간의 연습을 통해 숙련시킬 수 있기 때문에 오브젝트볼1로 인해 정렬선을 확보할 수 없는 경우나 간단한 2뱅크 레일-퍼스트 샷에 활용하기에 제격이다. 다만 미스큐를 범했을 때 당구지가 크게 손상될 위험이 높기 때문에 스트록의 팔로우 스루$^{follow\ through}$를 짧게 제어할 수 있어야 한다.

5.1-1 그리크 마세의 브리지

그리스 출신의 풀 챔피언 닉 폴라스$^{Nick\ Poulas}$의 주특기였던 그리크 마세는 큐볼과 오브젝트볼1이 너무 가까워 밀어 치기를 구사할 수 없는 경우에 확산효과를 얻기 위해 사용한다.

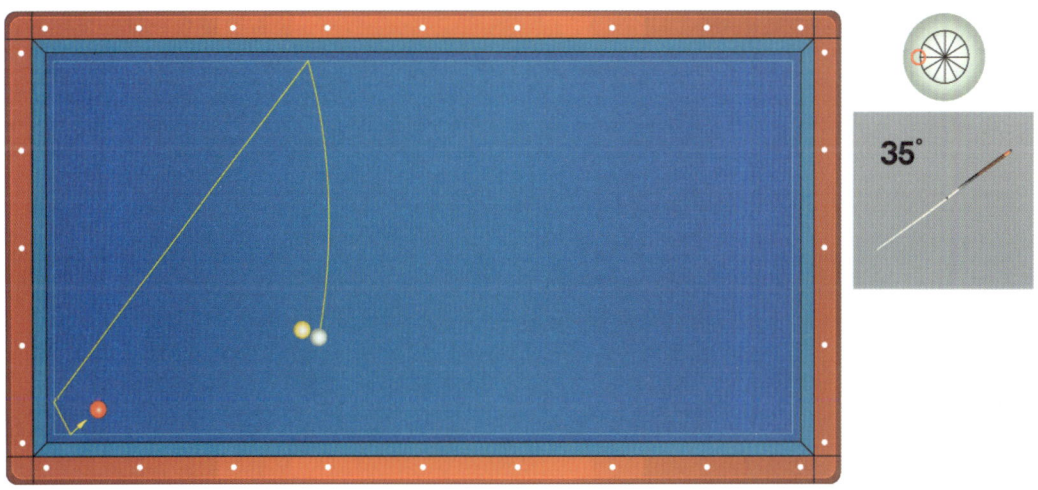

5.1-2 그리크 마세를 이용한 확장효과

5.1-3의 배치는 플러스2 시스템을 이용해도 무방한 배치지만 그리크 마세를 구사하면 훨씬 손쉽게 득점에 도달할 수 있다.

5.1-3 그리크 마세를 이용한 2뱅크 밖으로 걸어 치기

노멀 마세는 큐볼이 레일에 매우 가까이 위치해야하고 큰 힘을 전달하기가 어렵기 때문에 활용범위가 제한적이다. 그러나 가장 정확한 타점을 확보할 수 있어서 5.1-4와 같은 배치에서는 효과적이다.

5.1-4 노멀 마세를 이용한 끌어 치기

5.1-5 노멀 마세의 브리지　　　　　　　　5.1-6 니 마세의 브리지

　니 마세는 정확도와 힘 전달의 측면에서 노멀 마세와 그랜드 마세의 중간정도에 해당한다고 보면 된다. 찍어 치기의 달인이 아니라면 강하지만 불안정한 그랜드 마세보다는 견고한 브리지를 확보할 수 있는 니 마세를 택하는 편이 성공률이 높다. 다음의 예제들은 모두 니 마세로 득점 가능한 예술구 들이다.

　5.1-7은 필자가 1권의 표지그림으로 사용했을 정도로 애착을 가는 패턴이다. 큐볼이 첫 번째 입사점에 도달할 수 있도록 충분한 힘을 가해주어 밖으로 돌리기와 유사한 형태로 진행하도록 한다.

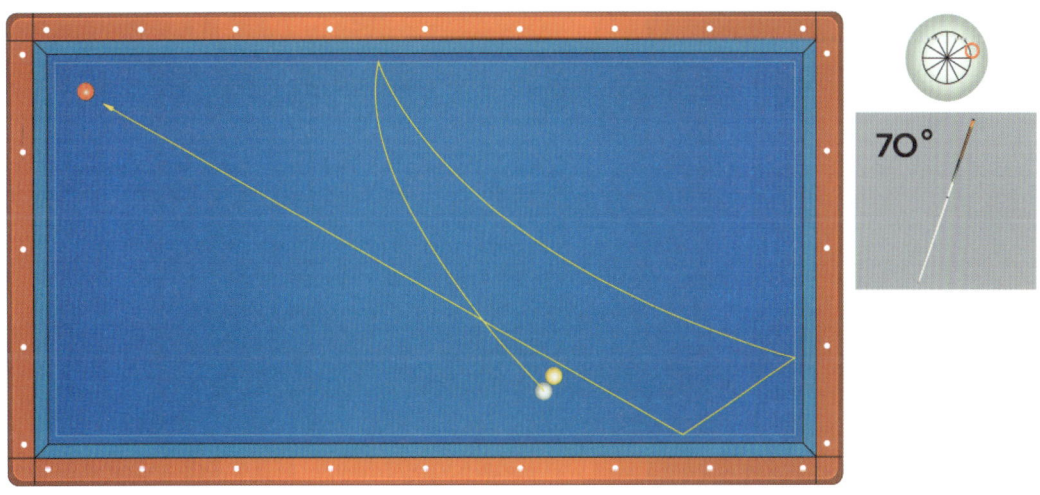

5.1-7 니 마세를 이용한 찍어 치기 1

5.1-8은 아주 어렵진 않지만 상당한 역진 회전력이 필요한 패턴이다. 오브젝트볼1과 충돌한 큐볼이 숏 레일을 타고 진행하지 않도록 방향 설정에 주의해야 한다.

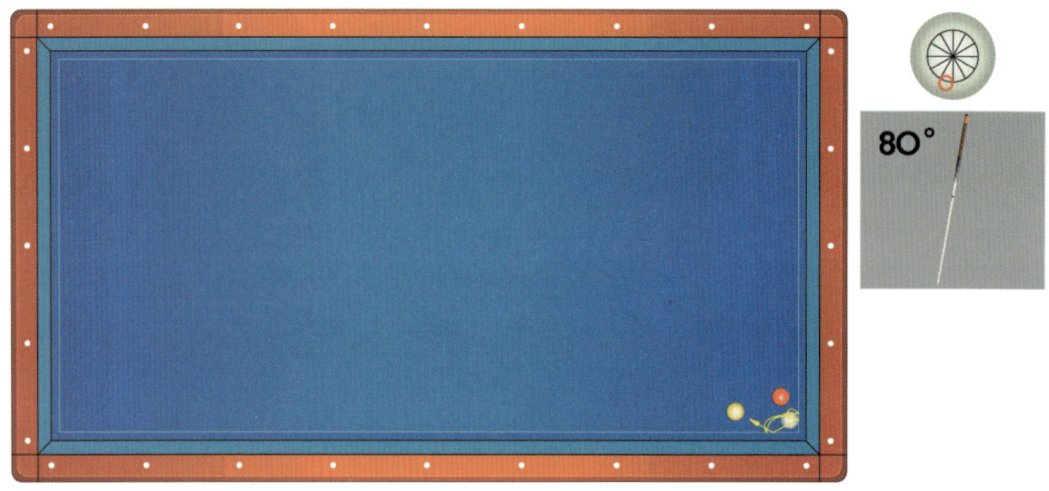

5.1-8 니 마세를 이용한 찍어 치기 2

5.1-9는 찍어 치기 중에서도 난이도가 높은 편에 속하지만 마땅한 다른 진로를 찾아낼 수도 없다. 충분한 회전력과 힘을 실어주어야 한다.

5.1-9 니 마세를 이용한 찍어 치기 3

5.1-7과 유사한 패턴으로 대회전이 될 수 있는 힘과 회전력을 확보하기 위해 두께를 얇게 설정하는 것이 중요하다.

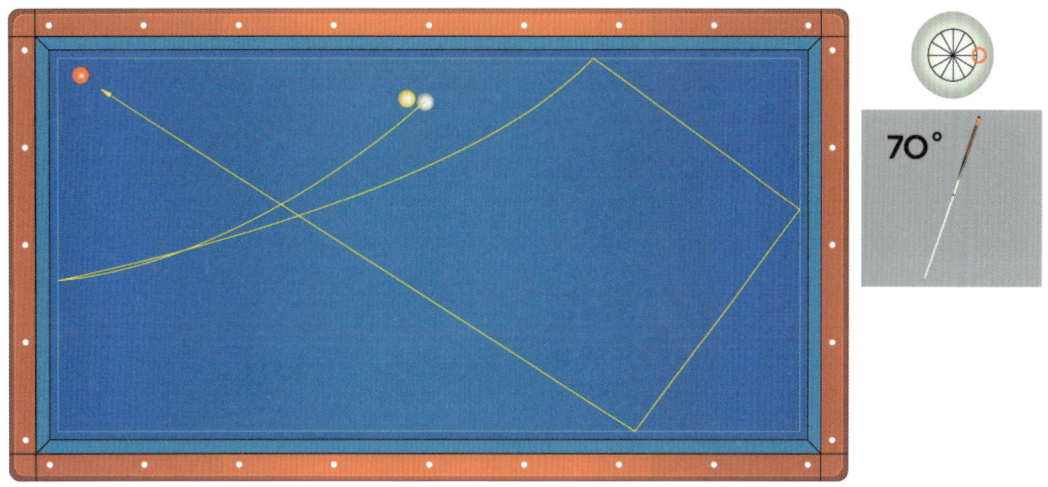

5.1-10 니 마세를 이용한 찍어 치기 4

그랜드 마세는 가장 강력한 힘을 전달할 수 있는 반면 브리지를 허리에 고정시켜야 하기 때문에 완전히 숙련되지 않으면 정확도가 떨어진다. 5.1-11은 난이도 최상의 찍어 치기로 상당한 연습이 필요하다.

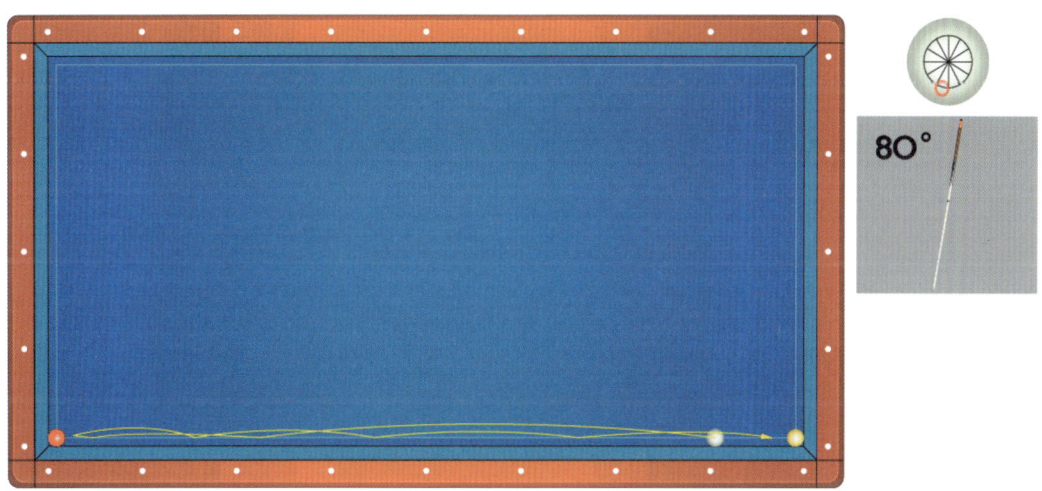

5.1-11 그랜드 마세를 이용한 찍어 치기

아래 사진은 국내에서 가장 강력한 찍어 치기 스트록을 구사하는 이홍승 프로(대전)의 그랜드 마세를 촬영한 것으로 매일 4~6시간 연습으로 단련된 안정감이 엿보인다.

5.1-12 예술구 챔피언 이홍승 프로(대전)의 그랜드 마세

5.2 반작용의 이용 Using Reaction

드로 샷과 팔로우 샷에 '반작용^{reaction}'이라는 요소가 더해지면 찍어 치기에 버금가는 화려함이 완성된다. 이것은 실질적인 반작용이라기보다는 공을 밀어내려는 레일의 탄성과 레일방향으로 진행하려는 종 비틀기가 상충하면서 빚어지는 일시적 현상으로 이해해야 한다.

반작용은 어중간한 타점이나 부드러운 스트록에서는 그 효과가 미미하지만 극단적인 타점을 설정하고 강력한 스트록을 구사하면 눈에 띄게 강조되어 그 자체로 하나 또는 그 이상의 레일터치로 인정받게 된다. 예술구시범을 눈여겨보면 찍어 치기를 포함한 대부분의 샷이 반작용의 응용이라는 사실을 알 수 있다.

아래 사진은 극한의 반작용을 이용한 밀어치기로 강력한 힘과 가속이 실린 스트록을 구사해야 가능한 샷이다. 참고로 이홍승 프로는 촬영 직후 이 황당한 샷을 가볍게 성공해 관중들의 기립박수를 받았다.

5.2-1 반작용을 이용한 밀어 치기 1

물론 5.2-1과 같은 샷은 순간적인 스트록의 스피드가 극한에 도달해야 하지만 평균적인 근력만 가지면 아래와 같은 배치는 어렵지 않게 해결할 수 있다.

5.2-2는 가장 기본적인 반작용으로 다운 스트록만 구사하지 않으면 누구나 득점할 수 있다.

5.2-2 반작용을 이용한 밀어 치기 2

5.2-3은 옆으로 돌리기를 시도하기엔 에러마진이 다소 작다. 이 경우 반작용을 이용한 밀어 치기를 구사하면 큰 공이 된다.

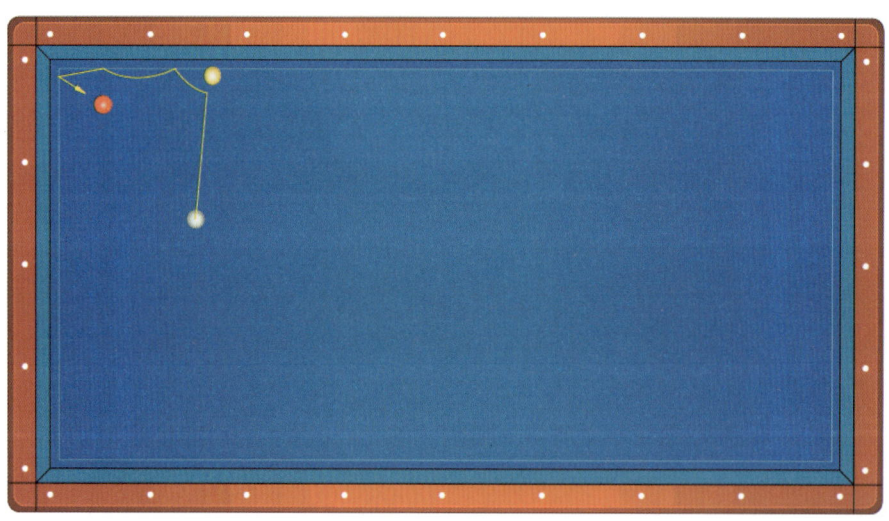

5.2-3 반작용을 이용한 밀어 치기 3

시합에서 5.2-4와 같은 샷을 자신 있게 구사할 수 있다면 반작용을 이용한 밀어 치기는 마스터했다고 자신해도 된다.

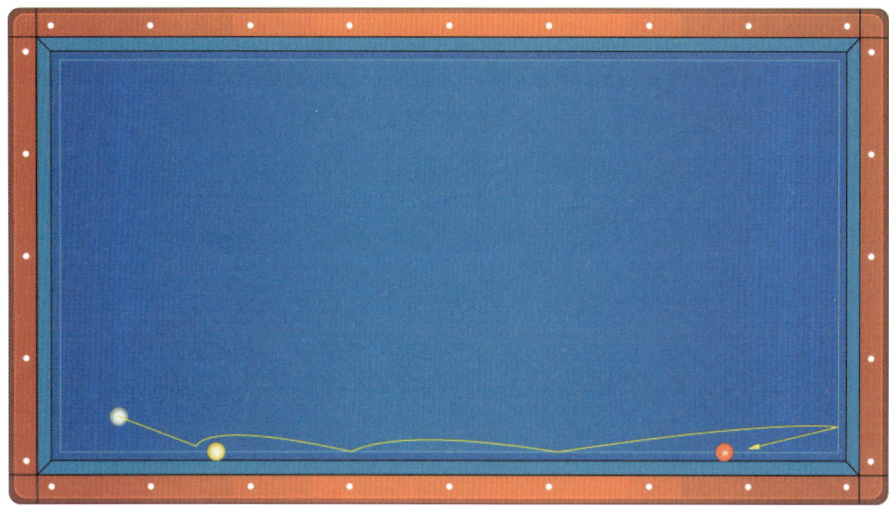

5.2-4 반작용을 이용한 밀어 치기 4

5.2-5는 끌어 치기에 반작용을 이용하는 샷으로 아무래도 밀어 치기보다는 난이도가 높다. 하단 타점의 성격상 스쿼트가 심해지기 때문에 정렬에 주의해야 한다.

5.2-5 반작용을 이용한 끌어 치기

5.3 점프의 이용 Using Jump

점프는 찍어 치기의 일종으로 하대를 들어 올려 큐볼이 바닥에서 떨어진 상태로 진행하도록 하는 샷이다. 파울의 위험이 크기 때문에 자주 이용되지는 않지만 몇몇 팔로우 샷과 드로 샷에서는 쓸모 있는 기술이다.

5.3-1과 같이 큐볼이 두 오브젝트볼 사이에 갇혀있고 되돌리기에 필요한 타점을 확보하기도 어려운 경우엔 25°정도의 수평각을 만들어 키스 백 시키면 큐볼이 적색 공을 가볍게 뛰어넘어 진행하게 된다. 이때 득점에 필요한 2차 진로를 확보하기 위해 약간의 상단 타점을 설정하는 것이 좋다.

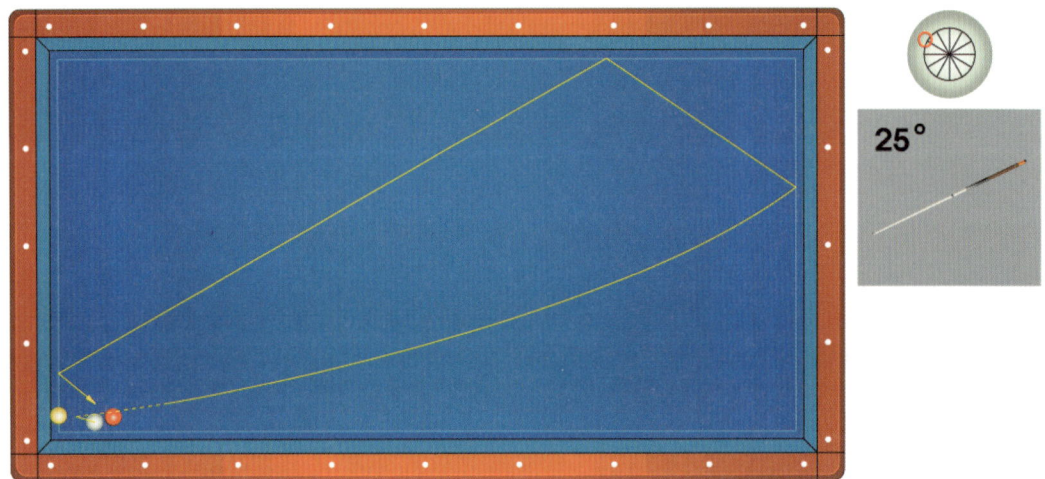

5.3-1 점프를 이용한 밀어 치기

5.4 프로들의 샷 Shots From Pros

 다음에 소개될 진로들은 예술구라기보다는 일반적인 구상을 크게 벗어나는 이례적인 샷들이다. 정상급 프로들이 극단적인 상황에서 어떤 선구를 했는지 눈여겨보면 샷을 설계할 수 있는 범위가 확대된다.

 5.4-1은 임윤수 프로와의 시합에서 필자를 고민하게 만들었던 배치이다. 필자는 장고 끝에 황색 공의 왼 쪽을 얇게 쳐 W자 형태의 짧은 앞으로 돌리기를 시도했는데 아깝게 실패했다. 시합 종료 후 임윤수 프로가 2뱅크 레일-퍼스트 샷을 제안했는데 너무 쉽게 득점할 수 있어서 허탈감마저 든 기억이다. 지면을 빌어 임윤수 프로에게 감사의 말을 전한다.

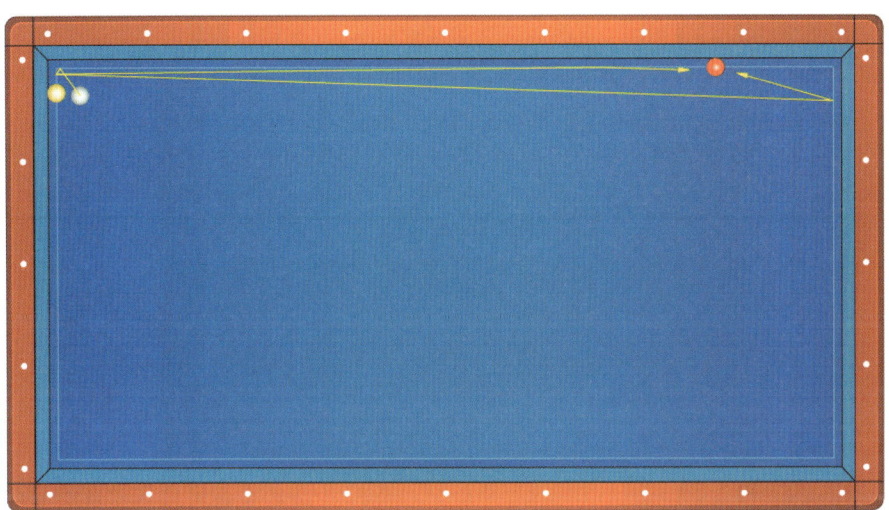

5.4-1 임윤수 프로(서울)의 2뱅크 앞으로 걸어 치기

※ 오브젝트볼1이 조금 두껍게 맞으면 롱 레일에서 세 번째 레일터치가 이루어지고 조금 얇게 맞으면 숏 레일에서 세 번째 레일터치가 이루어진다.

세계 챔피언 토비욘 블롬달은 난구 풀이에 있어서는 타의 추종을 불허한다. 5.4-2는 그의 전매특허라고 할 수 있는 샷으로 세 번째 입사점까지 횡 비틀기를 유지할 수 있는 스트록이 관건이다.

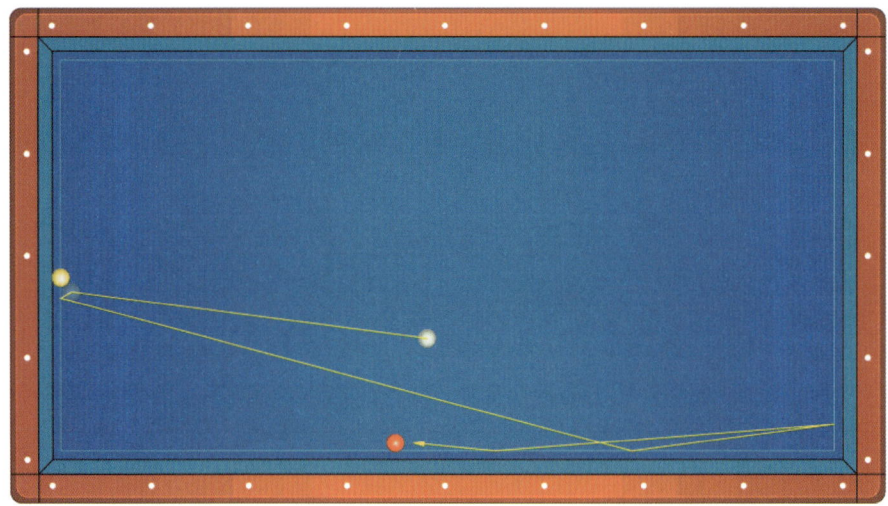

5.4-2 토비욘 블롬달(스웨덴)의 역회전 되돌리기

5.4-3는 김정규 프로의 시연으로 알게 된 샷인데 뱀 샷 중 최고의 난이도라고 할 수 있다.

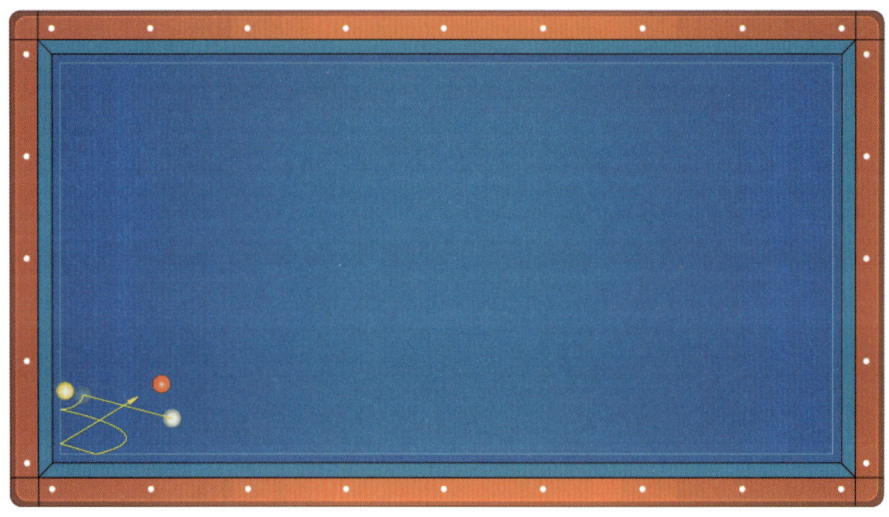

5.4-3 김정규 프로(서울)의 뱀 샷

5.4-4는 훼데힉 꼬드홍이 토비욘 블롬달과의 시합에서 마지막 1점을 처리한 샷으로 탄성을 자아낼 만큼 절묘한 선택이었다.

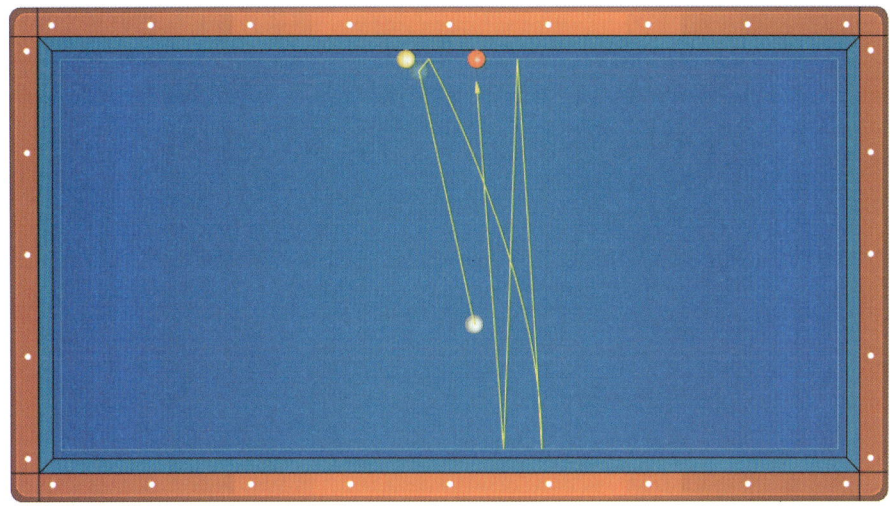

5.4-4 훼데힉 꼬드홍(벨기에)의 테이블 횡단

5.4-5는 지난 청주오픈대회에서 우승을 차지한 허정한 프로가 필자의 클럽에서 시연한 샷인데 첫 레일터치 후 축소효과를 일으키려면 매우 강력한 스트록이 필요하다.

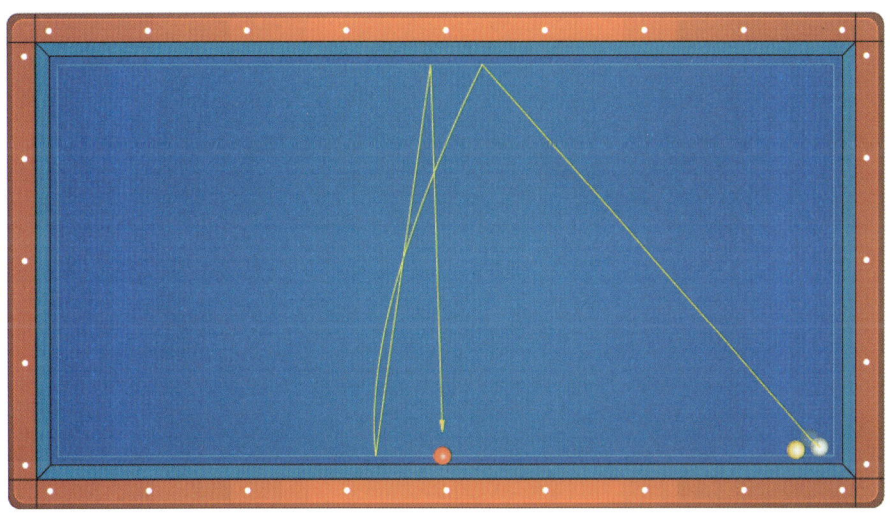

5.4-5 허정한 프로(경남)의 테이블 횡단

5.4-6은 일본의 당구영웅 노부아키 고바야시가 실전에 구사한 샷으로 다른 어떤 진로보다도 득점확률이 높다.

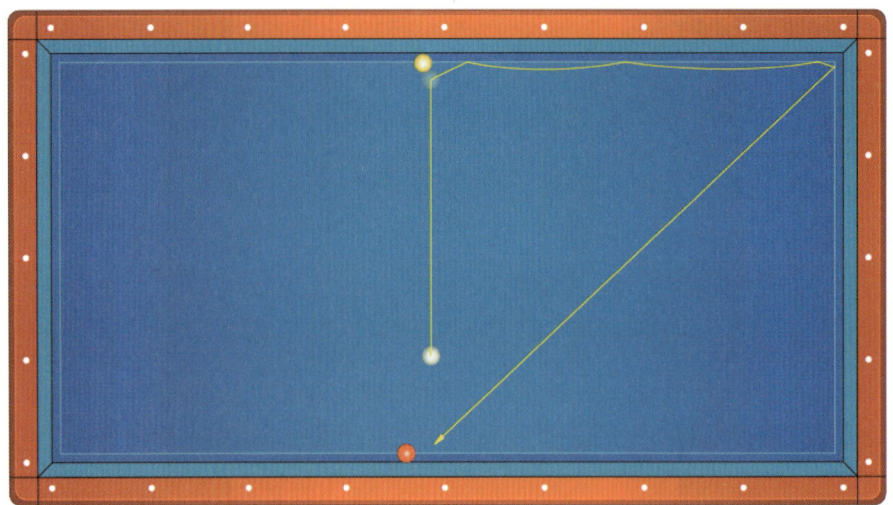

5.4-6 노부아키 고바야시(일본)의 반작용을 이용한 밀어 치기

5.4-7은 임현성 프로(전북)가 소개해준 샷으로 난감한 상황을 벗어날 수 있는 귀중한 보물이다.

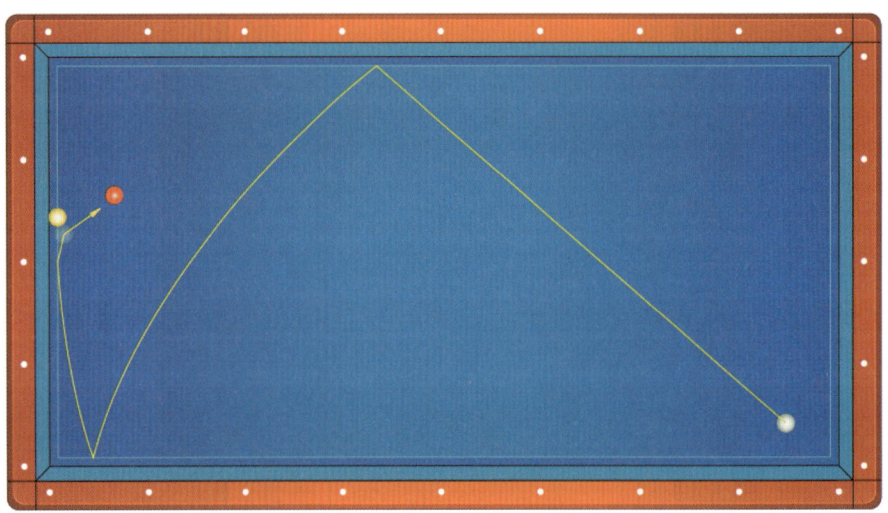

5.4-7 임현성 프로(전북)의 축소효과를 이용한 2뱅크 레일-퍼스트 샷

- 담금질을 하지 않은 검은 무기가 될 수 없다. -

1 연습
Practice

1.1 자세 점검 Checking Posture

1.2 스트록 완성 Completing Stroke

1.3 입사점 찾기 Finding Incident Point

1.4 밀어 치기와 끌어 치기 Follow Shot & Draw Shot

1.5 왼팔과 보조도구 Left Arm & Assist Tools

1.6 붙은 공의 처리 Solutions for Frozen Balls

1.7 찍어 치기 연습 Masse Exercise

1.8 시간 안배 Time Assignment

1.9 혼자 하는 콜 시합 Self Call-game

1.10 관전 Observation

연습은 기량향상의 지름길이다. 머릿속의 정보를 실력으로 승화시킬 수 있는 가장 효율적인 수단이 바로 연습이기 때문이다. 물론 시합을 통해서도 기량이 향상될 수는 있지만 연습에 비할 바가 아니다.

그러나 무작정 공을 치는 것이 연습이라고 생각하면 오산이다. 목표의식이 결여돼 있다면 아무리 공을 쳐도 애버리지가 상승하지 않는다. 또한 목표가 분명해도 바른 길을 모르면 역시 소용이 없다. 이번 장에서는 '무엇을' 얻기 위해 '어떻게' 연습해야 하는지에 대해 구체적으로 알아보기로 하자.

1.1 자세 점검 Checking Posture

정렬과 스트록의 중요성은 인정하면서 자세는 그저 편하면 된다고 주장하는 이들이 의외로 많다. 어쩌다가 그런 결론에 도달했는지 모르겠지만, 전혀 신빙성이 없는 주장이다. 정렬과 스트록의 연결고리가 바로 자세이기 때문에, 좋지 않은 자세에서 완성된 샷이 나올 리 만무하다.

필자의 경험에 의하면 동호인 둘 중 한 명은 자세에 결함이 있으며, 그 중 과반수는 교정이 시급한 수준이다. 그러나 더 심각한 문제는 그들 스스로가 개선의 의지를 갖지 않는다는 데 있다. 원인은 몇 가지가 있지만, 본인의 자세가 안정적이라는 착각이 가장 대표적이다. 일종의 자아도취인 셈인데, 가장 확실한 치료법은 바로 비디오 촬영이다.

최근엔 양질의 동영상을 담을 수 있는 휴대전화도 흔하지만 삼각대에 고정 가능한 캠코더나 디지털 카메라를 이용하는 편이 보다 확실한 효과가 보장된다. 지인의 도움을 받아 전면, 측면, 후면을 모두 촬영하되 카메라를 의식하지 말고 평상시처럼 샷을 하는 것이 중요하다. 충분한 자료가 확보되었으면 체격조건이 유사한 정상급 프로들의 경기영상과 비교, 분석을 통해 개선할 부분을 찾아내면 된다. 다소 번거롭긴 하겠지만 분명히 기대 이상의 성과를 얻게 될 것이다.

1.1-1과 1.1-2는 모범적인 자세를 갖춘 프로를 촬영한 것으로 안정감을 바탕으로 한 효율성이 엿보인다.

1.1-1 권영갑 프로(충북)의 자세 - 전면

1.1-2 권영갑 프로(충북)의 자세 - 측면

10:00

　완벽한 자세를 갖추었다고 공인된 플레이어라 할지라도 점검을 게을리 해선 안 된다. 부지불식간에 틀이 무너지거나 좋지 않은 버릇이 생길 수도 있기 때문이다. 평소 스트레칭과 근력운동으로 유연성과 탄력을 유지하는 것도 대단히 중요하다. 머릿속에 이상적인 자세가 그려져 있어도 몸이 따라주지 않으면 소용이 없다. 특히 지지기반이라고 할 수 있는 하체의 단련은 필수라 해도 지나침이 없으니 적어도 한 달에 두세 번 정도는 등산이나 싸이클링, 인라인 스케이트 등 하체에 좋은 유산소운동을 즐기는 것이 바람직하다.

1.2 스트록 완성 Completing Stroke

변화 없는 스트록, 즉 '중립 스트록$^{nuetral\ stroke}$'이 완벽하면 통상적인 샷은 모두 득점으로 연결할 수 있다. 이를 증명해주는 선수가 바로 벨기에의 페데힉 꼬드홍이다. '프로중의 프로'로 불리는 그는 가장 단순한 스트록으로 2점대를 넘나드는 가공할 애버리지를 기록한다.

그러나 완벽한 중립 스트록을 구사한다는 것이 결코 만만치가 않다. 거의 모든 플레이어가 타구가 이루어지는 순간 큐 스틱의 궤적이 직선을 그려내지 못한다. 간단한 테스트를 해 보자. 요령은 1.2-1과 같이 공을 배치하고 다소 강한 스트록(4레일 스피드 이상)으로 큐볼을 두 개의 오브젝트볼 사이로 진행시키는 것이다. 이때 두 오브젝트볼의 중심간 거리는 8레일 포인트로 맞추고 타점은 0팁을 설정한다.

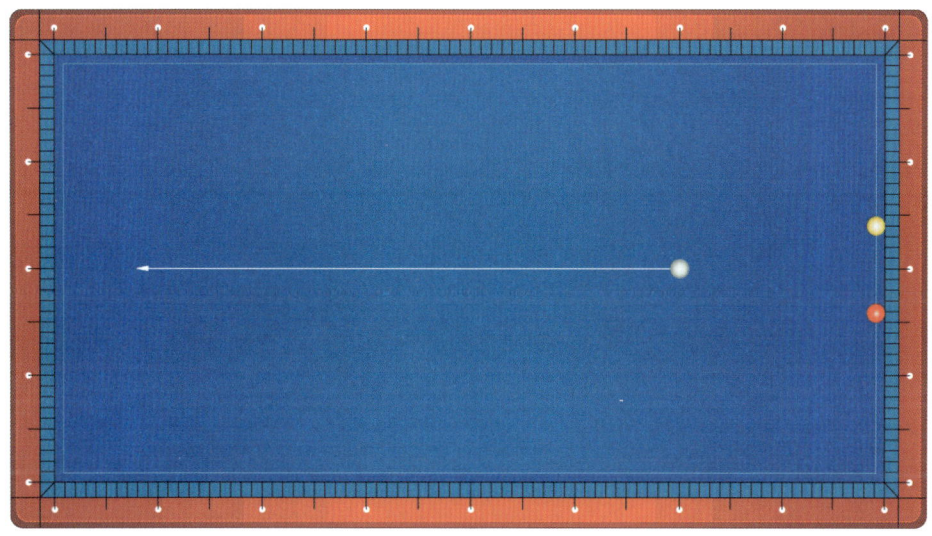

1.2-1 스트록의 점검

언뜻 보기엔 쉬울 것 같지만 실제로 해 보면 오브젝트볼 중 하나가 맞거나 심지어는 바깥으로 빠져버리기도 한다. 이는 타구 시 스트록이 좌우로 편향되어 의도하지 않은 횡 비틀기가 발생한다는 의미이다. 스트록이 곧지 못하면 두께나 타점설정에서 시스템 운용까지, 진로 설계의 전반적인 과정이 물거품이 되어버린다. 특히 매번 같은 방향으로 틀어진다면 문제는 한층 심각한데, 그릇된 스트록이 아예 습관으로 굳어져버린 경우이기 때문이다.

스트록의 중요성은 아무리 강조해도 지나치지 않아서 예로부터 다양한 연습법이 개발, 전수돼왔다. 그중 하나가 유리병을 이용한 연습인데 매우 간단하면서도 확실한 효과가 보장된다. 요령은 2.1-2와 같이 입구가 좁은 음료수병을 큐볼의 위치보다 조금 먼 위치에 눕혀놓고 큐 스틱을 찔러 넣는 것이다.

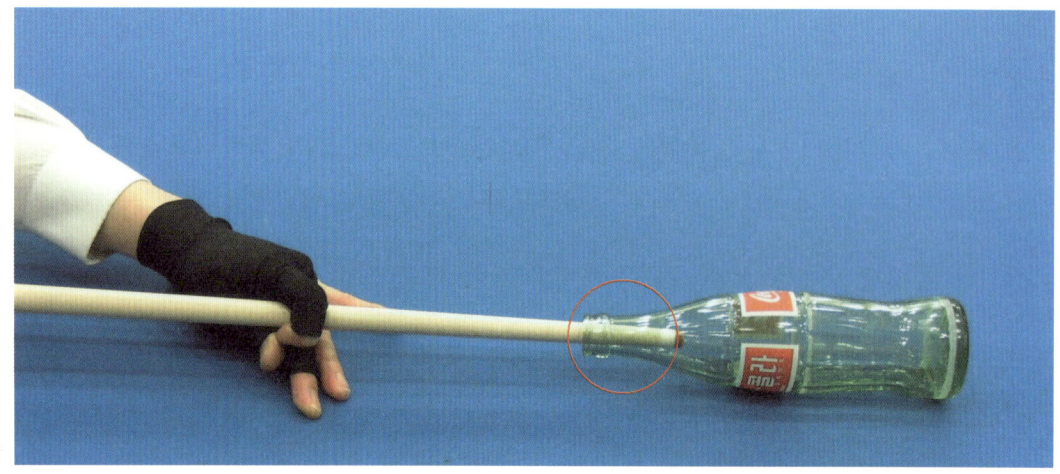

2.1-2 유리병을 이용한 스트록 연습

예비 스트록을 생략해서는 안 되고 큐 스틱이 병 입구에 닿아도 안 된다. 당연히 자주 그리고 많은 횟수를 반복할수록 좋으며 큐 스틱이 깊게 들어갈수록 좋다. 참고로 자넷 리를 비롯한 세계 유수의 플레이어들도 이 방법을 애용한다.

그립의 형태를 바꿔보는 것도 스트록의 안정에 도움이 된다. 당구도 골프와 마찬가지로 '위크 그립weak grip', '뉴트럴 그립neutral grip', '스트롱 그립strong grip'이 있는데 구분기준은 손목의 각도이다. (1부 4.4의 '중립 그립'은 그립을 잡는 위치에 대한 개념으로 이 내용과는 무관하다.)

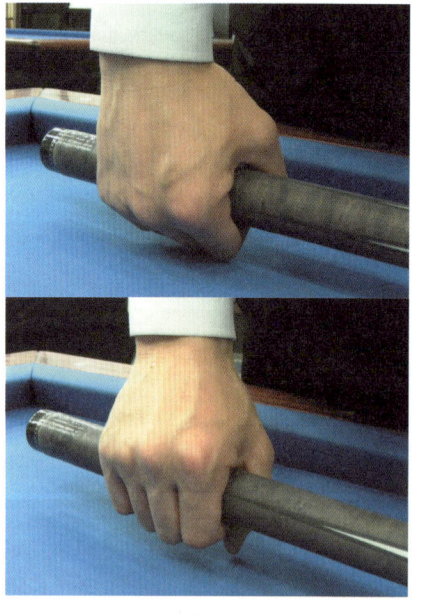

이 중 손목이 안쪽으로 꺾인 위크 그립은 살이 많거나 활배근이 크게 발달한 체형이 아니면 드물기 때문에 논외로 한다. 손목이 자연스럽게 내려오는 뉴트럴 그립은 하박의 각도변화에 유연하게 대처할 수 있는 반면 직진안정성은 떨어진다. 손등이 위를 향하는 스트롱 그립은 팔목의 유연성과 악력을 필요로 하지만 상체와 상박을 밀착시켜주는 효과가 있어 직진성이 좋다.

2.1-3 뉴트럴 그립(상)과 스트롱 그립(하)

뉴트럴 그립이나 스트롱 그립이나 일장일단이 있기 때문에 무조건 바꾸라는 의미가 아니다. 본인의 약점과 강점을 고려해 선택을 하는 것이 맞다. 큐 스틱이 좌우로 편향된다면 스트롱 그립을 쓰는 것이 좋고 상하로 편향된다면 뉴트럴 그립이 낫다. 참고로 신세대 플레이어들 사이에서는 스트롱 그립이 대세지만 선대 플레이어들은 대부분 뉴트럴 그립을 고수하고 있다.

스트록의 변화는 중립 스트록을 완전히 익힌 다음에 시도해야 한다. 중립 스트록이 정립이 안 된 상태에서 변화를 주기 시작하면 혼란만 가중되기 때문이다.

중량이 많이 나가는 큐 스틱을 사용해야 좋은 스트록이 나온다는 이론은 전혀 사실무근이다. 큐 스틱의 중량이 높을수록 신체능력에 대한 의존도는 낮아지기 때문이다. 실제로 세계적인 스트록을 자랑하는 플레이어들 중 무거운 큐 스틱을 사용하는 이는 스웨덴의 토비욘 블롬달(590g) 뿐이다.

1.3 입사점 찾기 Finding Incident Point

 2부에서 언급한 바와 같이 정확한 최종 입사점을 찾아내는 것이 시스템 운용의 초석이다. 입사각과 횡 비틀기, 큐볼의 지름 등이 반영된 최종 입사점을 확보한 상태가 아니라면 시스템은 무의미해진다. 시스템을 처음 접하는 이들이 의심을 품게 되는 가장 큰 이유가 바로 최종 입사점을 잘못 설정하기 때문이다.

 확실한 입사점을 찾아내려면 감각도 감각이지만 다양한 실험과 깨달음, 즉 연습을 하는 과정이 절대적으로 필요하다. 예를 들어 1.3-1에서 보는 바와 같이 동일한 오브젝트볼의 배치에 대해 3뱅크 레일-퍼스트 샷을 시도할 때 큐볼이 90에서 출발하는 경우와 30에서 출발하는 경우는 최종 입사점의 설정이 판이하게 달라진다.

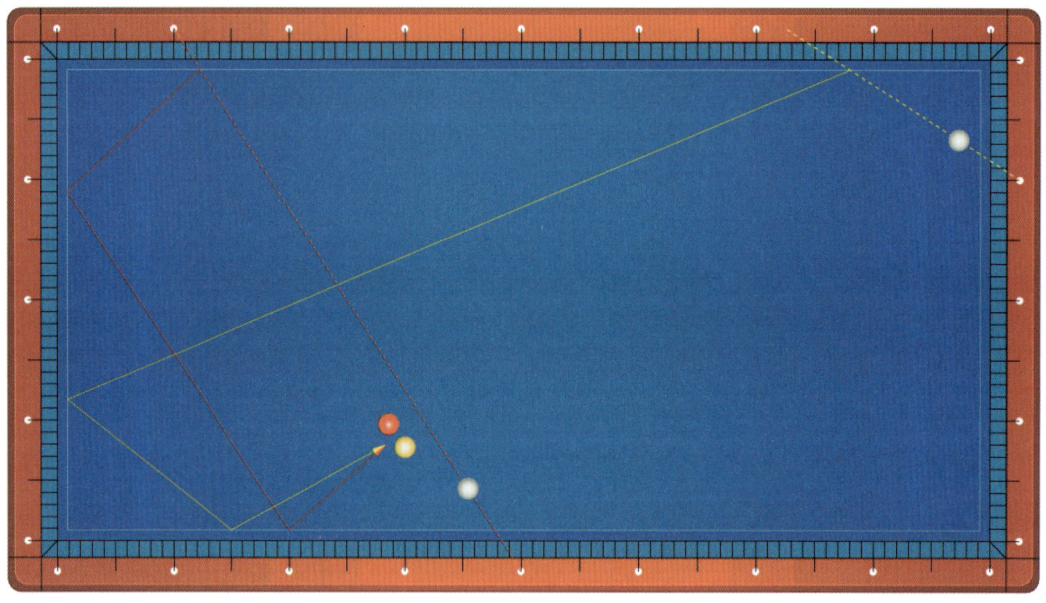

1.3-1 큐볼 출발점에 따른 최종 입사점의 변화

 물론 1.3-1과 같이 오브젝트볼이 세 번째 입사점에서 거리가 있는 경우엔 네 번째 입사점과의 연결을 통해 해결할 수 있다. 그러나 입사점끼리의 연결 자체도 연습이 필요하다는 걸 알아야 한다. 특히 가장 빈번하게 등장하는 5와 1/2 시스템에서는 세 번째 입사점을 레일 포인트로 계산하기 때문에 네 번째 입사점 방향에서는 정확한 연결이 쉽지 않은 까닭이다.

1.3-2는 큐볼이 중립기준에 위치할 때 실질적인 입사점들을 연결한 선을 연장한 것인데 실전에서 당장 눈에 띄는 프레임 포인트와는 엄청난 차이가 있다는 것을 알 수 있다. 일례로 네 번째 입사점 50을 세 번째 입사점과 연결할 때 프레임 포인트를 기준으로 따지자면 37정도에 불과하다.

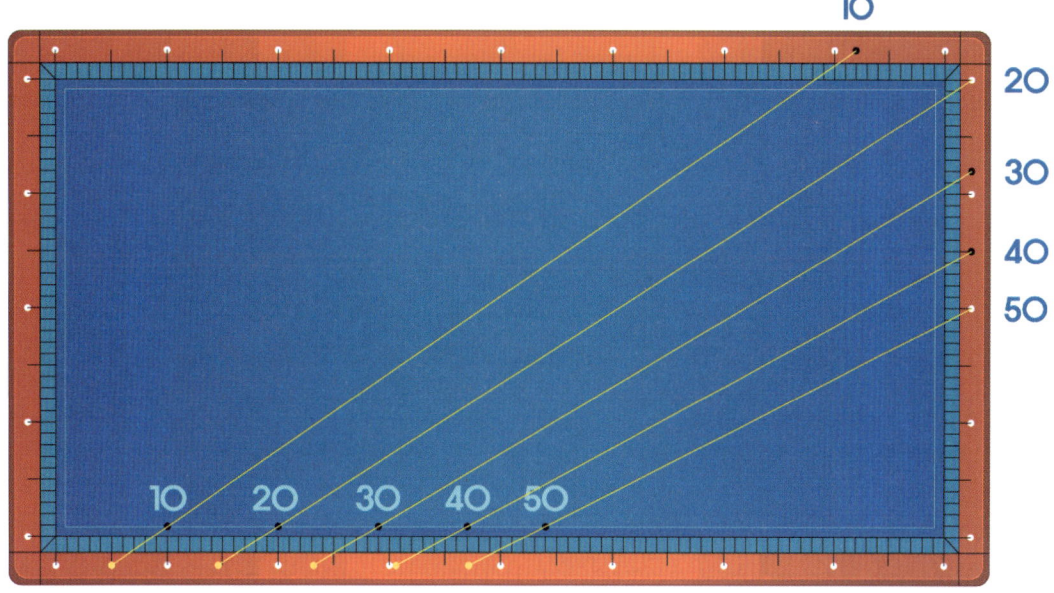

1.3-2 실제 입사점과 프레임 포인트의 가시적 격차

정확한 최종 입사점을 바탕으로 공식을 적용해 첫 번째 입사점을 구하더라도 큐볼을 그곳에 보낼 능력이 없으면 역시 허사다. 이 능력을 강화하려면 큐볼과 오브젝트볼1만 가지고 원하는 2차 진로와 진로변경선의 접점에 놓인 큐 팁을 맞히는 연습을 반복하면 된다. 이때 과도한 종 비틀기를 사용해야 하는 2차 진로의 설정은 삼간다.

소실점을 이용하는 시스템을 운용하려면 공간지각을 단련해야 한다. 주위 사물에 의지하지 말고 허공에 소실점을 설정하는 연습을 꾸준히 하다 보면 나중엔 벽 너머에 생성된 소실점도 놓치지 않게 된다.

1.4 밀어 치기와 끌어 치기 Follow Shot & Draw Shot

    팔로우 샷과 드로 샷, 즉 밀어 치기와 끌어 치기는 직선의 2차 진로로는 원하는 입사점을 취할 수 없거나 키스를 피할 수 없는 경우, 또는 뒷공의 배치를 유리하게 만들기 위해 두께를 변경해야 하는 경우 등에 두루 사용된다.

    그러나 이처럼 넓은 활용도의 이면에는 문제의 소지가 도사리고 있다. 밀어 치기든 끌어 치기든 두께를 정면으로 설정하지 않는 한 2차 진로에서 곡구(진로가 휘어지는 현상)가 발생하는데, 이로 인해 큐볼의 출발점이 변경되면서 시스템의 적용이 애매해지는 것이다.

    1.4-1과 1.4-2는 5와 1/2시스템을 응용한 밖으로 돌리기로 포지셔닝을 위해 밀어 치기와 끌어 치기를 구사했을 때 큐볼 출발점이 어떻게 변경되는지를 보여준다. 회색 점선은 2차 진로가 직선이라고 가정한 정렬선으로 끌어 치기(1.4-1)의 경우 최종 입사점이 실제보다 길게 형성되고 밀어 치기(1.4-2)의 경우 최종 입사점이 실제보다 짧게 형성된다.

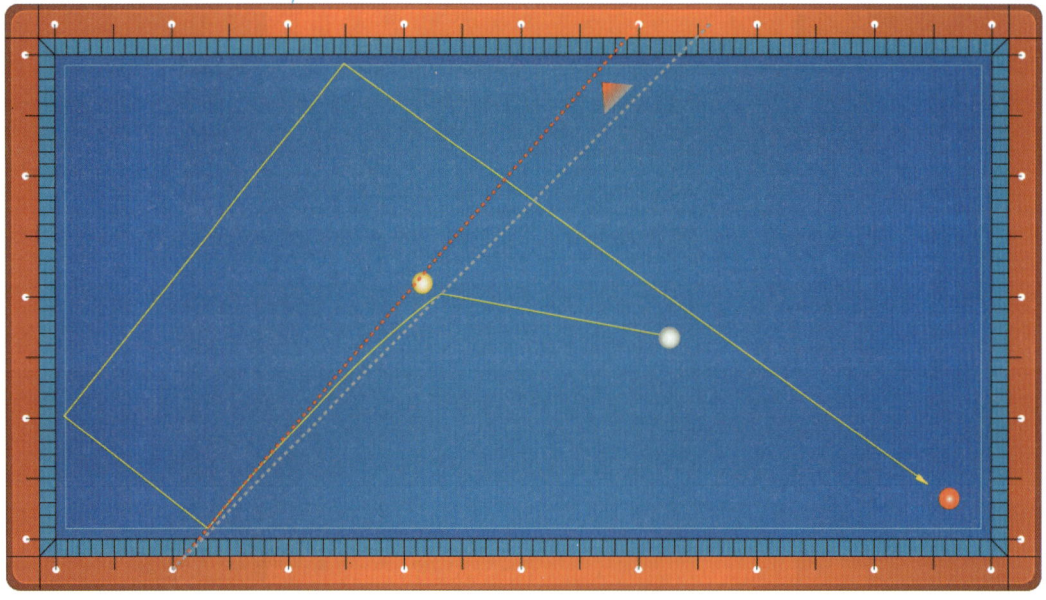

1.4-1 끌어 치기에 따른 정렬선의 이동

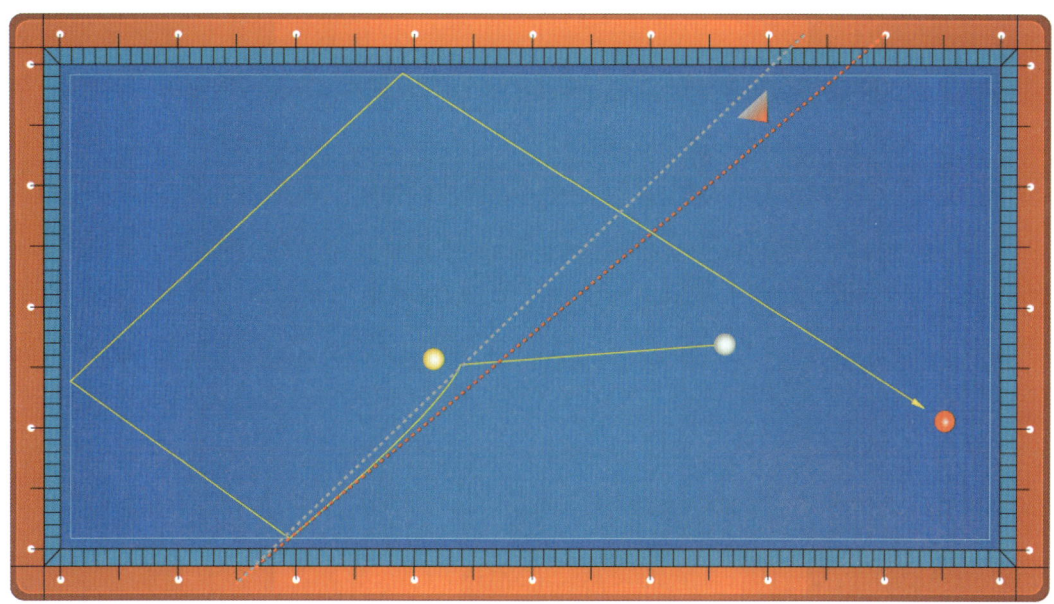

1.4-2 밀어 치기에 따른 정렬선의 이동

 이 같은 정렬선의 변화는 구력이 어느 정도 되는 플레이어라면 모두 알고 있지만 그 정도가 얼마나 되는지 예측하는 것은 프로들에게조차 버거운 일이다. 보다 두꺼운 두께를 설정하거나 종 비틀기를 더 가하면 2차 진로의 곡률이 심해지기 때문이다.

 시스템을 100% 활용하려면 큐볼의 2차 진로를 직선으로 유지해야 하지만 밀어 치기와 끌어 치기를 통해 얻어지는 여러 가지 효과를 포기할 수도 없다. 결론은 밀어 치기와 끌어 치기가 필요한 상황이면 구사하되 정렬선의 변경을 예측할 수 있는 범위를 넘지 말라는 것이다. 이는 정렬에서 과도한 두께나 극단적인 상하타점을 배제하는 연습을 반복함으로써 달성될 수 있다. 곡률이 큰 진로는 보기엔 화려해도 그다지 실속은 없다는 걸 기억하자.

1.5 왼팔과 보조도구 Left Arm & Assist Tools

왼팔과 보조도구는 자동차로 따지면 기본적인 옵션에 해당한다. 없으면 반드시 불편함을 느끼게 된다는 의미이다. 3쿠션이 어느 정도 경지에 도달하면 소형테이블로는 만족할 수가 없기 때문에 특별한 장신이 아닌 다음에는 왼팔이나 보조도구를 연습해 두는 것이 좋다. 혼자 연습할 때 왼팔 또는 보조도구만 사용한다거나 비슷한 기량의 상대와 시합을 해 보는 것도 도움이 된다.

1.5-1 레스트와 익스텐션을 이용한 노멀 스트록

레스트의 사용법은 1부 4.6에서 소개했고, 1.5-1은 레스트와 익스텐션을 함께 활용해 정상적인 스트록을 유지하는 요령이다. 무게중심의 이동만 감안해주면 되고 자세는 별다른 변경이 필요치 않다.

참고로 사진에 표현된 바와 같이 레스트를 쥔 손을 브리지와 같은 형태로 유지하면 심리적으로 한결 안정된 상태에서 샷을 구사할 수 있다.

1.6 붙은 공의 처리 Solutions for Frozen Balls

붙은 공이라 하면 크게 네 가지로 구분할 수 있다. 오브젝트볼이 레일에 붙은 경우, 큐볼이 레일에 붙은 경우, 큐볼과 오브젝트볼이 붙은 경우, 오브젝트볼끼리 붙은 경우가 그것이다.

오브젝트볼1이 레일에 붙은 경우엔 시스템의 운용에서 두 가지 부분에 주의를 기울여야 한다. 첫 번째는 진로변경선상에 정확한 입사점을 찾아내는 것이다. 진로를 육안으로 확인 수 없을 정도로 순식간에 입사가 이루어지기 때문에 두께에 따른 분리각을 확실히 알고 정렬을 하지 않으면 안 된다. 두 번째는 정상적인 반사각을 유지하기 위해 타점을 하단에 설정하는 것이다. 큐볼이 진행할 때 동일한 방향의 진로변화가 연이어 발생하게 되면 횡 비틀기의 방향에 관계없이 1차 진로 쪽으로 편향되는 곡구현상이 강하게 나타나기 때문이다. 이를 보정하기 위한 방편으로 약간의 역 방향 종 비틀기(약 반 팁 정도)를 가미하는 것이다.

큐볼이 레일에 붙은 경우는 타점의 제한이라는 장애가 따른다. 타점을 확보한답시고 하대를 들면 과도한 스쿼트나 커브를 피할 길이 없다. 이런 상황에서는 비틀기를 가급적 억제하고 자연스러운 분리각과 레일 잉글리시를 형성할 수 있는 진로 위주로 선구를 해야 한다. 스트록을 부드럽게 구사하는 것 역시 잊어서는 안 된다.

1.6-1 붙은 공을 공략하는 다니엘 산체스(스페인)

큐 볼이 오브젝트 볼과 붙은 경우는 당연히 재배치를 요구하는 것이 옳다. 다른 하나의 오브젝트볼이 풋 레일 쪽 디펜스 구역에 들어있지만 않다면 대개 기본 진로를 만나게 된다. 오브젝트볼끼리 붙은 경우는 재배치를 요구할 수 없기 때문에 매우 정교한 3뱅크 레일-퍼스트 샷이나 타임 샷을 시도해 풀어내는 것 외엔 도리가 없다.

※ 세 번째(큐볼과 오브젝트볼이 붙은 경우)를 제외한 나머지가 두 가지 이상 중복되면 득점확률이 현저히 떨어지게 되므로 확실한 수비위주의 선구를 해야 한다.

1.7 찍어 치기 연습 Masse Exercise

　찍어 치기는 테이블과 당구지에 직접적인 힘을 가하는 것이기 때문에 꼭 필요한 상황이 아니라면 삼가야 한다. 그러나 그 자체가 고난이도의 기술이어서 많은 연습이 필요하다는 모순이 있다. 유일한 연습의 기회는 6개월에 한 번, 단골 업소가 당구지를 갈기 전날뿐이다. 물론 사전에 업주의 양해를 구해야 하고 영업이 종료된 뒤 연습을 시작하는 정도의 예절은 지켜주어야 한다.

1.8 시간 안배 Time Assignment

　공을 마음껏 연습할 만큼 시간이 남아돈다면 정말 복 받은 당구인이다. 그러나 대개는 생업과 가정을 우선시해야할 입장이다 보니 충분한 연습량을 확보하기가 어렵다. 대회가 많아졌다고는 해도 여전히 상금만으로는 생활이 안 되기 때문에 현역 프로들조차 사정은 별반 다르지 않다.

　그렇다면 모자란 시간을 어떻게 활용해야 최대의 효과를 거둘 수 있을까? 일단 아무 생각 없이 공을 치는 것만큼은 피해야 한다. 기량이 향상되기는커녕 건성으로 샷을 하는 나쁜 버릇만 생길 뿐이다. 연습에 할애할 수 있는 시간이 10이라고 가정했을 때 초보자라면 5이상, 고점자라도 최소 3이상은 기본기, 즉 자세와 스트록을 점검하고 단련하는 데 투자하는 것이 바람직하다. 기본기가 충실해야 안정된 애버리지를 유지할 수 있기 때문이다.

　기본기를 다졌으면 남는 시간을 2:1의 비율로 나누어 기본 진로와 난구를 따로 연습하라고 권하는 바이다. 기본 진로의 연습에서는 시스템과 포지셔닝을 조화롭게 접목시킬 수 있는 타점과 스트록을 찾아내는 데 주력해야 한다. 아무리 반복해도 만족스러운 득점성공률이나 배치를 만들어낼 수 없는 샷은 자문을 구하고, 답을 구할 수 없다면 난구로 넘겨버리면 된다.

　난구는 감각적인 연습을 통해 득점성공률을 높일 수 있는 것과 그렇지 못한 것으로 구분하는 것이 좋다. 전자는 반복훈련을 통해 본인만의 기본 진로에 편입시키고 후자는 완전한 디펜스로 연결하는 방법을 찾아내야 한다.

1.9 혼자 하는 콜 시합 Self Call-game

혼자서 장시간 공을 치다보면 누구나 지루함을 느낀다. 그래서 자신을 두 편으로 나누어 시합을 해 보는 것도 좋다. 일단 정확한 애버리지의 파악이 가능하고, 복기를 통해 본인의 약점을 파악할 수 있을 뿐 아니라, 새로운 시스템이나 포지셔닝 등 미지의 영역을 시도해볼 기회가 된다. 그러나 이 모든 효과를 제대로 누리려면 규정은 물론 몇 가지 부차적인 수칙을 철저하게 준수해야 한다.

우선 두 개의 노트를 준비한다. 하나는 수치를 다 외우지 못하는 시스템을 기록한 것이고 다른 하나는 공의 배치를 복기하기 위한 것이다. 복기용 노트엔 테이블과 두께와 타점의 밑그림, 이닝과 득점을 표기할 수 있는 기록지, 간단한 메모를 남길 수 있는 여백이 포함되어야 한다. 이는 자신 없는 샷, 실패한 샷과 그 원인 및 기량의 변화를 기록하기 위함이다.

노트가 모두 준비됐으면 각각의 공을 래킹 포지션에 배치하고 하나씩 쳐서 시합을 시작한다. 시합의 요령은 다음과 같다.

핸디의 절반만 놓는다.
하나의 샷에 많은 시간을 할애해야 하기 때문에 본인의 핸디를 다 놓으면 한나절이 지나갈 수도 있다.

조금이라도 의문이 있는 배치는 빠짐없이 기록한다.
기억력이라는 것이 한계가 있어서 샷이 이루어지고 나면 똑같은 배치를 만들기가 쉽지 않다. 따라서 키스가 예상되거나 시스템 운용이 불확실한 배치는 사전에 기록해 두는 것이 옳다.

샷 하나하나에 모든 기량을 동원한다.
본인의 기량을 총동원했을 때 한계가 보이는 것이지 자신이 있다고 해서 대충 해결하려 든다면 기량에 대한 과신만 남게 된다. 이를테면 '이 정도면 진짜 시합에서는 충분히 처낼 수 있어'와 같은 식이다.

시합 중에는 어떤 목적으로도 공의 배치에 손을 대지 않는다.

복기는 시합을 마친 뒤에 해야 의미가 있다. 샷 하나를 실패한 직후 바로 같은 배치를 시도해 성공한다면 실패 원인과 해결방법이 기억에 오래 남지 않는다.

처음엔 결과가 엄청나게 실망스러울 것이다. 그러나 그 정도가 본인의 현재 기량이라는 사실을 인정하고 받아들여야 한다. 정작 중요한 것은 문제점을 찾아내 극복함으로써 내일의 기량을 향상시키는 것이다.

1.10 관전 Observation

　다른 플레이어의 시합을 관전하는 것은 효율적인 연습의 기회다. 시합의 수준이 높으면 더 바랄 것이 없지만, 초보자들의 시합이라도 얼마든지 배울 수 있다. 그들이 반대선생이 될 수도 있으며, 때론 의외의 진로를 발견할 수도 있다. 플레이어와 함께 다음 공의 배치를 예측하고 실제 결과와 비교, 분석하는 과정에서 본인의 설계능력이 향상되는 것이다.

　많은 이들이 정상급 프로들의 시합을 관전할 때 큐볼에 집중하는 경향이 있는데, 정작 중요한 것은 오브젝트볼1의 움직임이다. 오브젝트볼1의 동선을 살펴보면 그들이 어떤 목적과 어떤 방법으로 샷을 하는지, 심지어는 어떤 부분에 취약한지까지도 파악이 가능하다. 난구를 손쉽게 득점으로 연결하거나 완벽한 디펜스를 이끌어내는 장면은 그 자체로 하나의 멋진 교본이라고 할 수 있다.

　※ 참고로 동영상은 가급적 바로 위에서 찍은 화면을 연구하는 것이 좋다. 비스듬한 앵글에서는 정확한 포인트를 파악할 수 없기 때문이다.

　　프로가 드나들거나 상주하는 클럽은 최적의 학습장이다. 여러 명의 동호인들이 머리를 맞대도 해답을 구하기 어려운 난제들을 프로들은 이미 오래 전에 고민하고 해법을 찾아낸 경우가 많다. 특히 연습에 대해서만큼은 정상의 기량에 이르기까지의 경험만큼 확실한 교본이 없기 때문에 프로들과 공을 논할 수 있는 여건이 되는 클럽을 찾으라고 권하는 바이다.

2 전술
Tactics

2.1 워밍업의 활용 Utilizing Warm up

2.2 테이블 값의 변화 Change of Table Value

2.3 큐 스틱 자 Cue Stick Scale

2.4 오펜스와 디펜스의 결정 Decision

2.5 기본 진로와 난구 Basic Lines & Tough Shot

기량이 아무리 뛰어나도 제대로 발휘할 수 없으면 소용이 없다. 최고의 플레이어가 되려면 우수한 기량과 그 기량을 십분 발휘할 수 있는 전술까지도 두루 갖춰야 한다.

2.1 워밍업의 활용 Utilizing Warm up

워밍업은 승패에 직접적인 영향을 미치는 중요한 절차임을 명심해야 한다. 시합 직전에 몸의 컨디션을 점검하고 테이블의 상태를 파악하는 것보다 중요한 일은 없다. 그처럼 중요한 기회를 의미 없는 샷 몇 개로 허비한다면 최소 초반 몇 이닝동안은 제 기량을 발휘하지 못한다. 그 와중에 상대방에게 대량실점이라도 허용하게 되면 치명적인 열세에 몰릴 수밖에 없다.

준비가 필요한 부분은 개인차가 있을 수 있지만 목표는 동일하기 때문에 워밍업의 필수요소에 대해서는 짚어볼 필요가 있다. 컨디션의 조절이야 여타 스포츠와 다를 바 없으니 시합 전 과로나 스트레스 등만 피하면 된다. 그러나 생소한 테이블인 경우 그 성질을 파악하고 진로설계를 수정하지 않으면 범실을 피할 길이 없다. 따라서 워밍업의 전반부는 시합을 할 테이블에 대한 데이터, 즉 테이블 값을 손에 넣는 데 주력해야 한다. (이에 대한 상세요령은 2부 1.7을 참조하기 바란다.)

워밍업의 후반부는 서브권을 따내고 이를 득점으로 연결해내는 것에 초점을 맞춰야 한다. 말하자면 '기선제압'인 셈인데 서브권을 빼앗긴 입장에서는 무시할 수 없는 부담을 느끼게 된다. 숙련된 플레이어는 대개 서브를 연속득점으로 이어나갈 능력이 있기 때문이다.

순서는 서브연습 2회, 래깅연습 2회가 적당하다. 평소에 서브연습이 충분하다면 약간의 타점조정을 거치면 원하는 진로를 잡아낼 수 있다. 래깅연습을 마지막으로 미루는 이유는 큐볼의 구름에 대한 감각을 살려놓기 위해서이다.

2.2 테이블 값의 변화 Change of Table Value

   모든 테이블은 시간이 경과될수록 진로가 짧아지는 현상이 나타나는데, 이는 초크로 인한 당구지와 공의 오염이 주된 원인이다. 타구과정에서 팁에 발라놓은 초크가루가 공과 상판에 묻게 되면 큐볼의 운동, 특히 각운동이 감소하는 속도가 빨라져 최종 반사각이 커지는 것이다. 당구를 친다면 누구나 이런 변화를 알고 있지만 확실한 대책을 갖춘 이는 극소수에 불과하다.

   시스템의 마지막 고비라고 할 수 있는 테이블 값의 변화는 메이커, 모델, 연식, 세팅, 당구지 관리방법 등에 따라 약간씩 차이가 있지만 각각의 조건에 큰 문제가 없다면 다음과 같이 정리할 수 있다.

   ※ 초기 테이블 값은 진공청소기나 방모 천으로 정리한 직후를 의미한다.

🎱 레일의 사용기간이 1년 이하, 당구지 사용기간이 2개월 이하인 경우는 초기 테이블 값이 +4~+5.

🎱 레일의 사용기간이 1년 이하, 당구지 사용기간이 2개월~4개월인 경우는 초기 테이블 값이 +3~+4.

🎱 레일의 사용기간이 1년 미만, 당구지 사용기간이 4개월 이상인 경우는 초기 테이블 값이 +2~+3.

🎱 레일의 사용기간이 1년 이상, 당구지 사용기간이 2개월 이하인 경우는 초기 테이블 값이 +3~+4.

🎱 레일의 사용기간이 1년 이상, 당구지 사용기간이 2개월~4개월인 경우는 초기 테이블 값이 +2~+3.

🎱 레일의 사용기간이 1년 이상, 당구지 사용기간이 4개월 이상인 경우는 초기 테이블 값이 +1~+2.

🎱 당구지나 공에 코팅제를 사용하는 경우는 각각의 수치에 1~2를 더한다.

🎱 시합을 시작하면 20분에 1씩 감한다.

🎱 최대 변화치는 4를 넘지 않는다.

테이블이나 세팅기술이 좋아져 관리에 큰 문제만 없다면 잉글리시 값과 역 잉글리시 값, 그리고 미끄러짐 값은 거의 같은 수치를 보인다. 퍼짐 값은 수평만 잘 맞으면 사용 기간에 관계없이 0으로 일정하다.

테이블 값의 변화는 손목시계나 포인터의 시간계측기를 이용해 확인하면 된다. 만약 워밍업에 샷 제한이 있어 초기 테이블 값을 일일이 측정할 여유가 없을 땐 새 테이블은 0.5~1레일 스피드 정도 강하게, 낡은 테이블은 0.5~1레일 스피드 정도 약하게 스트록을 조절해주면 어느 정도는 커버가 가능하다.

경기면적 위에서 초크를 바르는 버릇을 지닌 플레이어와 시합을 할 경우는 약 15분에 1씩 감해주어야 한다. 물론 여건이 된다면 시합 후 초크 사용법을 정정해 주는 것이 옳다.

2.3 큐 스틱 자 Cue Stick Scale

　규정은 어떤 측정도구의 사용도 금하고 있지만, 실은 모든 플레이어가 멋진 자를 하나씩 지니고 있다. 바로 큐 스틱이다. 진로의 설계, 특히 나침반 측정법이나 소실점을 가늠할 때 큐 스틱의 도움을 받으면 정확도는 크게 향상된다. 다만 약간의 요령이 필요하다.

　측정도구로서의 큐 스틱은 길이가 모자라고 직경은 넘치기 때문에 사선으로 기울이되 눈에서는 최대한 멀리 떨어뜨려야 한다. 가늠쇠가 총구의 끝에 위치하는 것과 같은 이치이다. 또한 양안시차를 배제하기 위해 한쪽 눈은 감아주어야 한다. 2.3-1은 큐 스틱 자를 이용한 나침반 측정법으로 큐볼의 위치상 출발점을 50으로 설정하면 첫 입사점은 30이 된다는 것을 알 수 있다.

2.3-1 큐 스틱 자의 활용

※ 입사점끼리 연결할 땐 오브젝트볼의 위치에서 가까운 방향에서 측정하는 것이 보다 정확한 결과를 보장한다.

선회진로의 설계에 있어 추가로 고려해야 할 부분은 바로 '레일 커브$^{rail\ curve}$'이다. 레일 커브란 횡 비틀기를 지닌 큐볼이 일시적으로 조금 큰 반사각을 형성했다가 다시 예정된 다음 입사점을 향하는 현상으로 테이블 값이 크면 클수록 심해진다.

2.3-2에 표현된 것처럼 진로구상은 직선이지만 레일커브로 인한 실제 진로는 미세한 곡선이다. (큐볼 출발점에서 첫 입사점에 이르기까지는 스쿼트와 커브로 인해 레일 커브와는 반대방향의 곡선이 형성된다.) 따라서 서로 붙은 오브젝트볼이 세 번째 입사점과 네 번째 입사점의 중간에 위치한 상황에서 3뱅크 레일-퍼스트 샷을 시도한다면 레일커브를 염두에 두고 최종진로를 조금 길게 수정해야만 한다. 참고로 필자의 경우는 최대 수정치를 테이블 값의 절반으로 본다.

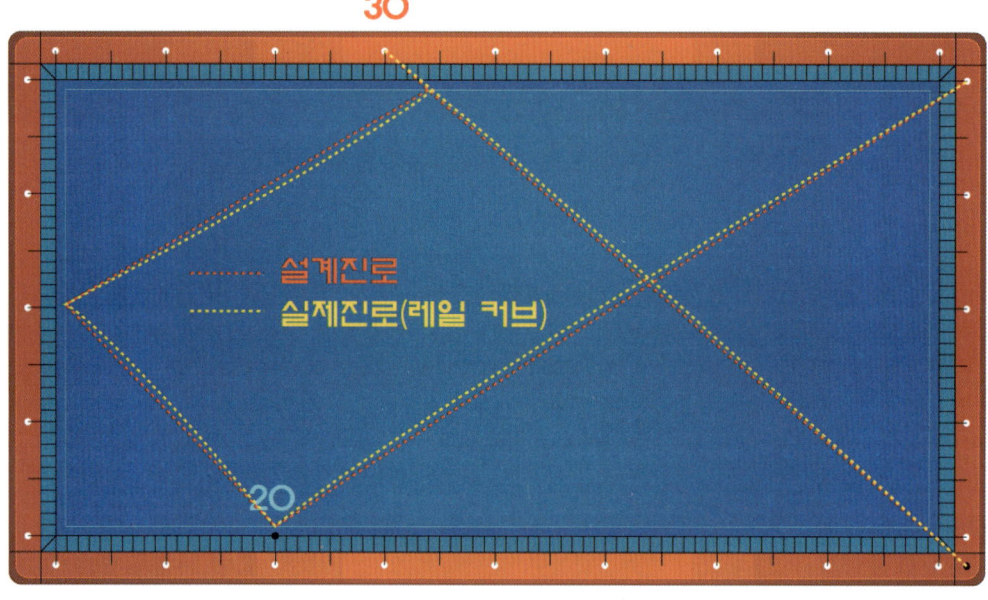

2.3-2 설계진로와 실제진로

2.4 오펜스와 디펜스의 결정 Decision

공격과 수비는 별개의 개념이 아니다. 다만 하나의 샷을 구사함에 있어 공격에 비중을 두느냐 수비에 비중을 두느냐의 차이가 있을 뿐이다. 물론 공격과 수비가 동등한 비율로 배합된 샷이 가장 이상적이겠지만 공의 배치라는 변수를 고려해야 하기 때문에 항상 중립을 유지할 수는 없다.

많은 동호인들이 공격에 비해 수비가 부실하다는 전술적 약점을 지니고 있다. 득점을 하면 이긴다는 생각만 하고 실점을 하면 패한다는 생각은 못하는 것이다. 이 부분은 말로 설명하기엔 부족함이 있으니 실전 배치를 놓고 논하기로 하자. 2.4-1은 전형적인 디펜스 포지션으로 그나마 득점을 기대할 수 있는 진로는 테이블 횡단과 안으로 돌리기 대회전 정도로 한정돼 있다. (큐볼은 흰 공)

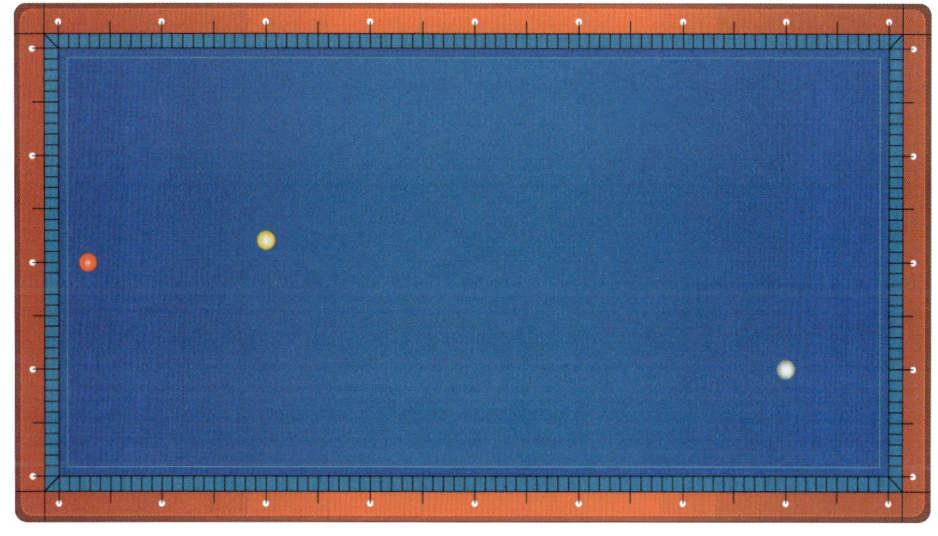

2.4-1 득점확률이 떨어지는 공의 배치

그러나 두 가지 모두 평범한 샷은 아니기 때문에 제아무리 기량이 뛰어나도 득점을 확신하기는 어렵다. 이런 경우 반드시 득점하겠다는 의지를 갖는 것도 중요하지만 범실에 대비하는 것, 즉 수비에 대한 구체적인 구상을 세우고 그대로 실천하는 것이 더욱 중요하다. 다음 페이지의 2.4-2와 2.4-3은 공격과 수비가 최적의 균형을 이룬 본보기로 두께나 타점, 스트록의 조절까지 완벽하게 제어된 경우다. 독자들도 같은 공의 배치를 시도해 보고 득점과 수비에 실패할 경우 어떤 결과가 나타나는지 몸소 체험해 보기 바란다.

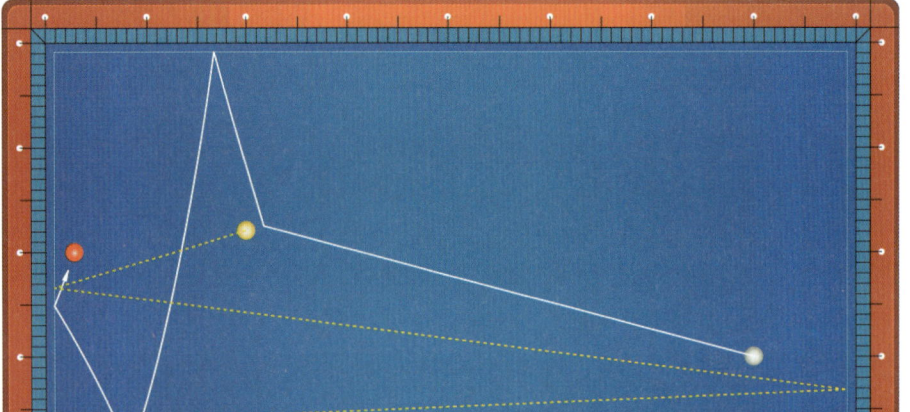

2.4-2 4시 30분 1.5팁을 설정한 복합 횡단

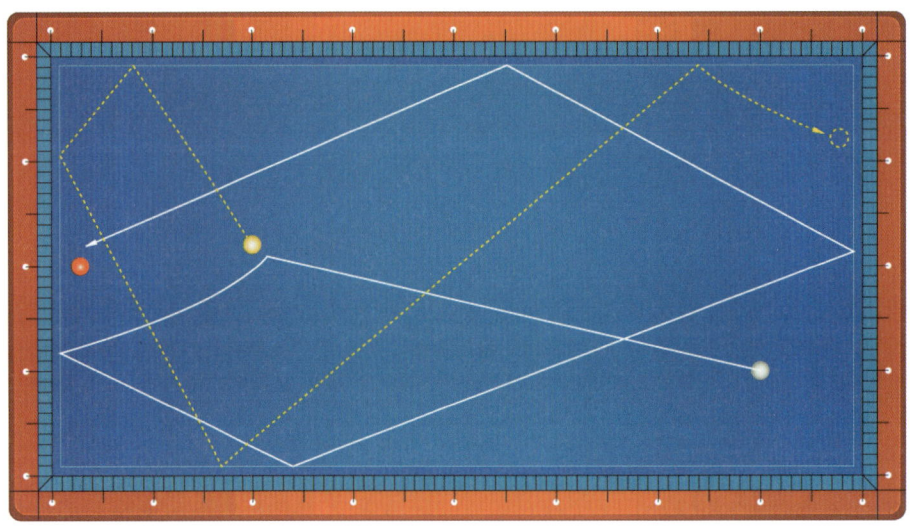

2.4-3 12시 1.5팁을 설정한 안으로 돌리기 대회전

참고로 필자는 횡단보다는 대회전이 더 낫다고 판단되는데, 큐볼의 동선은 다소 길지만 오브젝트볼2의 에러마진이 보다 크기 때문이다.

오브젝트볼2의 에러마진이 충분해서 득점이 거의 확실시되는 경우라면 굳이 수비에 신경 쓸 필요는 없다. 아무리 완벽한 수비라도 득점확률을 0으로 만들 순 없을 뿐만 아니라 다른 목표가 생기면 득점성공률이 떨어질 수밖에 없기 때문이다.

2.5 기본 진로와 난구 Basic Lines & Tough Shots

　기본 진로를 만났을 때 득점에 대한 자신감이 충만한 나머지 성급하게 샷을 하는 것은 매우 그릇된 습관이다. 쉬운 공을 확실하게 득점으로 연결하고 다음 공의 배치를 유리하게 만들어가는 것이야 말로 진정한 의미의 기량이기 때문이다. 난구풀이는 화려한데 기본 진로에서 실수가 잦다면 절대 강자가 될 수 없다. '돌다리도 두드려보고 건너라'는 말이 있듯이 시스템에 입각해 정확한 입사점을 찾아내고 오브젝트볼1을 원하는 자리에 보낼 수 있는 스트록을 구사해야 한다. 이때 상황에 맞게 두께나 타점을 조정하는 것도 중요하다. 이 모든 조건이 제대로 갖춰진 상태에서 이루어진 샷은 또 하나의 확실한 득점을 보장한다.

　난구라고 판단되는 배치는 기량이 높아질수록 줄어들지만 지나치게 정교한 정렬이 요구되거나 타점 확보가 불가능한 경우는 누구에게나 난구일 수밖에 없다. 만일 시합 중에 그런 난구를 만난다면 과감히 득점을 포기하고 수비를 위해 최선을 다하는 것이 현명한 플레이다. 어쩌다 한 번 성공한 기억이 있다고 해서 득점에 집착한다면 반드시 재앙을 초래하게 된다. 승운이라는 것은 생각하고 노력하는 플레이어에게 돌아오는 것이지 바라기만 한다고 해서 얻어지는 것이 아니라는 점을 명심하자.

3 정신무장
Mental Control

3.1 집중력 Concentration

3.2 자신감 Confidence

3.3 중압감의 극복 Conquest Oppression

> 기량은 겉으로 드러나는 것이 전부가 아니다. 뛰어난 기술과 전술을 겸비했어도 정신력이 뒷받침되지 못하면 최고가 되지 못한다. 정신력이 부족해서 기량에 못 미치는 득점에 그치고 마는 플레이어가 있는 반면, 모자란 기량을 정신력으로 극복하고 승리를 쟁취하는 플레이어도 있다.
>
> 승부의 세계에서 정신력의 가치는 새삼 강조할 필요가 없다. 따라서 이번 장에서는 정신력을 강화하는 법, 즉 정신무장에 대해 다루고자 한다. 특히 낯선 상대를 만나면 애버리지가 급락하는 소극적인 플레이어들은 이번 장에서 큰 수확이 있을 것이다.

3.1 집중력 Concentration

정신무장의 기초는 집중력이다. 진로의 구상에서부터 타구가 이루어지기까지의 모든 과정은 하나같이 고도의 집중력이 요구된다. 어느 한 부분이라도 집중이 흐트러지면 완성된 샷이 나올 수 없다. 그렇다면 시합에서 집중력을 최고조로 유지하는 비결은 무엇인지 차근차근 짚어보도록 하자.

머릿속에서 당구와 관련 없는 생각을 몰아내라.

머리가 복잡한 상황에서 타석에 서면 범실이 잦아진다. 이런저런 생각들로 인해 주의가 산만해지기 때문이다. 게다가 반복되는 실수는 평정을 무너뜨리고 혼란을 가중시켜 집중력을 회복할 기회조차 앗아버린다. 그래서 시합을 시작하기 전에 모든 잡념을 정리해서 뇌를 맑게 해 두어야 한다. 이는 심리적인 부분이지만 지속적으로 노력하면 반드시 효과를 보게 된다. 만일 큰 걱정거리 있다면 문제가 해결될 때까지 큐 스틱을 잡지 않는 것이 바람직하다. 기분전환이랍시고 공을 쳤다가 애버리지가 제대로 안 나오면 자신감만 잃어버릴 뿐이다.

🎱 일괄적인 흐름으로 샷을 하는 버릇을 들여라.

1. 초크를 바르면서 공의 배치를 확인하고,
2. 진로와 다음 공의 배치를 계산한 다음,
3. 자세와 정렬을 가다듬고,
4. 호흡을 조절한 후 스트록을 시작한다.
5. 예비 스트록에서 시선을 옮겨가며 자세와 정렬을 미세 조정한다.

이상은 절대다수의 프로들이 샷을 하는 과정이다. 하나하나 따져보면 어느 부분도 생략하거나 순서를 뒤바꿀 수 없을 만큼 절대적이다. 그러나 시합 중에 이런 과정 자체를 지나치게 의식하면 집중력 저하라는 부작용이 따른다. 해법은 친선시합, 심지어는 혼자 연습을 할 때에도 항상 위에 나열된 과정을 따르는 것이다. 처음엔 다소 번거로울 수 있지만 익숙해지면 의식하지 않아도 이상적인 흐름으로 샷을 할 수 있게 된다.

🎱 말을 삼가라.

농담이나 대화를 주고받으면 집중력이 흐트러지기 십상이다. 보다 많은 득점을 원한다면 보다 적은 말수를 지향하라.

🎱 휴대전화사용을 자제하라.

꼭 필요한 통화는 미리 해두고 시합 중엔 휴대전화의 전원을 끄는 것이 옳다. 이는 기본적인 예절에 해당하는 부분으로, 가까운 지인과의 친선시합이라 해도 지켜야 할 사항이다. 본인은 물론 상대방, 나아가 다른 테이블의 플레이에게도 방해가 되기 때문이다. 꼭 받아야 할 전화를 대기 중인 상황이라면 단말기를 진동모드로 전환하는 것이 최소한의 도리다.

🎱 시선을 분산시키지 마라.

자신이 시합 중인 테이블 밖으로 눈길을 돌린다는 것 자체가 집중을 못하고 있다는 증거이다. 누가 클럽에 들어왔는지 나갔는지 등에 신경 쓰지 말고 각각의 공이 어떻게 움직이고 어디에 멈출 것인지를 예측하고 관찰해야 한다. 대기석에서조차 말이다.

🎱 목표를 분명히 하라.

진로를 선택하고 키스나 뒷공의 배치를 고려해 두께, 타점 및 스트록이 결정됐으면 시스템에 입각해 첫 번째(일부 시스템은 두 번째) 입사점을 찾아야 한다. 이 모든 과정이 구상에 포함된다. 남은 일은 찾아낸 입사점으로 큐볼을 진행시키는 것뿐이다. 예비 스트록을 시작한 상태에서 '조금 짧지 않을까?' 내지는 '키스가 나지 않을까?' 등 구상에 대한 의혹이 남아있으면 집중력이 흔들린다. 언제나 완전한 구상을 통해 목표가 분명해진 연후에 타구자세에 들어가는 습관을 기르자.

🎱 시합과 시합 중간에 최소한의 정신적, 육체적 휴식을 확보하라.

아무리 잘 단련된 플레이어라도 집중력을 유지할 수 있는 시간은 한계가 있기 마련이다. 장시간 쉬지 않고 플레이를 하다보면 본인의 의지와는 상관없이 집중력이 떨어진다. 특히 우리나라 사람들이 선호하는 '총 결승'이나 '선승제'의 경우 서너 시간을 예사로 넘기기 때문에 정신적으로나 육체적으로나 고갈될 수밖에 없다. 먼 거리를 운전할 때 휴게소가 필수이듯, 시합과 시합 중간엔 10분 이상 휴식을 취해서 집중력을 회복하는 것이 현명한 플레이다.

🎱 팁 손질과 초크 바르기는 정성을 다하라.

완벽한 구상과 스트록의 결과물이 미스큐라면 집중력은 일시에 흩어진다. 특히 어렵사리 찾아온 연속득점의 기회에서 미스큐를 범하고 나면 여러 이닝동안 그 후유증이 지속된다. 가벼운 연습을 할 때조차 큐 팁의 상태를 눈으로 확인하고 관리하는 습관을 들이자.

이 외에 예비 스트록을 필요 이상으로 길게 가져간다거나, 이미 실패한 샷에 지나치게 연연하는 것도 집중력을 해치기 쉬우니 지양하라고 권하는 바이다.

3.1-1 집중력을 발휘하고 있는 허정한 프로(경남)

※ 조금이라도 해이한 마음가짐으로 연습이나 시합에 임해선 안 된다. 사자는 토끼를 잡을 때도 최선을 다한다는 교훈을 상기하자.

3.2 자신감 Confidence

스포츠에서 자신감은 대단히 중요한 요소다. 충만한 자신감은 근육의 경직을 방지해 기량을 십분 발휘할 수 있게 해주며 이따금씩 한계 이상의 능력을 끌어내는 원동력이 되기도 한다. 그러나 안타깝게도 3쿠션에 요구되는 자신감의 실체를 제대로 파악하고 있는 동호인은 드물다. 그래서 이번 장에서는 진정한 자신감이란 무엇인지에 대해 살펴보기로 하자.

공격에만 집착하는 플레이어는 대개 승률이 저조하다. 모든 샷을 득점으로 연결시킬 수 있다는 생각은 자신감이 아니라 만용이다. 애버리지가 1점에 못 미친다는 것은 득점에 성공할 확률보다 실패할 확률이 더 높다는 의미이다. 공격권은 쉽게 내어주면서 수비가 부실하다면 당연히 패배가 돌아오지 않겠는가.

'할 수 있다'는 신념을 갖기에 앞서 '무엇을', 즉 목적어를 분명히 해야 한다. 해법이 요원한 난구를 만난 경우 공격권을 과감히 포기하고 상대방의 득점을 저지하기 위해 최선을 다하겠다는 마음가짐이야말로 올바른 자신감이다. 디펜스가 구상대로 돼서 실점 없이 이닝이 되돌아왔을 때 자신감은 한층 견고해진다.

득점에 대한 자신감은 어느 날 갑자기 생겨나지 않는다. 수백, 수천 번 연습을 통해 하나의 유형에 통달하고, 그와 같은 과정이 되풀이되면서 차차 다져지는 것이다. 득점을 확신할 수 있는 영역이 늘어나면 늘어날수록 공격은 용이해지고 수비에 대한 부담은 줄어든다. 그리고 이는 곧 애버리지의 상승으로 이어진다. 자신감을 쟁취할 수 있는 가장 확실한 길은 꾸준한 연습이라는 걸 명심하라.

여담일지 모르겠으나 마음에 드는 큐 스틱을 구비하는 것도 자신감을 한결 공고히 하는 방법이다. 3쿠션이 워낙 민감한 종목이다 보니 미세한 품질의 차이가 육체적, 심리적으로 상당한 영향을 미치기 때문이다. 벼르던 큐 스틱을 장만한 플레이어가 보검을 얻은 검객 못지않은 자신감을 갖는다는 것을 당구인이라면 누구나 공감할 것이다.

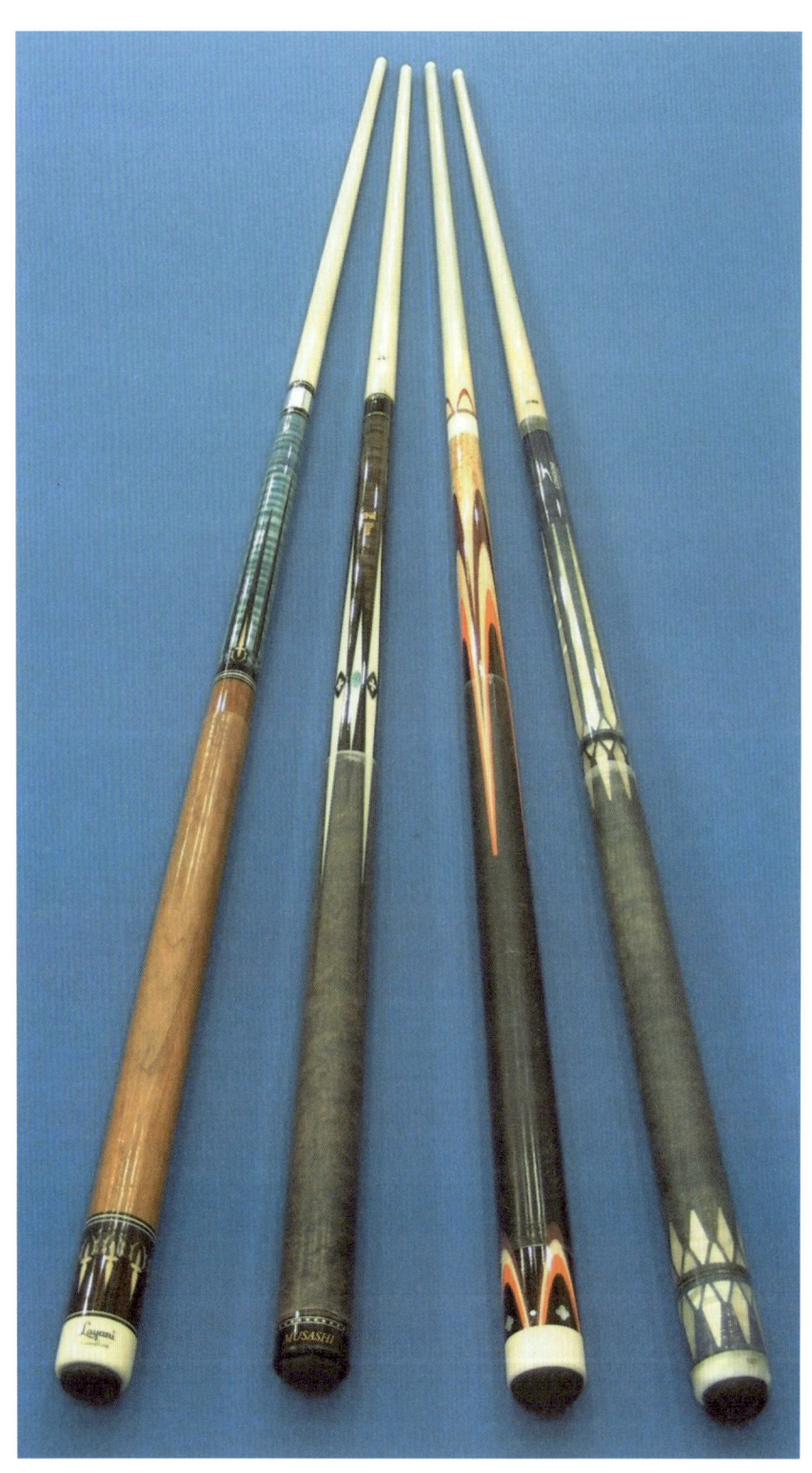

3.2-1 고가의 커스텀 큐 스틱(좌로부터 라야니, 아담, 한밭, 롱고니)

3.3 중압감의 극복 Conquest Oppression

자신감을 윤활제에 비유한다면 중압감은 불순물과 같은 존재이다. 중압감으로 인해 사고와 감각이 흐트러지면 기량이 급격히 떨어지고, 그런 상태가 지속되면 패배는 물론 지독한 슬럼프가 찾아오기도 한다. 시합의 궁극적인 목표는 승패를 가리는 것이기 때문에 모든 플레이어는 중압감에서 해방될 수 없다. 요는 얼마나 슬기롭게 대처하느냐이다.

기선제압이라는 말이 있다. 3쿠션의 경우는 래깅에서 서브권을 따낸 후 첫 이닝을 대량득점으로 연결하는 것이 이에 해당된다. 창졸간에 핸디를 접히게 되면 누구라도 중압감을 느낄 수밖에 없다. 초반부터 중압감에 짓눌리면 자신감을 회복하기가 쉽지 않으므로 래깅과 서브에서 최선을 다해야 한다. 프로들이 래깅이나 서브의 연습에 많은 시간을 할애하는 이유도 같은 맥락이다. 실제로 월드컵과 같은 선승제 세트게임에서는 서브권을 획득한 플레이어가 승리할 확률이 60%를 상회한다.

득점을 다투는 스포츠는 '흐름'이라는 것이 존재하는데 3쿠션도 예외는 아니다. 여러 이닝동안 공타가 이어질 수도 있고 한 이닝에 득점이 집중될 수도 있다. 이런 특성을 이해하지 못하면 상대방이 기세를 올릴 때 중압감에 굴복하기 쉽다. 심리적으로 위축된 상태에서는 정상적인 스트록이 안 나오기 때문에 기회가 돌아와도 살릴 수가 없게 된다. 흐름이 좋지 않다고 판단되면 수비위주의 안선한 선구를 하면서 때를 기다리는 인내가 필요하다.

반드시 이기겠다는 생각은 떨쳐버려야 한다. 중압감으로 탈바꿈해 스스로를 옥죌 수 있기 때문이다. 정작 중요한 것은 과정이지 결과가 아니다. 승패에 연연하지 않아야 완성도 높은 샷이 나오고, 그런 샷이 하나둘씩 모여서 내실 있는 플레이가 완성되는 것이다. 경기내용이 좋으면 승리는 저절로 따라오게 되어있으며, 설령 패했다고 하더라도 후회가 남지 않는다.

점수가 많이 벌어지지 않았다면 한두 점을 남겨놓은 상황에서 공격권을 넘겨주는 것은 매우 위험하다. 기량이 웬만한 플레이어가 기를 쓰고 수비에 매달리면 풀어내기가 쉽지 않은 까닭이다. 점수 차는 자꾸 줄어드는데 난구가 이어지면 심한 중압감에 시달리게 되고, 나중엔 쉬운 공도 해결하지 못한 채 무너져버린다. 만일 확실한 마무리가 여의치 않다면 확실한 수비를 해야 뒤탈이 없다.

상대방의 멋진 샷에 지나치게 몰입하면 중압감을 느끼게 된다. 칭찬에 인색할 필요는 없지만 도를 넘어서는 안 된다. 모든 플레이어는 장단점이 있기 때문에 특정 배치에 강할 수도, 혹은 약할 수도 있다. 본인이 어렵다고 판단한 샷을 쉽게 득점으로 연결했다고 해서 상대방의 기량이 우세하다고 단정하지는 말라는 의미이다. 높은 난이도에 더 많은 점수가 주어지지는 않는다는 것을 기억하라.

　중압감이 가장 먼저 영향을 미치는 부분은 호흡이다. 호흡이 흐트러지면 혈액에 산소공급이 원활히 이루어지지 못해 뇌의 활동이나 신체기능이 저하된다. 속된 말로 '절었다'라고 하는 고약한 증상이 나타나는 것이다. 따라서 중압감을 느낄만한 상황이 닥치면 크게 심호흡을 반복해 충분한 산소를 확보하는 것이 중요하다.

　※ 중압감을 극복한답시고 긴장까지 풀면 안 된다. 정신적으로나 육체적으로나 적당히 긴장된 상태에서 최상의 기량이 나오기 때문이다.

4 용어사전
Dictionary of Terms

4.1 우리말 Korean

4.2 영어 English

4.3 일어 Japanese

당구에 사용되는 용어들은 총체적인 정리가 필요하다. 물론 지금은 훨씬 나아졌다고 할 수 있지만, 불과 십여 년 전만 해도 부정확한 일본어나 엉터리 합성어들이 난무했다. 지금도 30대 이상의 동호인 중 상당수가 '단축 빗겨 치기' 대신 '짱꼴라(장골인(葬骨人)-죽은 뼈 같은 사람)'라는 단어를 사용하는데, 일제 강점기에 중국인을 비하하는 의미로 사용되던 속어가 어째서 연관도 없는 당구용어로 탈바꿈했는지는 아무도 모른다. 아무튼 이 같은 비속어가 당구의 품위를 손상시킨다는 사실은 분명하므로, 당구인이라면 누구나 바른 용어를 익히고 사용하는 것을 생활화해야 한다.

4.1 우리말 Korean

※ 순수한 우리말 위주로 정리했기 때문에, 본문의 용어들과 다소 차이나는 점은 미리 양해를 구한다.

ㄱ

가상 수구
큐볼이 오브젝트볼과의 접점으로 이동했다고 가정한 것.

가상 적구
1뱅크 레일-퍼스트 샷에서 오브젝트볼1을 첫 번째 레일의 진로변경선에 대해 대칭인 위치로 옮겼다고 가정한 것.

가상 타점
큐볼의 타점을 가상 수구에 옮겨놓은 것.

각운동
공의 회전운동. 큐 스틱으로 큐볼을 가격할 때 0팁 이외의 타점을 사용하면 형성된다. 종 방향과 횡 방향이 있다.

간접접촉
큐 팁이 아닌 다른 어떤 것으로 큐볼을 건드린 경우를 지칭하며, 파울이다. 옮겨진 공은 제자리로 되돌려야 한다.

걸어 치기/걸쳐 치기
레일-퍼스트 샷의 일종으로, 1뱅크와 2뱅크가 있다. 오브젝트볼의 어느 쪽 면을 맞히느냐에 따라서 '안으로 걸어 치기'와 '밖으로 걸어 치기', '앞으로 걸어 치기'와 '뒤로 걸어 치기' 등으로 구분한다.

견제
상대의 득점을 저지하기 위해 공의 배치를 어렵게 조절하는 것. '공격'의 반의어.

공격
공 배치를 자신의 득점에 적합하게 조절하는 플레이. '견제', 혹은 '수비'의 반의어.

공격권
이닝을 유지할 권리. 득점에 실패하거나 파울을 범하면 상실한다.

공인구
국제시합에 사용하는 공으로, 각각의 지름은 캐롬이 61.5mm, 풀이 57.3mm, 스누커가 52.2mm이다.

공 쿠션
큐볼의 진로변화에 레일 대신 키스를 활용한 샷. 난구풀이에 있어 매우 중요한 기술 중 하나이다.

곡구
큐볼이 지닌 횡 비틀기로 인해 진로가 휘어지는 것. '격구' 혹은 '교꾸'는 틀린 표현이다.

곡률
팁 끝 곡면의 형태비율. 직경, 조도와 더불어 큐 팁 다듬기의 세 요소 중 하나이다.

공타
득점을 못한 이닝.

구름/구름운동
움직이는 공이 지닌 각운동의 크기와 방향이 병진운동과 일치하는 것. 또는, 공의 진행을 일컫는 말.

근접 끌어 치기
오브젝트볼과 매우 근접한 큐볼에 역 방향 종 비틀기를 가하는 것을 지칭하며, 매우 정교하고 순발력 있는 스트록이 요구된다.

근접 밀어 치기
오브젝트볼과 매우 근접한 큐볼에 순 방향 종 비틀기를 가하는 것을 지칭하며, 역시 고난도 기술이다.

끊어 치기
팔로우 스루를 최대한 억제하는 샷으로, 큐볼에 전달되는 에너지를 최소화할 때 사용한다.

끌어 치기
큐볼에 역 방향 종 비틀기를 가해 오브젝트볼과의 충돌 후 후진하도록 하는 기술.

기록지/기록판
이닝이나 득점을 기록하는 종이, 또는 보드.

길게 치기
캐롬에서 약한 순 비틀기나 0팁, 또는 약간의 역 비틀기를 지닌 큐볼이 오브젝트 볼을 맞힌 다음 '숏 레일 → 롱 레일 → 숏 레일'의 순서로 진행하는 샷.

길공
기본적이고 쉬운 진로를 속되게 이르는 말. '좋은 공', '쉬운 공'으로 순화해서 사용하는 것이 바람직하다.

길다
큐볼의 최종진로가 두 번째 오브젝트볼의 위치를 넘긴 경우를 지칭한다.

ㄴ

나침반 측정법
시스템을 운용할 때 큐볼 출발점과 첫 입사점을 구하기 위해 사용하는 방법.

난구
득점하기 어려운 공의 배치.

날선
레일에서 공과 접촉하는 모서리부분.

내 공
'수구'의 동의어.

ㄷ

단번 치기
선제 핸니, 또는 남은 핸니를 난번에 쳐내는 경우.

단축
레일이나 상틀 중 짧은 쪽.

당구공
시합에 사용되는 공으로, 페놀수지를 압축성형해 생산한다. 종목에 따라 세 가지 규격이 있다.

당구대
시합에 사용되는 테이블로, 기본적으로 '스탠드', '들보', '상판', '상틀'의 구조를 갖추고 있다. 완전한 수평을 이루어야 하며, 당구공과 마찬가지로 종목에 따라 다양한 형태와 규격이 생산된다.

당구지
상판과 레일을 감싸는 직물로 100% 울이나 울과 합섬(나일론, 혹은 폴리에스테르)의 혼방을 사용한다. 적어도 3~5개월에 한 번은 뒤집어야 하고, 6~10개월에 한 번은 새 것으로 갈아 주어야 한다.

당점
타구가 이루어지는 순간 큐 팁과 큐볼의 접점을 지칭한다. '타점'의 동의어.

대형당구대
캐롬에서 레일내장이 2844.8mm×1422.4mm인 테이블로 국제시합에 사용한다. 규격당구대라고도 한다. 대개 두꺼운 상판과 열선, 되튐경도가 우수한 레일과 고급 당구지 등이 사용된다.

대회전
4회 이상의 레일터치로 이루어진 선회진로를 가지는 샷. 안으로 돌리기, 밖으로 돌리기, 옆으로 돌리기, 단축 빗겨 치기의 네 종류가 있다.

떡
'매우 빈틈없이 들러붙은 모양'을 의미하는 부사이지만 흔히 '붙은 공'을 대신해 사용된다.

동시접촉
코너에 입사한 큐볼이 숏 레일과 롱 레일에 거의 동시에 접촉하는 것. 큐볼의 진로에 예상치 못한 변화가 일어난다.

똥창
큰창자를 속되게 이르는 말로서 '코너'를 의미하지만 옳은 표현은 아니다. 우리말은 따로 없으므로 '코너'라 하면 된다.

되돌려 치기
큐볼에 역 비틀기를 실어 비교적 작은 입사각으로 쳐냄으로써 '롱 레일 → 숏 레일 → 동일한 롱 레일', 혹은 '숏 레일 → 롱 레일 → 동일한 숏 레일'의 순서로 진행하는 샷. 더블 레일, 접시, 뱀 등으로 구분한다.

되튐경도
레일의 탄성을 나타내는 단위.

두께

정렬선상에서 원근을 배제하고 바라본 가상 큐볼과 오브젝트볼의 형상. '얇다', '두껍다' 내지는 분수를 사용해 표현한다.

두 번 치기

타구 시 큐 팁과 큐볼이 두 번 이상 접촉한 경우이며, 파울로 간주한다.

뒤로 걸어 치기

1뱅크, 혹은 2뱅크 레일-퍼스트 샷의 일종으로, 하나 이상의 레일을 맞힌 큐볼이 오브젝트볼의 뒤쪽 면에 충돌한 뒤 이전 레일과는 다른 두 번째, 혹은 세 번째 레일을 맞고 진행하는 샷. 흔히 사용하는 '허리걸이'는 잘못된 표현이다.

득점

샷이 성공했을 때 주어지는 점수.

들보

스탠드에 얹혀 상판을 고정하는 부분. 과거엔 목재를 사용했으나 요즘은 대개 철재를 사용하며, 종 방향, 횡 방향, 그리고 양방향 교차형이 있다.

ㅁ

마찰력

운동방향에 대해 반대로 작용하는 가상의 힘. 당구에서는 공과 공, 공과 당구지 사이에 작용하며, 공과 당구지의 마찰력 중 바닥과의 마찰력은 구름운동을, 레일과의 마찰력은 레일 잉글리시를 유발한다.

모아 치기

스트레이트 레일이나 보크라인, 4구 등에서 오브젝트볼의 배치를 일정패턴으로 유지하며 연속으로 득점하는 기술.

묘기 공

극단적인 회전력이나 소품 등을 이용하여 화려한 볼거리를 제공하는 샷. 통상적인 샷에 비해 훨씬 높은 난이도로 구성된다.

무게중심

조립된 큐 스틱을 손가락 위에 올려놓았을 때 균형을 이루는 지점. 그립의 위치를 정하는 기준이 된다.

무시

'회전시키다', '회전력'을 의미하는 일어 '히네루/히네리(ひねる/ひねり)'가 없다(無)는 표현에서 비롯된 조어지만, '시네리'나 '시네루'가 아니라 '히네루', '히네리'라는 점에서 올바른 표현은 아니다. '중심 타점', 또는 '0팁'으로 순화해서 사용한다.

미끄러짐

큐볼이 당구지와의 마찰을 이기고 공회전하며 진행하는 것. 진로가 길어지면 '구름'으로 바뀌게 된다.

밀기

정상적인 타격을 가하지 않고 큐 팁을 큐볼에 밀착시킨 후 밀어서 진행시키는 것을 지칭하며, 파울로 간주한다.

밀어 치기

큐볼에 순 방향 종 비틀기를 가해 오브젝트볼과의 충돌 후 큐볼이 전진하도록 하는 기술.

ㅂ

박구
두께정렬을 얇게 하는 것. '얇게 치기'의 동의어.

밖으로 걸어 치기
1뱅크 혹은 2뱅크 레일-퍼스트 샷의 일종으로, 하나 이상의 레일을 맞힌 큐볼이 오브젝트볼의 바깥쪽에 충돌한 뒤 동일한 레일을 맞고 진행하는 샷. '구멍 치기', '삽입' 등은 잘못된 표현이다.

밖으로 돌리기
오브젝트볼을 맞힌 큐볼이 롱 레일을 시발로 하는 선회진로를 갖는 샷. 키스만 피하면 비교적 쉽게 득점할 수 있으며, 뒷공의 배치도 여러 가지 형태로 만들어낼 수 있다.

반사각
레일에 맞고 튀어나온 공이 레일과 이루는 각.

반칙
규정을 위반하는 것. 이를 범한 플레이어는 공격권을 상실하거나 일부 종목에선 '벌점', 혹은 '벌칙'이 주어진다.

방어
득점이 여의치 않을 때 상대의 득점을 저지하기 위해 공의 배치를 어렵게 조절하는 것으로, '견제'의 동의어.

배치
하나의 샷이 종료된 이후 각 공의 위치.

백차
큐볼이 오브젝트 볼1을 맞추지 못한 경우를 지칭하나 바른 표현은 아니다. '범실'의 일종이다.

범실
반칙 없이 정상적인 샷이 이루어졌는데 진로가 틀려서 득점에 실패하고 공격권을 상실하는 것.

벌점
반칙에 따라 점수를 감하는 것.

병진운동
각운동의 대가 되는 개념으로 공의 위치가 이동하는 것.

보정
시스템의 운용에서 외부조건에 의해 포인트의 수치를 조정하는 것. 자체 보정과 테이블 값에 의한 보정으로 구분한다.

보조도구
공의 배치로 인해 정상적인 자세에서 타구할 수 없을 때 사용하는 도구들. '레스트', '익스텐션' 등이 있다.

복식
복수의 플레이어가 편을 갈라 시합하는 것.

분리각
큐볼과 오브젝트볼의 충돌이 발생했을 때 큐볼의 1차 진로와 각 공의 진로들이 형성하는 각. 이론적으로 두 분리각의 합은 언제나 90°로 일정하며, 이를 '분리각 이론'이라 한다.

분할 상대
휘어짐을 방지하기 위해 복수의 목재를 접합한 고급상대. 형태에 따라 '오렌지 형'과 '십자 형' 등이 있다.

붙은 공
공과 공, 공과 레일이 붙어있는 경우. 큐볼과 오브젝트볼, 혹은 큐볼과 상대방의 큐볼이 붙어있으면 재배치를 요구할 수 있다.

비틀기
0팁을 제외한 유효타점을 가격하여 큐볼이 회전력을 지닌 채 이동하도록 하는 것. 방향에 따라 '종', '횡'으로 구분한다.

비틀림
비틀기를 가할 때 큐 스틱의 동선이 큐볼의 무게중심과 일치하지 않아서 초기진로가 비틀기의 반대방향으로 편향되는 현상.

빈 쿠션 치기

큐볼을 레일에 직접 입사시키는 샷. 첫 번째 오브젝트볼을 맞히기 전에 몇 번의 레일터치를 하느냐에 따라 1뱅크, 2뱅크, 3뱅크로 구분한다.

빗겨 치기

레일에 붙거나 근접한 오브젝트볼의 바깥쪽을 먼저 맞힌 큐볼이 동일한 레일을 시발로 하는 선회진로를 갖는 샷. 첫 번째 입사점이 형성되는 레일에 따라 장축과 단축으로 구분한다. 엄밀히 따지면 '밖으로 돌리기'도 장축 빗겨 치기의 일종이다.

ㅅ

삼각구

스트레이트 레일이나, 보크라인, 4구에서 큐볼과 두 오브젝트볼이 삼각형으로 배치된 경우. 대개 손쉽게 득점할 수 있다.

삼각틀

스누커나 풀에서 오브젝트볼의 배치에 사용하는 삼각형의 틀.

삼중 대회전

6회 이상의 레일터치로 이루어진 선회진로를 가지는 샷. 흔히 사용되는 '삼지'는 잘못된 표현이다.

상대

투 피스 큐 스틱의 얇은 쪽. 큐 팁, 선골 등이 포함된다.

상박

어깨부터 팔꿈치까지.

상틀

테이블에서 레일을 고정하는 부품. 긴 쪽 두 개와 짧은 쪽 두 개로 구성되며, 풀이나 캐롬용은 다수의 포인트가 박혀있다. 주로 목재를 사용하나 요즘은 금속성의 신소재를 사용하기도 한다.

상판
경기면적을 지지하는 석재. 점판암(슬레이트)이나 화강암을 사용하며, 3장, 혹은 4장이 1세트로 구성된다.

선각/선골
상대의 끝에 부착해 상대의 파손을 막는 부품. 수지소재가 주를 이룬다.

선공
먼저 공격하는 플레이어, 혹은 서브권을 획득한 플레이어. '초구', 또는 '선구'의 동의어이자 '후구'의 반의어.

선구(先球)
'선공'의 동의어.

선구(選球)
샷의 진로를 선택하는 것.

선회
큐볼의 진로가 서로 인접한 레일을 차례로 경유하는 것.

소실점
일부 시스템의 운용에서 경기면적 밖에서 정렬의 기준점을 찾아내는 것.

소형당구대
우리나라에서 흔히 접하는 테이블로, 레일내장은 2448mm×1224mm이다. '중대'는 잘못된 표현이다.

수구
타구가 허락된 공. '내공'의 동의어.

수비
득점이 여의치 않을 때 상대가 득점하기 어렵게 공 배치를 조절하는 것으로, '견제'의 동의어.

수평각
타구 시 큐 스틱과 상판이 이루는 각.

시야각
당구에서는 눈높이와 같은 의미이다.

ㅇ

안으로 걸어 치기
1뱅크 혹은 2뱅크 레일-퍼스트 샷의 일종으로, 하나 이상의 레일을 맞힌 큐볼이 오브젝트볼의 안쪽 면을 맞힌 뒤 이전 레일과는 다른 두 번째, 혹은 세 번째 레일을 맞고 진행하는 샷.

안으로 돌리기
오브젝트볼1의 안쪽 면을 맞힌 큐볼이 '숏 레일 → 롱 레일 → 숏 레일', 혹은 '숏 레일 → 롱 레일 → 롱 레일'의 순서로 진행하는 샷.

압축 팁
가죽분말과 수지를 혼합해 만든 팁, 혹은 일반 팁에 하중을 가해 경화시킨 팁.

앞으로 걸어 치기
1뱅크 혹은 2뱅크 레일-퍼스트 샷의 일종으로, 하나 이상의 레일을 맞힌 큐볼이 오브젝트볼의 안쪽 면을 맞힌 뒤 이전 레일의 맞은편 레일을 맞고 진행하는 샷.

얇게 치기
'박구'의 동의어.

양발 떨어짐
큐 팁과 큐볼이 접촉한 순간 양발이 바닥에서 떨어진 것. 파울로 간주한다. 타구가 이루어진 다음에 양발이 떨어진 것은 파울이 아니다.

옆으로 돌리기
오브젝트볼1의 안쪽 면을 맞힌 큐볼이 '롱 레일 → 숏 레일 → 롱 레일'의 순서로 진행하는 샷. '제각 돌리기'라고도 한다.

옆면 덮개
외관장식과 플레이어의 복장 보호를 위해 테이블의 가장자리를 감싸는 덮개. 보통 모서리를 둥글게 다듬는다.

오구
상대의 큐볼이나 오브젝트볼을 타구한 것.

오차 허용치
진로가 어긋나도 득점할 수 있는 범위. 오브젝트볼2의 위치나 선구, 타법에 따라 커질 수도 있고 작아질 수도 있다.

요행
다른 진로나 키스 등, 의도하지 않았던 행운의 득점.

우산
레일-퍼스트 샷의 일종으로, 큐볼의 진로가 우산을 닮은 샷. 1뱅크에 해당하는 '인사이드 inside'와 2뱅크에 해당하는 '아웃사이드 outside'가 있다.

유효 타점
큐 팁을 제대로 손질한 상태에서 미스큐 없이 타구할 수 있는 범위. 큐볼 지름의 60%가 된다.

입사각
공이 레일을 향해 진행할 때 공의 진로와 레일이 이루는 각.

입사점
프레임이나 레일에 큐볼을 보내야 하는 지점.

ㅈ

작대기
내기당구를 업으로 하는 사람을 속되게 이르는 말.

장축
레일이나 상틀 중 긴 쪽.

짧게 끌어 치기
'근접 끌어 치기'의 동의어.

짧게 밀어 치기
'근접 밀어 치기'의 동의어.

짧다
큐볼의 최종진로가 오브젝트볼2의 위치에 못 미치는 경우를 지칭한다. '길다'의 반의어.

재배치
프로우즌(레일 제외), 점프 볼 등에 의해 공을 정해진 지점에 배치하는 것.

적구
서브를 제외하면 큐볼 이외의 모든 공이 된다. 단 4구에서 상대의 큐볼은 적구에서 제외된다.

적층 팁
송아지나 새끼돼지의 가죽을 여러 장 겹쳐 접착한 팁으로, 가격이 비싸고 손질이 까다롭지만 좋은 타구감을 느낄 수 있다.

전용구
레일 높이 40mm의 소형당구대에 적합한 4구용 공으로, 지름은 65.5mm이다.

점 공
4구에서 각자의 큐볼을 구분하기 위해 작은 점을 찍은 공. 현재는 황색 공의 보급에 따라 점 공은 점차 사라지고 있다.

접시

큐볼에 역 비틀기를 실어 비교적 작은 입사각으로 진행시키는 되돌려 치기의 일종. 최종 진로를 타점으로 조절하는 더블 레일 샷과는 달리 첫 번째 입사점의 위치를 변화시켜 최종 진로를 조절한다.

접점

큐 팁과 공, 또는 공과 공이 닿는 점.

접촉

공과 레일, 혹은 공과 큐 팁이 마주치는 것을 지칭한다.

정렬

두께와 타점 스쿼트와 커브 등, 모든 요소들을 고려하여 산출해낸 큐볼의 진로에 큐 스틱을 평행하게 맞추는 것.

조도(粗度)

큐 팁 전면의 거칠기. 직경, 곡률과 함께 큐 팁 다듬기의 3요소이다.

종 비틀기

횡 비틀기의 대가 되는 개념으로 타점을 상, 하로 이동시켜 회전을 조절하는 것.

주안시

시각중추에 더 선명한 정보를 전달하는 눈. 이로 인한 착시현상이 정렬의 정확도를 떨어뜨린다.

주판

득점을 기록하는 알을 갖춘 시설.

죽여 치기

비틀기를 사용하지 않거나 덜 사용하는 타구방법.

줄/줄판

큐 팁을 다듬는 도구. 초크 바르기가 제대로 이루어질 수 있도록 조도를 유지하기 위해 사용한다.

중량비

당구지에 함유된 합섬의 비율을 나타내는 말로 '혼용률'이라고도 한다. 울의 중량비가

90%이상이면 특지, 80%이상은 A지, 65%이상은 B지, 65%이하는 C 또는 C/F지로 분류한다. 울의 함량이 높을수록 공의 구름은 원활하지만, 가격이 오르고 수명은 짧아진다.

중복접촉
타구 시 큐 팁과 큐볼이 두 번 이상 접촉한 경우이며, 파울로 간주한다.

중형당구대
레일내장 2540mm×1270mm의 테이블로, 크기를 제외하면 대부분의 사양이 대형당구대와 같다. 초보자와 여성을 고려해 개발되었으며, 흔히 사용되는 '국제식 중대'는 잘못된 표현이다.

찍어 치기
극단적인 회전력을 얻기 위해 큐 스틱을 세워 타구하는 고급기술.

지점
기량의 차이를 해소하기 위해 친선시합에서 놓는 점수를 의미한다.

진로
움직이는 공의 무게중심을 연결한 가상의 선.

ㅊ

천갈이
당구지를 갈고 테이블의 수평을 바로잡는 작업.

청 팁
순록의 가죽을 이용한 대중적인 큐 팁. 주로 푸른색이다.

초구
'선공', '선구'의 동의어.

출발점
시스템에서 큐볼 진로 반대쪽의 1차 정렬선이 지나는 포인트. 비틀기의 사용으로 인해 큐 스틱과는 일치하지 않을 수도 있다.

충돌
공과 공이 마주치는 것을 지칭한다.

친선시합
아마추어 동호인들끼리의 일상적인 시합.

ㅋ

큐대
공을 치는 막대. '큐 스틱'에서 큐는 그대로 사용하고 스틱을 우리말 '막대'의 의미로 해석한 신조어이다.

큐분
큐 스틱과 분말을 합성한 신조어로 땀으로 인해 상대와 후크의 마찰저항이 커지는 것을 방지하기위한 분말. 몸에 해롭고 당구지가 오염되므로 고급 당구지를 사용하는 규격테이블에서는 사용을 자제하는 것이 바람직하다.

크게 돌리기
'대회전'의 동의어.

큰 공
에러마진이 커서 득점확률이 높은 공. 큰 공을 식별해 두 번째 오브젝트볼로 삼아야 득점확률도 높아진다.

ㅌ

타구
큐 스틱으로 큐볼을 치는 동작.

타점
큐 스틱과 큐볼의 접점.

토시
초크로 인해 의복소매가 더럽혀지는 것을 예방하기 위해 덧씌우는 원통형의 자루.

ㅍ

평균득점
총 득점을 총 이닝으로 나눈 수치.

표식
상들이나 레일, 또는 당구지에 정렬에 도움이 되는 표시를 남기는 것으로 파울이다.

ㅎ

하대
투 피스 큐 스틱의 두꺼운 쪽. 그립, 범퍼 등이 포함된다.

하박
팔꿈치부터 손까지.

헤쳐 치기
'모아 치기'의 반의어.

홍 팁
물소가죽으로 만든 팁. 내구성이 좋지만 타구감이 딱딱하다. 주로 암갈색이다.

회전/회전력
0팁 이외의 타점가격, 또는 오브젝트볼이나 레일과의 접촉으로 인해 발생된 큐볼의 각운동.

횡단
큐볼이 하나의 레일에서 맞은편 레일로 직접 이동하는 것. '따블', '더블다시' 등은 잘못된 표현이다.

횡 비틀기
종 비틀기의 대가되는 개념으로 타점을 좌, 우로 이동시켜 회전을 가하는 것.

후구
래킹에서 진 플레이어. '선구'의 반의어. 플레이가 여럿이면 '말구'라 한다.

휘어짐
큐볼이 지닌 횡 비틀기가 상판을 덮은 당구지에 작용하면서 진로가 휘어지는 현상.

4.2 영어 English

※ 알파벳순으로 정리했으나 편의상 발음을 먼저 표기한다.

A

어저스트(adjust)
시스템의 운용에서 여러 가지 조건을 감안하여 포인트의 수치를 조정하는 것. 우리말로는 '보정'이 된다.

얼라인먼트(alignment)
큐 스틱을 큐볼의 진로에 맞추는 것으로, 우리말로는 '정렬'이 된다.

앵글드(angled)
스누커나 풀에서 포켓 주변의 레일이 큐볼의 진로를 가린 경우를 지칭한다. '코너 훅트'의 동의어.

앵글 샷(angle shot)
스누커나 풀에서 큐볼의 진로와 오브젝트볼의 진로가 동일하지 않은 샷. 3쿠션에서 기본진로를 지칭하는 말로 사용되기도 한다.

에이펙스 오브 트라이앵글(apex of triangle)
풀의 래킹 포지션에서 선두의 오브젝트볼이 놓이는 지점이다. 캐롬으로 따지면 '풋 스팟'의 동의어이다.

에이프런(apron)
장식과 플레이어의 복장 보호를 위해 테이블의 가장자리를 감싸는 덮개를 지칭한다. 우리말로는 '옆면 덮개'가 된다.

어라운드 더 테이블(around the table)
큐볼이 선회진로를 가지는 경우로, 롱 레일과 숏 레일을 번갈아 맞히며 진행하는 진로이다.

아티스틱 샷(artistic shot)

캐롬에서 극단적인 회전력이나 소품 등을 이용하여 화려한 볼거리를 제공하는 샷. 스누커나 풀의 '트릭 샷$^{trick\ shot}$'과 동의어이다.

애버리지(average)

'평균 득점'을 지칭하는 말로, 총 득점을 총 이닝으로 나누어 산출한다.

B

밸런스 포인트(balance point)

조립된 큐 스틱을 손가락 위에 올려놓았을 때 균형을 이루는 지점. 말 그대로 '무게중심'이다.

보크라인(balk line)

각각의 레일과 평행한 몇 개의 선을 그음으로써 '존'을 만들어 그 안에서의 득점을 제한한 캐롬종목.

볼 쿠션(ball cushion)

큐볼의 진로변화에 의도적인 키스를 활용하는 샷.

뱅크(bank)

상틀에 부착되어 경기면적을 둘러싸고 있는 고무재질의 소재로, 상판과 마찬가지로 당구지로 표면을 감싼다. 또는 공 '쿠션', '레일'의 동의어이며, 공의 반사를 담당한다.

뱅킹(banking)

서브권을 결정하는 과정으로, 각각의 플레이어가 헤드 스트링의 양편에서 풋 레일을 향해 공을 쳐서 헤드 레일에 가까이 멈춰서는 쪽이 서브권 내지 결정권을 갖는다. '래깅'의 동의어이다.

뱅크 샷(bank shot)

스누커나 풀에서 큐볼이 오브젝트볼을 맞히기 전에 레일터치가 이루어지거나 오브젝트볼이 포켓에 들어가기 전에 한 번 이상의 레일터치를 하는 것.

베드(bed)
'상판'을 의미하며, 주로 점판암이나 화강암을 사용한다.

베스트 게임(best game)
최소 이닝으로 승리한 시합을 지칭하며, 기록은 'B/G'로 표기한다.

바이어스 앵글 샷(bias angle shot)
캐롬에서 레일 근처의 오브젝트볼을 먼저 맞힌 다음 동일한 레일을 따라 진행하는 것을 지칭한다. 우리말로는 '빗겨 치기'가 된다.

빌리어드(billiard)
복수로 '당구'라는 뜻으로 사용되며, 캐롬에서는 '득점'을 지칭하는 용어로 사용되기도 한다.

블라인드 드로(blind draw)
토너먼트 방식의 시합에서 무작위로 대전 상대를 배정하는 것을 지칭한다.

블루 팁(blue tip)
순록의 가죽을 이용한 대중적인 큐 팁. '청 팁'이라 한다.

브레이크/브레이킹(break/breaking)
풀 종목에서 래킹 포지션에 배치된 공을 흩어놓는 샷. '래킹'의 동의어이다. 스누커 종목에서는 한 이닝의 득점을 의미하기도 한다.

브레이킹 바이얼레이션(breaking violation)
브레이크를 할 때 파울을 범하는 경우로, 공격권을 상실하게 된다.

브리지(bridge)
상대를 고정하는 특정형태의 손을 지칭한다.

브리지 스틱(bridge stick)
브리지를 잡기 어려운 상황에서 사용하는 보조도구로, '레이크', '레스트', '미캐니컬 브리지' 등의 동의어이다.

범퍼(bumper)
파손을 막기 위해 하대의 끝에 장착하는 고무. 낡아서 닳거나 분실했을 경우엔 즉각 구입해야 한다.

버스트(burst)
스누커나 풀에서 41점 이상을 득점하는 것을 지칭한다.

버트(butt)
투피스 큐 스틱의 '하대'. 그립, 범퍼 등이 포함된다.

C

콜 샷(call shot)
풀에서 플레이어가 지정한 오브젝트볼을 지정한 포켓에 넣는 것. 다른 포켓에 들어가게 되면 파울로 간주한다.

콜드 볼(called ball)
플레이어가 지정한 오브젝트볼.

콜드 포켓(called pocket)
플레이어가 지정한 포켓.

캐논(canon)
잉글리시 빌리어드에서 큐볼로 두 오브젝트볼을 한꺼번에 맞히는 것.

캐롬(carom)
큐볼과 오브젝트볼의 접촉으로 점수를 가감하는 종목, 또는 그 득점을 지칭한다.

센터 스팟(center spot)
경기면적의 정 중앙 지점. 캐롬에서 점프 볼 등으로 공을 재배치 할 때, 상대편의 큐볼이 놓이는 지점이다.

초크(chalk)
소석고나 탄산칼슘 분말을 압축해 덩어리로 만든 것. 큐 팁의 마찰력을 극대화하기 위해 사용한다.

칩-게임/칩스 게임(chip-game/chips game)
득점에 따라 칩을 주고받는 경기. 고점자가 핸디를 접어주어야 하기 때문에 공정성이 보장된다.

클리어 볼(clear ball)

4구에서 두 개의 백색 공 중 표식이 없는 공을 지칭한다. 요즘은 백색 공 중 하나를 황색으로 생산해 혼선을 방지한다.

코팅(coating)

원활한 구름을 위해 공이나 당구지에 윤활제를 바르는 것. 당구지의 변색이나 마모를 더디게 하고 최종진로를 길게 늘여주는 효과도 있다.

컴비네이션(combination)

풀에서 포켓에 넣고자 하는 오브젝트볼을 직접 맞히지 않고 다른 오브젝트볼을 이용해 맞히는 기술. 일부 게임에서는 콜 샷 룰이 적용된다.

컴파스 메서드(compass method)

시스템을 운용할 때 큐볼 출발점과 첫 입사점을 구하기 위해 사용하는 방법. 우리말로는 '나침반 측정법'이 된다.

컴프레스트 팁(compressed tip)

가죽분말과 수지를 혼합해 만든 팁. '압축 팁'이라 한다.

컨택트 포인트(contact point)

공과 공이 충돌할 때의 접점.

코너(corner)

롱 레일과 숏 레일이 만나는 지점.

코너 훅트(corner hooked)

스누커나 풀에서 포켓 주변의 레일이 큐볼의 진로를 가린 경우로, '앵글드'의 동의어이다.

코너 포켓(corner pocket)

코너에 설치된 포켓.

카운트(count)

득점을 세는 것.

크로스 코너(cross corner)
뱅크 샷의 일종으로 오브젝트볼이 레일을 맞힌 다음 코너 포켓에 들어가는 것을 지칭한다.

크로스 사이드(cross side)
뱅크 샷의 일종으로 오브젝트볼이 레일을 맞힌 다음 사이드 포켓에 들어가는 것을 지칭한다.

크로스 테이블 샷(cross table shot)
캐롬에서 마주보고 있는 레일들을 맞힌 후 득점하는 샷. '더블'이라고 알려져 있으나 옳은 표현이 아니며, 우리말로는 '횡단'이 된다.

크로치(crotch)
'가랑이'를 의미하는 말로 '브리지 스틱'의 속어.

큐볼(cue ball)
타구가 허락된 공으로, 스누커나 풀은 1개, 캐롬은 2개 이상이 된다. 우리말로는 '내공', '수구(手球)'이다.

큐볼 인 핸드(cue ball in hand)
풀에서 상대가 파울을 범했을 때 큐볼을 자신이 원하는 위치에 놓는 것. '프리 볼'의 동의어이며, 풀에서 사용된다.

큐볼 인 핸드 비하인드 헤드 스트링(cue ball in hand behind head string)
큐볼 인 핸드와 같지만, 오브젝트볼을 공략할 때 헤드 스트링 안쪽에서 바깥쪽 방향으로 샷을 한다는 것이 다르다. 과거 8볼에서 사용되었으나 최근에는 배제되는 추세다.

큐 픽(cue pick)
큐 팁을 다듬는 도구로, 여러 개의 바늘이 꽂혀있다. 효과는 좋지만 큐 팁의 수명이 줄어든다는 단점이 있다.

큐 스틱(cue stick)
타구용 막대. 소재는 주로 목재가 사용되며, 신소재를 사용한 제품도 있다. 일체형인 '원피스 큐 스틱'과 분리형인 '투피스 큐 스틱'이 있다. 투피스 큐 스틱은 조인트를 경계로 상대와 하대로 분리된다.

큐 팁(cue tip)
상대의 끝에 부착한 가죽조각으로, 큐볼과 접촉하는 부분이다. '팁', 또는 '탭'이라 하기도 한다.

커브(curve)
큐볼이 지닌 횡 비틀기가 상판을 덮은 당구지에 작용하면서 진로가 휘어지는 현상. 하대를 들면 들수록 곡률이 커진다. 우리말로는 '곡구'가 된다.

쿠션(cushion)
'뱅크', '레일'의 동의어.

컷 샷(cut shot)
큐볼에 종 비틀기를 가해 오브젝트 볼과 충돌 후 진로변화가 일어나는 샷.

D

디 에어리어(D area)
스누커에서 헤드 스트링에 반원형으로 표시된 부분.

데드 볼(dead ball)
큐볼에 비틀기를 가하지 않고(0팁) 타구하여 오브젝트볼과 정면으로 충돌하면 제자리에 멈추는 공. 캐롬에서는 횡 비틀기가 배제된 경우를 의미한다.

디플렉션(deflection)
타점이 큐볼의 무게중심과 일치하지 않아 발생하는 '비틀림' 현상으로, '스쿼트'의 동의어이다.

다이아몬드(diamond)
상틀에 표기된 '포인트'의 옛말로 예전엔 대개 마름모꼴로 제작되었기 때문에 붙은 명칭이다. 풀과 캐롬 테이블에만 존재하며, 소재는 수지가 주를 이룬다. 여러 시스템 운용의 기준점이 된다.

다이아몬드 시스템(diamond system)
큐볼의 진로가 마름모 형태인 계산법. 스리쿠션의 가장 기본적인 시스템이자, 가장 복잡한 시스템이기도 하다.

디바이딩 앵글(dividing angle)
큐볼과 오브젝트볼이 충돌했을 때 큐볼의 1차진로와 각 공의 진로들이 형성하는 각. 우리말로는 '분리각'이 된다.

도미넌트 아이사이트(dominant eyesight)
시각중추에 더 선명한 정보를 전달하는 눈으로, 정렬의 오차를 유발한다. 우리말로는 '주안시'가 된다.

더블 일리미네이션(double elimination)
두 번 패배한 플레이어를 탈락시키는 시합방식.

더블 히트(double hit)
타구 시 큐 팁과 큐볼이 두 번 접촉한 경우를 일컫는다. 파울로 간주한다. '더블 터치'의 동의어이며, 우리말로는 '중복접촉'이 된다.

더블 터치(double touch)
'더블 히트'의 동의어.

다운 스트록(down stroke)
큐 스틱이 전진할 때 하대를 올려주어 상대가 밑으로 내려가면서 큐볼을 가격하는 고급기술. 하단 타점의 효과를 극대화시킬 때 사용한다.

드로 샷(draw shot)
큐볼에 역 방향 종 비틀기를 가해 오브젝트볼과의 충돌 후 큐볼이 후진하도록 하는 기술을 지칭한다. 우리말로는 '끌어 치기'가 된다.

드롭 포켓(drop pocket)
스누커나 풀에서 테이블 내부에 '걸리'가 없어 들어간 공이 그대로 남아있는 포켓을 지칭한다.

E

에잇 볼(eight ball)
하나의 큐볼과 15개의 오브젝트볼을 가지고 플레이하는 풀종목으로, 게임 볼은 8번이 된다.

잉글리시(English)
0팁을 제외한 유효타점을 타구하여 큐볼이 회전력을 지닌 채 이동하도록 하는 것, 혹은 그 회전력. 횡 방향의 '호리존탈 잉글리시'와 종 방향의 '버티컬 잉글리시'가 있다. 큐볼의 진로와 동일한 방향인 '내추럴(혹은 플러스) 잉글리시', 반대방향인 '리버스(혹은 마이너스) 잉글리시'로 구분한다. 우리말로는 '비틀기'가 된다.

잉글리시 빌리어드(English billiard)
스누커 종목의 일종으로 백색과 황색의 큐볼 두 개와 하나의 적색 공을 가지고 플레이한다. 공격자의 큐볼이 상대의 큐볼과 적색 공을 한꺼번에 맞히기만 해도 점수가 주어진다는 점에서 캐롬의 성격이 가미돼있다고 할 수 있다.

에러 마진(error margin)
큐볼과 오브젝트볼의 체적으로 인해 진로가 다소 어긋나도 득점할 수 있는 범위를 지칭한다. 공의 규격이나 배치, 진로 선택에 따라 커지기도 하고 작아지기도 한다. 우리말로는 '오차 허용치'가 된다.

익스텐션(extension)
하대에 연결해 큐 스틱을 연장하는 보조도구로, 알루미늄 등의 가벼운 금속재질이 주를 이룬다. 보통 브리지 스틱과 함께 사용한다.

F

팬 샷(fan shot)
큐볼과 충돌한 오브젝트볼의 움직임이 선풍기(fan) 바람에 흔들리는 것과 흡사하다 해서 붙은 명칭으로, 매우 얇은 두께를 설정한 샷을 지칭한다. 우리말로는 '얇게 치기'가 된다.

페더 샷(feather shot)
팬 샷의 동의어.

피트 오프 플로어(feet off floor)
큐 팁과 큐볼이 접촉한 순간 양발이 바닥에서 떨어진 것으로, 파울이다. 우리말로는 '양발 떨어짐'이 된다.

페럴(ferrule)
상대의 끝에 부착해 상대의 파손을 막는 부품. 과거엔 상아를 사용했으나 현재는 수지가 주를 이룬다. 큐 팁의 탈착을 용이하게 해 주며, 정렬의 기준점 역할도 한다. 우리말로는 '선골', '선각'이 된다.

플루크(fluke)
다른 진로나 키스 등, 의도하지 않았던 행운의 득점을 지칭한다. 우리말로는 '요행'이 된다.

팔로우 샷(follow shot)
큐볼에 순 방향 종 비틀기를 가해 오브젝트볼과의 충돌 후 큐볼이 전진하도록 하는 기술을 지칭한다. 우리말로는 '밀어 치기'가 된다.

팔로우-스루(follow-through)
큐 팁과 큐볼의 접촉 이후 큐 스틱의 동선을 의미한다.

풋 스팟(foot spot)
롱 스트링과 풋 스트링의 접점. 캐롬에서는 오브젝트볼이 놓이는 지점이며, 풀에서는 '에이펙스 오브 트라이앵글'과 같다.

풋 스트링(foot string)
헤드 스트링의 대칭이 되는 가상의 선.

포어암(forearm)
팔꿈치부터 손까지. 우리말로는 '하박'이 된다.

포스(force)
큐볼에 전달되는 운동에너지를 지칭한다.

포스 드로(force draw)
극단적인 타점과 스트록을 사용한 드로 샷. '파워 드로'의 동의어.

포스 팔로우(force follow)
극단적인 타점과 스트록을 사용한 팔로우 샷. '파워 팔로우'의 동의어.

파울(foul)
규정을 위반한 플레이나 행동. 벌점이 주어지거나 공격권을 상실한다.

프레임(frame)
테이블의 '상틀'

프렌드쉽 게임(friendship game)
말 그대로 '친선시합'을 지칭한다.

프로우즌(frozen)
공과 공, 또는 공과 레일이 닿아있는 경우이며, '터치'의 동의어이다. 우리말로는 '붙은 공', 또는 '떡'이 된다.

풀 볼(full ball)
정렬에서 두께를 정면으로 설정하는 것.

G

게임 볼(game ball)
스누커나 풀에서 포켓에 넣으면 승리하게 되는 오브젝트볼.

개더 샷(gather shot)
스트레이트 레일이나 4구에서 오브젝트볼을 공략할 때 다시 득점하기 쉽도록 배치하는 기술로, 우리말로는 '모아 치기'가 된다.

거더(girder)
스탠드에 얹혀 상판을 고정하는 부분으로, 우리말로는 '들보'가 된다. 고급 테이블에는 주로 철제가 사용된다.

그립(grip)
큐 스틱의 손잡이, 혹은 손잡이를 쥐는 손의 동작을 지칭한다.

걸리 테이블(gully table)
스누커나 풀에서 포켓에 들어간 오브젝트볼이 풋 레일 아래쪽에 모이도록 고안된 철재 레일인 '걸리'를 설치한 테이블.

그랜드 애버리지(grand average)
총 득점을 총 이닝으로 나눈 값으로 플레이어의 객관적인 기량을 측정할 수 있는 가장 정확한 자료가 된다. 기록은 'G/A'로 표기한다.

그랜드 로테이션(grand rotation)
4회 이상의 레일터치로 이루어진 선회진로를 가지는 샷으로, 우리말로는 '대회전'이 된다. 인사이드 앵글, 아웃사이드 앵글, 사이드 앵글, 바이어스 앵글 등 4종으로 구분한다.

H

핸디캡(handicap)
대등한 시합을 위해 기량이 우수한 플레이어가 상대적으로 많은 점수를 놓는 것. 우리말로는 '지점'이 된다.

헤드 오브 테이블(head of table)
두 개의 숏 프레임 중 '래깅', '서브', '브레이크' 시에 플레이어의 상체와 교차하는 쪽을 지칭한다.

헤드 스팟(head spot)
헤드 스트링과 롱 스트링의 접점으로, 서브 포지션에서는 상대의 큐볼이 놓이고 재배치 시에는 공격자의 큐볼을 놓는 지점이다.

헤드 스트링(head string)
헤드 레일에서 사이드 레일을 따라 2포인트 떨어진 두 지점을 연결한 선이다. '래깅'이나 '서브', '브레이크'가 이루어지며, 헤드 스팟과 사이드 스팟이 이에 포함된다.

히트 케이블(heat cable)
습도조절을 위해 상판아래 설치하는 열선. 대형, 중형테이블이나 고급 소형테이블에 장착되어 있다.

하이 런(high run)
한 이닝 최다연속득점이며, 기록은 'H/R'로 표기한다.

히트(hit)
큐 팁과 큐볼의 접촉, 공과 공의 접촉을 의미한다.

히트 포인트(hit point)
큐 팁과 큐볼의 접점이며, 유효타점 내에서 위치를 이동시킴으로써 큐볼의 진로에 다양한 변화를 일으킬 수 있다. '임팩트 포인트'라 부르기도 한다. 방위는 '시'와 '분'으로 따지며, 중심으로부터의 거리는 '팁'으로 따진다. 우리말로는 '타점', 혹은 '당점'이 된다.

홀드(hold)
큐볼이 오브젝트볼과 충돌 후 제자리에 멈추는 것.

훅(hook)
브리지에서 엄지와 검지를 이용해 큐 스틱의 상대를 감싸는 것.

훅 샷(hook shot)
레일-퍼스트 샷의 일종으로, 1뱅크와 2뱅크가 있다. 오브젝트볼의 어느 쪽 면을 맞히느냐에 따라서 '인사이드'와 '아웃사이드', '포어사이드'와 '백사이드'로 구분한다. 우리말로는 '걸어 치기'가 된다.

호리즌탈 앵글(horizontal angle)
타구 시 큐 스틱과 상판이 이루는 각으로, 수치가 적을수록 안정적인 샷이 가능하다. 우리말로는 '수평각'이 된다.

호리즌탈 잉글리시(horizontal English)
'횡 비틀기'를 지칭한다.

허슬러(hustler)
전문 도박꾼.

I

이닝(inning)
시합에서 한 플레이어가 공격권을 획득한 순간부터 상실한 순간까지를 의미한다.

이매지너리 큐볼(imaginary cue ball)
큐볼이 오브젝트볼과의 접점으로 이동했다고 가정한 것이며, 우리말로는 '가상 수구'가 된다.

이매지너리 포인트(imaginary point)
큐볼의 타점을 이매지너리 큐볼에 옮겨놓은 것. 두 타점을 연결한 선에 큐 스틱을 맞춘다.

임팩트(impact)
큐 팁과 큐볼이 마주친 순간. 임팩트가 길어지면 에너지 전달이 충실하다.

임팩트 포인트(impact point)
'히트 포인트'의 동의어.

인시던트 앵글(incident angle)
레일을 향해 진행하는 공의 진로와 레일이 이루는 각도. 우리말로는 '입사각'이 된다.

인시던트 포인트(incident point)
프레임이나 레일에 큐볼을 보내야 하는 지점. 우리말로는 '입사점'이 된다.

인사이드 앵글 샷(inside angle shot)
캐롬에서 오브젝트볼의 안쪽 면을 맞힌 큐볼이 '숏 레일 → 롱 레일 → 숏 레일', 혹은 '숏 레일 → 롱 레일 → 롱 레일'의 순서로 진행하는 것을 지칭한다. 우리말로는 '안으로 돌리기'가 된다.

인터벌(interval)
하나의 샷이 종료된 후부터 새로운 샷을 시작하기까지의 시간. 두 플레이어가 동등하게 나누어 사용하는 것이 바람직하다.

J

잽 샷(jab shot)
팔로우 스루를 하지 않는 샷으로, 큐볼에 전달되는 에너지를 최소화할 때 사용한다. '스턴 샷'의 동의어이며, 우리말로는 '끊어 치기' 정도가 된다.

조(jaw)
'턱'을 의미하는 단어로, 스누커나 풀에서 포켓 주위에 곡선, 또는 사선으로 조형된 레일을 지칭한다.

조드 볼(jawed ball)
'조'의 방해를 받아 포켓에 들어가지 못하고 멈춘 공. 큐볼이 '조드 볼'이 되면 '앵글드'의 위험이 높다.

조인트(joint)
투피스 큐 스틱의 상대와 하대를 연결해주는 부분으로, 소재는 나무나 금속이 일반적이다. 예외 없이 나사구조로 되어있다.

점프 볼(jump ball)
　너무 강한 스트록, 과도한 타점 설정에 따른 미스큐, 지나친 수평각 등에 의해 큐볼이나 오브젝트볼이 테이블 밖으로 튀어나가는 것을 의미하며, 파울이다. 튀어나간 공은 규정에 따라 정해진 지점에 놓이게 된다.

점프 샷(jump shot)
　'점프 볼'과는 달리 플레이어가 의도적으로 큐 스틱의 하대를 들어 공을 띄우는 것. 진로를 방해하는 공이 있을 때 사용하는 고급기술로, 상판, 오브젝트볼, 레일을 이용한 점프가 있다. 그러나 힘 조절에 실패해서 공이 테이블 밖으로 튀어나가면 '점프 볼'이 된다.

K

키 볼(key ball)
　풀에서 '게임 볼'을 공략하기 전에 처리해야 하는 오브젝트볼. 어떻게 처리하느냐에 따라 승패가 결정되기 때문에 '키 볼'이라 한다. 14-1게임에서는 각 랙의 14번째 오브젝트볼을 지칭한다.

킥 샷(kick shot)
　스누커나 풀에서 큐볼이 오브젝트볼을 맞히기 전에 레일을 먼저 맞히는 샷. 캐롬의 '레일-퍼스트 샷'과 동의어이다.

킬 샷(kill shot)
　'데드 볼', '홀드' 등을 만들기 위한 샷. 우리말로는 '죽여 치기'가 된다.

키스(kiss)
　큐볼이 한 번 맞힌 오브젝트볼과 다시 충돌하거나, 오브젝트볼이 다른 오브젝트볼과 충돌한 경우. 우리말은 따로 없으며, 흔히 사용하는 '쫑'은 끝나다를 의미하는 조어 '쫑나다'에서 비롯된 말로 추정되는데, 키스로 인한 행운의 득점도 있으므로 잘못된 표현이다.

키스 샷(kiss shot)
　큐볼의 진로변화에 레일 대신 키스를 활용한 샷.

키스-오프(kiss-off)
'플루크'의 일종으로, 의도하지 않은 키스에 의해 득점한 경우.

키스-아웃(kiss-out)
의도하지 않은 키스로 인해 득점에 실패한 경우. '키스-오프'의 반의어이며, '키스-오프'에 비해 훨씬 잦다.

키친(kitchen)
헤드 레일부터 헤드 스트링까지의 공간을 지칭한다. 과거 8볼에서 '큐볼 인 핸드'가 되면 키친에서 반대방향으로 샷을 해야 했다.

L

래그(lag)
큐볼이 오브젝트볼을 맞히기 전에 세 번 이상 레일을 맞히는 경우. '3쿠션'의 동의어이다.

래깅(lagging)
서브권을 결정하는 과정으로, '뱅킹'의 동의어이다.

레이저 파일(laser file)
표면을 레이저로 가공한 줄판. 큐 팁을 다듬을 때 사용한다.

리브(leave)
스누커나 풀에서 하나의 샷이 이루어진 이후의 공 배치. 캐롬의 '포지션'과 유사한 표현이다.

리그(league)
모든 플레이어가 서로 한 번씩은 시합을 가져 많이 이긴 플레이어가 진출하는 경기 방식.

라인(line)
이동하는 공의 무게중심을 연결한 가상의 선으로 '트랙'의 동의어. 우리말로는 '진로'가 된다.

롱 앵글 샷(long angle shot)
캐롬에서 적은 순 비틀기나 0팁, 또는 약간의 역 비틀기를 지닌 큐볼이 오브젝트 볼을 맞힌 다음 '숏 레일 → 롱 레일 → 숏 레일'의 순서로 진행하는 경우를 지칭한다. 인사이드 앵글 샷의 일종이며, 우리말로는 '길게 치기'가 된다.

롱 프레임(long frame)
두 가지의 규격의 상틀 중 긴 쪽을 지칭한다.

롱 레일(long rail)
롱 프레임에 설치된 레일을 지칭하며, '사이드 레일'의 동의어이다.

롱 스트록(long stroke)
타구가 이루어지는 과정에서 큐 스틱의 운동을 가속시키는 기술. 에너지 전달이 상대적으로 충실하다.

롱 스트링(long string)
헤드 레일의 중심과 풋 레일의 중심을 연결한 가상의 선. 래깅에서 이 선을 넘어가 충돌이 일어나면 진 것으로 간주한다.

로스트(lost)
시합에서 패배한 것을 의미하며, 기록은 'L'로 표기한다.

랏(lot)
'제비뽑기'라는 의미로, 래깅 이외의 방법으로 서브권을 결정하는 과정이다.

M

메이스(mace)
초기 당구에서 사용하던 타구용 막대로, 끝이 굽어져 어깨에 걸쳐놓고 사용했다. '매스트'라 하기도 한다.

마킹(marking)
상틀이나 레일, 또는 당구지에 정렬에 도움이 되는 표시를 남기는 것이며, 파울이다. 우리말로는 '표식'이 된다.

마세(masse)
극단적인 회전력을 얻기 위해 큐 스틱을 세워 타구하는 고급 기술. 영어가 아니라 불어이며, 정확한 철자는 acent aigue를 더해 'massé'이다. 우리말로는 '찍어 치기'가 된다.

미캐니컬 브리지(mechanical bridge)
'브리지 스틱', '레이크', '레스트' 등의 동의어.

마이너스 잉글리시(minus English)
큐볼의 진로와 반대방향의 횡 비틀기를 지칭한다. 우리말로는 '역 비틀기'가 된다. '리버스 잉글리시'의 동의어.

미스큐(miscue)
부실한 관리나 과도한 타점 설정으로 인해 큐 팁이 큐볼과의 접촉에서 마찰력을 잃고 미끄러지는 것. '중복접촉', '간접접촉' 등의 파울로 이어지기 쉽다.

미스(miss)
파울은 범하지 않았지만 진로가 틀려 득점에 실패한 경우를 지칭한다. 우리말로는 '범실'이 된다.

멀티-레이어드 팁(multi-layered tip)
송아지나 새끼돼지의 가죽을 여러 장 겹쳐 접착한 팁. 가격이 비싸고 손질이 불편하지만, 타구감이 좋아 선호도는 높다. 우리말로는 '적층 팁'이 된다.

N

내추럴 잉글리시(natural English)
횡 비틀기의 일종으로, 큐볼의 진로와 동일한 방향의 회전력을 지칭한다. 우리말로는 '순 비틀기'가 된다.

내추럴 롤(natural roll)
움직이는 공이 지닌 각운동의 크기와 방향이 병진운동과 일치하는 것으로, 공과 당구지의 접점은 정지마찰력이 작용한다. 우리말로는 '구름', 또는 '구름운동'이 된다.

내추럴 샷(natural shot)
자연스러운 두께와 타점설정, 자연스러운 스트록으로 샷을 하는 것.

나인 볼(nine ball)
하나의 큐볼과 9개의 오브젝트볼을 가지고 플레이하는 풀종목으로, 게임 볼은 9번이 된다.

닙 드로(nip draw)
오브젝트볼과 매우 근접한 큐볼에 역 방향 종 비틀기를 가하는 고급기술. 매우 정교하고 순발력 있는 스트록이 요구된다. 우리말로는 '근접 끌어 치기'가 된다.

닙 팔로우(nip follow)
오브젝트볼과 매우 근접한 큐볼에 순 방향 종 비틀기를 가하는 고급기술.

너스(nurse)
캐롬, 특히 스트레이트 레일이나 4구에서 오브젝트볼의 배치를 일정패턴으로 유지하면서 연속으로 득점하는 기술을 지칭한다. 우리말로는 '모아 치기', '연속 득점' 정도가 된다.

ㅇ

오브젝트볼(object ball)
큐볼을 제외한 나머지 공이며, 우리말로는 '표적 공' 내지 '적구(的球)'가 된다.

원 피스 큐(one piece cue)
상대와 하대가 일체형으로 제작된 큐 스틱. 타구감의 단절이 없어 일부 메이커에서는 생산을 계속하고 있다.

원 포켓 게임(one pocket game)
풀에서 하나의 포켓을 지정하고 오브젝트볼을 지정된 포켓에만 넣도록 한 경기로 난이도가 높다.

원 쿠션(one cushion)
큐볼이 두 번째 오브젝트볼을 맞히기 전에 1번 이상의 레일터치를 해야 득점이 인정되는 종목으로 역시 난이도가 높다.

오프닝 브레이크(opening break)
풀에서 최초의 브레이크를 지칭한다. 캐롬에서는 '오프닝 샷'이라 하며, 우리말로는 '초구', 또는 '선공'이 된다.

오프닝 게임(opening game)
하나의 대회에서 최초로 열린 시합.

오리진/오리진 포인트(origin/origin point)
시스템의 운용에서 큐볼 출발점을 지칭한다.

아웃사이드 앵글 샷(outside angle shot)
캐롬에서 오브젝트볼을 맞힌 큐볼이 '롱 레일 → 숏 레일 → 롱 레일 → 숏 레일', 혹은 '롱 레일 → 숏 레일 → 롱 레일 → 롱 레일'의 순서로 진행하는 것을 지칭한다. 우리말로는 '밖으로 돌리기'가 된다.

P

플랜트(plant)
스누커에서 컴비네이션 샷을 하지 않으면 포켓에 오브젝트볼을 넣을 수 없는 공의 배치를 지칭한다.

플레이트(plate)
큐볼이 '롱 레일 → 숏 레일 → 동일한 롱 레일', 혹은 '숏 레일 → 롱 레일 → 동일한 숏 레일'의 순서로 진행하는 샷의 일종으로 우리말로는 '접시'가 된다.

포켓(pocket)
스누커나 풀 테이블에 설치된 구멍. 스누커나 풀의 총칭이기도 하다.

포인트(point)
다이아몬드의 동의어. 풀 테이블은 18개, 캐롬 테이블은 20개(구형) ~ 28개(신형)의 포인트를 갖는다.

풀(pool)
중형테이블을 사용하는 포켓종목의 총칭.

포지션(position)
하나의 샷 이후의 공 배치. 포지션을 얼마나 좋게 만들 수 있느냐에 따라 승패의 향방이 결정된다.

포지셔닝(positioning)
샷 이후 공의 배치를 득점에 유리하게 만들거나, 상대방이 득점하기 어렵도록 하는 기술. '포지션 플레이'의 동의어.

포지션 플레이(position play)
'포지셔닝'의 동의어.

팟(pot)
스누커나 풀에서 '포켓'의 동의어, 혹은 포켓에 공을 넣는 것을 지칭함.

파우더(powder)
땀으로 인해 상대와 후크의 마찰저항이 커지는 것을 방지하기위한 분말. 당구지가 오염되기 때문에 요즘은 거의 사용하지 않는다.

파워 드로(power draw)
'포스 드로'의 동의어.

파워 팔로우(power follow)
'포스 팔로우'의 동의어.

프릴리미너리 스트록(preliminary stroke)
실제 타구를 하기 전에 서너 번 가늠해보는 것으로, 두께, 자세, 타점 등을 최종적으로 점검해야 한다.

푸시(push)
정상적인 타격을 가하지 않고 큐 팁을 큐볼에 밀착시킨 후 밀어서 진행시키는 것. 파울로 간주하며, 우리말로는 '밀기'가 된다.

피라미드(pyramid)
스누커나 풀에서 삼각형으로 배치된 오브젝트볼의 무리.

Q

퀵 테이블(quick table)
코팅이나 새 당구지 등으로 인해 구름이 원활한 테이블로, 대부분 최종진로가 길어진다.

R

레이스(race)
시합에서 승리하기 위해 따내야 할 세트 수.

랙/래킹(rack/racking)
풀에서 오브젝트볼을 브레이크 포지션에 맞게 배치하는 것을 의미하며, 종종 '브레이크'의 동의어로 사용되기도 한다. '랙' 자체만으로 오브젝트볼을 배치할 때 사용하는 삼각형의 틀을 지칭하기도 하며, 정식 명칭은 '트라이앵글 랙'이다.

레일(rail)
'뱅크', '쿠션'과 동의어.

레일 잉글리시(rail English)
비스듬한 입사각에서 레일과의 접촉으로 인해 큐볼이 갖게 되는 회전력이며, 큐볼의 입사각이 45°일 때 극대화된다. '러닝 잉글리시'의 동의어.

레일 포인트(rail point)
시스템운용을 위해 프레임에 찍힌 포인트를 레일의 날선으로 옮겨놓은 가상의 포인트로, 실수하지 않으려면 가까이에서 위치를 확인해야 한다.

레일-퍼스트 샷(rail-first shot)
큐볼을 레일에 직접 입사시키는 샷으로, 1뱅크, 2뱅크, 3뱅크로 구분한다. 우리말로는 '빈 쿠션 치기'가 된다.

레일 스피드(rail speed)
스트록의 강도를 측정하는 단위로 헤드 레일에서 큐볼을 쳐서 풋 레일 근처에 멈추면 1레일 스피드가 된다.

레일터치(rail touch)
큐볼이 레일과 접촉하는 것.

레이크(rake)
'브리지 스틱', '레스트', '미캐니컬 브리지' 등의 동의어.

라샤(raxa)
영어가 아닌 포르투갈어로 '모직물'을 의미한다. 요즘은 잘 안 쓰이는 외래어 '라사'

의 원형이다.

리바운드 하드니스(rebound hardness)
반사각에 막대한 영향을 주는 레일의 탄성을 측정하는 단위로, 우리말로는 '되튐경도'가 된다. 캐롬의 경우, 규격(대형)테이블과 중형테이블에 사용되는 레일의 경도는 37~44, 소형테이블은 22이다. 요즘은 경도 44의 고탄성 레일을 갖춘 소형테이블도 생산된다.

레드 볼(red ball)
적색 공.

레드 팁(red tip)
물소가죽으로 만든 팁. 내구성이 좋지만 타구감이 딱딱하다. '홍 팁'이라 한다.

리플렉션 앵글(reflection angle)
레일에 맞고 튀어나온 공의 진로가 레일과 이루는 각으로, 비틀기나 공의 속도에 따라 달라진다. 우리말로는 '반사각'이 된다.

리버스(reverse)
역 비틀기로 첫 레일을 맞히고 두 번째 레일부터 순 비틀기로 진행하는 샷. 흔히 사용되는 '리보이스'는 잘못된 표현이다.

리버스 잉글리시(reverse English)
'마이너스 잉글리시'의 동의어.

라운드 로빈(round robin)
'리그'를 의미하며, 각각의 플레이어와 최소 1번의 시합을 치르는 방식이다. '토너먼트'와 대가 되는 개념이다.

런(run)
한 이닝의 득점수, 또는 한 이닝에 포켓에 넣은 오브젝트 볼의 수.

러닝 잉글리시(running English)
'레일 잉글리시'의 동의어.

런-아웃(run-out)
첫 이닝에서 규정된 점수를 모두 획득해 승리하는 것. '퍼펙트 게임'의 동의어이다.

S

세이프티(safety)
상대의 득점을 저지하기 위해 공의 배치를 어렵게 조절하는 것을 지칭한다. 동의어는 '디펜스', 우리말로는 '견제'가 된다.

스크래치(scratch)
당구에서는 '요행으로 인한 득점', '핸디캡을 배제함', '실책으로 인한 벌점' 등 매우 다양한 의미로 사용된다.

시드(seed)
토너먼트에서 시합의 흥미가 반감되는 것을 막기 위해 처음부터 강자들끼리 맞붙지 않도록 부전승의 특전을 주는 것.

서브(serve)
래킹에서 먼저 공격권을 따낸 플레이어가 득점할 수 있는 첫 번째 샷. 큐볼은 사이드 스팟, 상대의 큐볼은 헤드 스팟, 오브젝트볼은 풋 스팟에 배치하며, 풋 스팟의 적색 공을 먼저 공략해야 한다.

세트(set)
시합을 구성하는 낱개의 게임.

샤프트(shaft)
투 피스 큐 스틱의 상대. 큐 팁, 선골 등이 포함된다.

숏 프레임(short frame)
두 가지 규격의 상틀 중 짧은 쪽을 지칭한다. '헤드 프레임'과 '풋 프레임'으로 구분한다.

숏 랙(short rack)
풀에서 15개보다 적은 오브젝트볼을 사용하는 종목의 총칭.

숏 레일(short rail)
숏 프레임에 설치된 레일. '헤드 레일'과 '풋 레일'로 구분한다.

숏 스트록(short stroke)
타구가 이루어지는 과정에서 큐 스틱의 운동을 감속시키는 기술. 에너지 전달이 상대적으로 부실해서 오브젝트볼과의 충돌 후 진로변화가 심하다.

샷(shot)
큐 스틱으로 큐볼을 치는 것. 또는 여러 가지 큐볼의 진로.

사이드 앵글 샷(side angle shot)
캐롬에서 오브젝트볼을 맞힌 큐볼이 '롱 레일 → 숏 레일 → 롱 레일'의 순서로 진행하는 것을 지칭한다. 우리말로는 '옆으로 돌리기'가 된다.

사이드 포켓(side pocket)
롱 레일의 중앙에 설치된 포켓.

사이드 레일(side rail)
롱 레일의 동의어.

사이드 스팟(side spot)
캐롬의 서브 포지션에서 큐볼을 놓는 지점. 헤드 스트링을 벗어날 수 없으며 헤드 스팟에서 좌우로 6인치 이내여야 한다.

싱글 일리미네이션(single elimination)
한 번이라도 지면 탈락하게 되는 경기방식. '토너먼트'의 동의어이다.

스키드(skid)
큐볼이 당구지와의 마찰을 이기고 공회전하며 진행하는 것. '내추럴 롤'의 반의어이며, 우리말로는 '미끄러짐'이 된다.

슬로우 테이블(slow table)
오래된 당구지나 오염 등으로 인해 구름이 원활하지 못한 테이블. 대개 최종진로가 짧아진다.

스네이크(snake)
극단적인 비틀기를 사용해서 두 개의 레일에서 세 번의 레일터치를 하는 샷.

스누커(snooker)
큐볼 하나와 15개의 적색 공, 6개의 색이 다른 공으로 플레이하는 종목. 넓은 의미로는 '스누커'와 '잉글리시 빌리어드'를 포괄하는 명칭이다.

소프트 스트록(soft stroke)
1~2.5레일 스피드 이하의 약한 스트록

스핀 샷(spin shot)
충분한 타점과 두꺼운 두께로 큐볼의 병진운동은 감소시키고 각운동은 유지되도록 하는 고급기술. 두 번째 오브젝트볼이 레일에 붙어있거나 가까울 때 사용한다.

스플라이스(splice)
복수의 목재를 중첩시키는 하대 제작기법. 요철경계가 직선인 것을 '마운틴', 곡선인 것을 '버터플라이'라 한다.

스팟(spot)
각 공의 배치를 위한 기준점. 또는 플레이어의 지점을 지칭하기도 한다.

스파티드 볼(spotted ball)
4구에서 각자의 큐볼을 구분하기 위해 작은 점을 찍은 공.

스팟팅(spotting)
규정에 따라 각 스팟에 공을 배치하는 것.

스쿼트(squirt)
타점이 큐볼의 무게중심과 일치하지 않아서 발생하는 '비틀림' 현상. '디플렉션'의 동의어.

스탠스(stance)
타구자세에서 하체의 모양. 정렬선이나 큐 스틱에 대한 각도에 따라 '오픈', '뉴트럴', '클로우즈' 등으로 구분한다.

스탠드(stand)
테이블 전체를 지지하는 받침으로, 요즘은 자체적인 수평조절기능을 갖춘 제품이 주를 이룬다.

스톱 샷(stop shot)
풀에서 큐볼이 오브젝트볼과 충돌 후 제자리에 서는 샷.

스트레이트 풀(straight pool)
'14-1 랙'의 동의어로 '14-1 스트레이트'라 하기도 한다.

스트레이트 레일(straight rail)
초보자를 위한 캐롬의 일종으로, 우리나라의 4구와 유사하지만 3개의 공(백색, 황색, 적색)만 사용하는 것이 특징이다.

스트록(stroke)
큐 스틱으로 큐 볼을 쳐내는 동작으로, 상황에 따라 다양한 변화가 가능하다. 우리말로는 '타구'가 된다.

스트롱 스트록(strong stroke)
4~5레일 스피드 이상의 강한 스트록.

스턴 샷(stun shot)
'잽 샷'의 동의어.

서포트(support)
브리지에서 훅을 지지하는 손가락이나 손바닥.

싱크로/싱크로 터치(synchro/synchro touch)
코너에 입사한 큐볼이 숏 레일과 롱 레일에 거의 동시에 접촉하는 것.

시스템(system)
큐볼을 최종 목적지에 보내기 위한 입사점을 찾는 계산체계.

T

테이블(table)
당구대. 종목에 따라 여러 형태가 있으나, 경기면적의 비율은 2:1로 공통이다. 같은 종목에서도 몇 가지 규격이 있다.

테이블 클로스(table cloth)
상판과 레일을 감싸는 직물로 100%울이나 울과 합섬(나일론, 혹은 폴리에스테르)의 혼방을 사용한다. 우리말로는 '당구지'가 된다.

테이블 인 포지션(table in position)
샷을 했는데 오브젝트볼을 하나도 못 맞힌 경우.

테이블 밸류(table value)
시스템 보정을 위해 테이블 상태를 측정해 수치화한 것. '잉글리시', '역 잉글리시' '슬라이드', '스프레드' 등 네 종류가 있다.

시크니스(thickness)
정렬선상에서 원근을 배제하고 바라본 가상 큐볼과 오브젝트볼의 형상. 우리말로는 '두께'가 된다.

스리 쿠션(three cushion)
캐롬에서 큐볼이 두 번째 오브젝트볼을 맞히기 전에 세 번 이상의 레일터치를 해야 하는 종목. 스누커와 풀을 통틀어 가장 난이도가 높다.

티키 샷(ticky shot)
1뱅크나 2뱅크 레일-퍼스트 샷의 일종으로, 레일을 한 번 이상 맞힌 큐볼이 오브젝트볼의 바깥쪽 면에 충돌한 뒤 동일한 레일을 맞고 진행하는 샷을 의미하는 속어. 우리말로는 '밖으로 걸어 치기'가 된다.

타임 샷(time shot)
큐볼이 맞힌 오브젝트볼이 다른 오브젝트볼을 이동시켜 결국 큐볼과 다시 만나는 샷. 매우 정확한 정렬과 스트록이 요구되는 고난이도의 기술이다.

팁/탭(tip/tab)
'큐 팁' 혹은 '큐 탭'의 준말.

토탈 이닝(total inning)
한 시합의 총 이닝 수. 기록은 'T/I'로 표기한다.

토탈 포인트(total point)
한 시합의 총 득점수. 기록은 'T/P'로 표기한다.

터치(touch)
명사로 쓰이면 공과 공, 혹은 공과 레일이 붙은 상태를 지칭하며, '프로우즌'의 동의어이다.

터프 샷(tough shot)
득점하기 어려운 공의 배치. 우리말로는 '난구'가 된다.

토너먼트(tournament)
중세 기사들의 '마상결투'에서 비롯된 말로, 한 번이라도 지면 탈락하는 경기방식. '싱글 일리미네이션'의 동의어.

트랙(track)
'라인'의 동의어.

트라이앵글 랙(triangle rack)
스누커나 풀에서 오브젝트볼의 배치에 사용하는 삼각형의 틀.

트라이앵글 포지션(triangle position)
스트레이트 레일이나, 보크라인, 4구에서 큐볼과 두 오브젝트볼이 삼각형으로 배치된 경우. 대개 손쉽게 득점할 수 있다.

트릭 샷(trick shot)
캐롬의 '아티스틱 샷'과 동의어이다.

투 피스 큐(two piece cue)
'조인트'를 경계로 '상대'와 '하대'로 분리되도록 제작된 큐 스틱. 휴대의 편의를 위해 개발되었다.

U

엄브렐러 샷(umbrella shot)
레일-퍼스트 샷의 일종이며, 오브젝트볼의 어느 쪽 면을 맞히느냐에 따라 '인사이드^{inside}'와 '아웃사이드^{outside}'로 구분된다. 우리말로는 '우산'이 된다.

어퍼 암(upper arm)
어깨부터 팔꿈치까지. 우리말로는 '상박'이 된다.

업 스트록(up stroke)
큐 스틱이 전진할 때 하대를 더 내려주거나, 그립을 평소보다 뒤쪽으로 옮겨서 타구 시 상대가 위로 올라가면서 큐볼을 가격하는 고급기술. 상단 타점의 효과를 극대화시킬 때 사용한다.

V

배니싱 포인트(vanishing point)
일부 시스템의 운용에서 큐볼의 위치가 기준정렬선에서 벗어난 경우 경기면적 밖에서 정렬의 기준점을 찾아내는 것. '스팟 온 더 월$^{spot\ on\ the\ wall}$'이라 하기도 한다.

버티컬 잉글리시(vertical English)
'종 비틀기'를 지칭한다.

W

웜 업/워밍 업(warm up/warming up)
시합 전 몸을 풀고 테이블을 파악하기 위해 연습하는 것. 대회규정에 따라 다르지만 보통은 5분이 주어진다.

화이트 볼(white ball)
백색 공. 대개 래킹에서 이긴 플레이어의 큐볼이 된다.

윈(win)
'승리'를 의미하며, 기록은 'W'로 표기한다.

롱 볼(wrong ball)
상대의 큐볼이나 오브젝트볼을 타구한 것으로, 파울이다. 우리말로는 '오구'가 된다.

Y

옐로우 볼(yellow ball)
황색 공. 대개 래킹에서 진 플레이어의 큐볼이 된다.

4.3 일어 Japanese

※ 일어는 우리나라에서 사용되는 것들만 추렸으며, 한글 자모순으로 정리했다.

ㄱ

가라쿠(から[空]ク)

'가라(から[空])+쿠션(クッション)'에서 앞의 세 글자만 딴 것으로 '가라오케(가라+오케스트라)'와 유사한 표현이다. '가라'는 말 그대로 '비어있다'의 의미로, 큐볼을 레일에 직접 입사시키는 경우를 지칭한다. 흔히들 사용하는 '가락'은 잘못된 표현이다. 영어는 '레일-퍼스트 샷rail-first shot', 우리말로는 '빈 쿠션 치기'가 된다.

가야시(かやし)

'가야수(かやす)'의 명사형이며, '가에시(かえ[返]し)'와 같이 '되돌림'의 의미이다. 오브젝트볼을 공략할 때 연속득점에 유리한 배치를 만드는 것을 지칭한다. '가오시' '가이시' 등은 잘못된 표현이다. 우리말로는 '모아 치기'가 된다.

가와(がわ)

'주위', '둘레' 등의 의미로 원래 우물 주위에 쌓아올린 담을 뜻하나, 당구에서는 테이블의 '상틀'을 지칭한다.

갸꾸(ぎゃく[逆])

말 그대로 '반대'라는 뜻이다. '회전'이라는 의미의 '히네리(ひねり)'를 붙여 '큐볼의 진행방향과 상반되는 횡 방향 회전력을 지칭한다. 영어로는 '리버스-잉글리시reverse English', 우리말은 '역 비틀기'가 된다.

겐뻬이(げん[源]ぺい[平])

11세기 겐げん[源]씨 일족과 평へい[平]씨 일족이 벌인 싸움에서 유래된 말로, 각각 백색과 적색 깃발을 사용했다고 해서 '홍백전'의 의미로 사용되기도 한다. 당구에서는 복수의 플레이어가 편을 갈라 시합하는 것을 지칭하며, 영어로는 '팀 플레이team play', 우리말로는 '복식'이 된다.

겐세이(けんせい[牽制])

말 그대로 '견제'의 의미이다. 상대의 득점을 저지하기 위해 공의 배치를 어렵게 조절하는 것을 지칭한다. 영어로는 '세이프티^{safety}'나 '디펜스^{defence}', 우리말로는 '견제'가 된다. '입'이나 '말'을 뜻하는 '구찌(くち[口])'와 함께 쓰면 말로 상대의 심기를 어지럽히는 비신사적인 행위를 이른다.

꼬미

'콘센트^{concent}'를 지칭하는 '사시꼬미(差(さ)し腐(こ)み)'에서 파생된 말로 원래 '찔러넣다'라는 뜻의 동사 '사시꼬무(差(さ)し腐(こ)む)'의 명사형이다. 충분한 타점과 두께로 큐볼의 병진운동은 크게 감소시키고 각운동은 유지해 에러마진을 확대시키는 기술, 즉 '스핀 샷'의 속어이다.

긴다마(ぎん[銀]たま[球])

'은'이나 '돈'을 의미하는 ぎん[銀]과 '공'을 의미하는 たま[球]를 합쳐 '돈 되는 공' 정도로 풀이된다. 특히 돈이 걸린 승부에서 자주 등장하는 표현으로 공의 배치가 쉽게 득점할 수 있는 경우를 지칭한다. 영어로는 '이지 볼$^{easy\ ball}$', 우리말로는 '쉬운 공'이 된다.

ㄴ

나메(なめ)

'맛보다', '핥다'를 의미하는 'なめる'의 명사형으로, 매우 얇은 두께정렬을 지칭한다. 흔히 사용되는 '나미'는 잘못된 표현이다. 영어로는 '페더 샷$^{feather\ shot}$', '팬 샷$^{fan\ shot}$', 우리말로는 '얇게 치기'가 된다.

네지마와시(ねじまわ[回]し)

'나사', '태엽 감는 장치'를 의미하는 'ねじ'와 '회전', '돌림'을 의미하는 'まわ[回]し'를 합친 것으로 합쳐 '나선형으로 돌리기' 정도로 풀이된다. 큐볼의 선회진로가 4회 이상의 레일터치를 요구하는 경우를 지칭한다. '레지', '레지마와시'는 잘못된 표현이다.

영어로는 '그랜드 로테이션$^{grand\ rotation}$', 우리말로는 '대회전'이 된다.

니쥬마와시(に[二]じゅう[重]まわ[回]し)

'2중'이라는 의미의 'に[二]じゅう[重]'와 '회전', '돌림'을 의미하는 'まわ[回]し'를 합친 것으로, '네지마와시'의 일종이다.

니쿠(に[二]ク)

'2'를 의미하는 に[二]와 '쿠션(クッション)'의 첫 자를 합친 것으로, 큐 스틱으로 큐 볼을 2회 이상 건드린 경우를 지칭한다. 쿠션의 정의를 고려할 때 정확한 표현이라고 하기 어렵다. 영어로는 '더블 터치$^{double\ touch}$', 우리말로는 '중복접촉'이 된다.

ㄷ

다마(たま[玉][球])

우리에게 친숙한 단어로 '구슬', '알', '공' 등을 의미한다. 가타가나로 '보-루(ボール)'라고 표기하기도 한다. 영어는 '볼^{ball}', 우리말로는 '공'이 된다. 과거엔 상아를 깎아 만들었으나 최근엔 페놀수지를 압축성형해 생산한다. 스누커, 풀, 캐롬 등 세 가지 규격이 있으며, 우리나라에는 소형테이블을 위한 '전용구'도 사용된다. 실제 발음은 '타마'에 가깝다.

다마쿠(たま[球]ク)

가라쿠의 경우처럼 '공'을 의미하는 'たま[球]'와 '쿠션(クッション)'의 첫 자를 따서 합친 것이다. 진로 변화를 위해 레일 대신 키스를 이용하는 경우를 지칭한다. '다마꼬'는 잘못된 표현이다. 영어로는 '키스 샷$^{kiss\ shot}$', 우리말로는 '공 쿠션'이 된다.

다마사와리(たま[球]さわ[触]り)

'공'을 의미하는 'たま[球]'와 '촉감', '접촉'을 의미하는 'さわ[触]り'를 합친 것으로, 큐 팁 전면이 아닌 무언가가 공에 닿은 경우를 지칭한다. 파울에 해당하며, 영어로는 '인디렉트 터치$^{indirect\ touch}$', 우리말로는 '간접접촉'이 된다.

다이(だい[台])

'받침대'를 의미하며 원래는 '다마다이(たま[球]だい[台])'가 온전한 표현이지만 종종 たま[球]를 생략하기도 한다. 영어는 '빌리어드 테이블$^{billiard\ table}$'이고, 우리말로는 '당구대'가 된다.

다테(たて[縦])

'세로', 또는 '수직'이란 의미로, 아주 적은 순 비틀기나 0팁, 또는 약간의 역 비틀기를 지닌 큐볼이 오브젝트 볼을 맞힌 다음 '숏 레일 → 롱 레일 → 숏 레일'의 순서로 진행하는 경우를 지칭한다. '다데', '다데까시' 등은 잘못된 표현이며, 영어로는 '롱 앵글 샷$^{long\ angle\ shot}$', 우리말로는 '길게 치기'가 된다. 실제 발음은 '타떼'에 가깝다.

데아이(であ[出合]い)

'만남'이나 '마주침'을 의미하는 표현으로, 당구에서는 주로 의도하지 않은 '키스^{kiss}'를 지칭한다.

ㅁ

마와시(まわ[回]し)

'돌리기'의 의미로 각 진로의 일어명칭에 접미어로 붙는 경우가 많다. 우리나라 고유 종목인 6볼에서는 영어 '올^{all}'과 함께 사용해 모든 오브젝트볼을 다 맞힌 승리의 샷을 일컫는다.

ㅂ

바라다마(ばら[散]たま[球])

'낱개'를 의미하는 'ばら[散]'와 '공'을 의미하는 'たま[球]'를 합친 것으로, 한 점씩 득점하는 경우를 지칭한다. '모아 치기'란 뜻의 '요세다마(よ[寄]せたま)'의 반대말이다.

박킹(ばっきん[罰金])

말 그대로 '벌금'의 의미이며, 당구에서는 파울을 범한 플레이어에게 부과되는 벌칙을 지칭한다. 흔히 사용하는 '빠킹'은 잘못된 표현이다. 영어로는 '페널티^{penalty}', 우리말로는 '벌점', 또는 '벌칙'이 된다.

ㅅ

사끼(さき[先])

큐 스틱의 상대를 의미한다.

사끼다마(さき[先]たま[球])

'앞'을 의미하는 'さき[先]'와 '공'을 의미하는 'たま[球]'를 합친 것으로, 서브권을 가진 플레이어, 또는 큐볼에 가까이 있는 오브젝트볼을 지칭한다. 우리말로는 '선구'나 '선공' 내지는 '앞 공'이 된다.

사와리(さわ[触]り)

'접촉'을 의미하며 큐 팁 전면이 아닌 무언가가 큐볼을 건드린 경우를 지칭하는 접미어이다. '큐사와리(キュさわ[触]り)' '다마사와리(たま[球]さわ[触]り)'와 같이 쓰인다. '큐사리', '삑사리', '다마사리' 등은 모두 잘못된 표현이다.

산쥬마와시(さん[三]じゅう[重]まわ[回]し)

'3중'을 의미하는 'さん[三]じゅう[重]'와 '돌림'를 의미하는 'まわ[回]し'를 합쳐 '삼중 돌리기' 정도로 풀이되며, 큐볼의 선회진로가 6회 이상의 레일터치를 요구하는 샷을

지칭한다. 많이 쓰이는 '삼지'는 잘못된 표현이다. 우리말로는 '3중 대회전'이 된다.

세리다마(セリたま[球])

'일련', '연속'을 의미하는 영어 '시리즈^{series}'의 잘못된 발음인 'セリ'와 '공'을 의미하는 'たま[球]'를 합친 것으로, 주로 스트레이트 레일이나 4구에서 오브젝트볼의 배치를 일정패턴으로 유지하며 연속으로 득점하는 기술을 지칭한다. 영어로는 '너스^{nurse}', 우리말로는 '모아 치기'가 된다.

소데(そで[袖])

'소매'를 의미하는 말로, 초크로 인해 의복소매가 더럽혀지는 것을 예방하기 위해 덧씌우는 원통형의 자루를 지칭한다. 'なしなし[無し]'라는 말과 함께 쓰면 '민소매 옷'이 된다. 우리말로는 '토시'가 된다.

스리끼리(すりきり)

'재산을 바닥냄'이라는 의미로, 당구에서는 남은 핸디를 단번에 쳐내는 경우를 지칭한다. 흔히 사용되는 '쓰끼'는 잘못된 표현이다. 영어로는 '런-아웃$^{run-out}$', 우리말로는 '단번 치기'가 된다.

시로다마(しろ[白]たま[球])

'백색'을 의미하는 'しろ[白]'와 '공'을 의미하는 'たま[球]'를 합친 것으로, 큐볼로 사용되는 백색 공을 지칭한다. 'しろ[白]'만 따로 사용해 4구에서 상대의 큐볼을 맞히는 파울을 지칭하기도 한다. 흔히 사용하는 '히로'는 잘못된 표현이다. 영어로는 '화이트 볼$^{white\ ball}$', 우리말로는 '흰 공', 또는 '백색 공'이 된다.

ㅇ

아까다마(あか[赤]たま[球])
'적색'을 의미하는 'あか[赤]'와 '공'을 의미하는 'たま[球]'를 합친 것으로, 오브젝트볼로 사용되는 적색 공을 지칭한다. 영어로는 '레드 볼$^{red\ ball}$', 우리말로는 '빨간 공', 또는 '적색 공'이 된다.

아까도리(あか[赤]と[取]り)
'적색'을 의미하는 'あか[赤]'와 '얻음', '잡음' 등을 의미하는 'と[取]り'를 합친 것으로, 적색 공을 맞혀 득점하는 것을 지칭한다.

아시바(あしば[足場])
'발판', '토대'의 의미로, 당구에서는 테이블 상판을 지지하는 '들보'를 지칭한다.

야스리(やすり)
흔히 사용되는 용어로, 큐 팁을 다듬기 위한 도구의 일종이다. 영어로는 '파일^{file}', 우리말로는 '줄'이 된다.

오모데가에시(おもて[表]かえ[返]し)
'앞'을 의미하는 'おもて[表]'와 '되돌림'을 의미하는 'かえ[返]し'를 합친 것으로, '앞으로 돌리기' 정도로 풀이된다. 오브젝트볼을 맞힌 큐볼이 '숏 레일 → 롱 레일 → 숏 레일', 혹은 '숏 레일 → 롱 레일 → 롱 레일'의 순서로 진행하는 것을 지칭한다. 영어로는 '인사이드 앵글 샷$^{inside\ angle\ shot}$', 우리말로는 '안으로 돌리기'가 된다.

오사마리(おさ[収]まり)
'수습하다', '정리하다'란 의미의 'おさ[収]まる'의 명사형으로 당구에서는 남은 점수를 한 이닝에 처리하는 것을 지칭한다. 우리말로는 '단번 치기'가 된다.

오시(お[押]し)
'밀다', '누르다'의 의미를 가진 'お[押]す'의 명사형으로, 큐볼에 순 방향 종 비틀기를 가해 오브젝트볼과의 충돌 후 큐볼이 전진하도록 하는 기술을 지칭한다. 영어로는 '팔로우 샷$^{follow\ shot}$', 우리말로는 '밀어 치기'가 된다.

오오다이(おお[大]だい[台])
'크다'를 의미하는 'おお[大]'와 테이블을 의미하는 'だい[台]'를 합친 것으로, 국제시합에 사용되는 대형테이블을 지칭한다. '대대', '대다이'등은 잘못된 표현이다. 영어로는

'스탠다드 테이블standard table', 또는 '매치 테이블match table', 우리말로는 '규격 당구대', 또는 '대형 당구대'가 된다.

오오마와시(おお[大]まわ[回]し)

'크다'를 의미하는 'おお[大]'와 '회전', '돌림'을 의미하는 'まわ[回]し'를 합친 것으로, '크게 돌리기' 정도로 풀이된다. 우리말 '대회전'과 착각하기 쉬우나, 실은 '오모데가에시'와 동의어이다.

오오수리(おお[大]しゅうり[修理])

'크다'를 의미하는 'おお[大]'와 말 그대로 '수리'를 의미하는 'しゅうり[修理]'를 합친 것으로, 테이블을 분해해 당구지를 갈고 수평을 맞추는 작업을 지칭한다. 우리말로는 '천갈이' 정도가 된다.

요세다마(よ[寄]せたま[球])

'모음'을 의미하는 'よ[寄]せ'와 '공'을 의미하는 'たま[球]'를 합친 것으로, 스트레이트 레일이나 4구에서 오브젝트볼을 가까운 곳으로 모아 득점하는 기술을 의미한다. 가야시나 가에시와 동의어이다.

요쯔다마(よっ[四]つたま[球])

'4'를 의미하는 'よっ[四]つ'와 '공'을 의미하는 'たま[球]'를 합친 것으로, 캐롬 종목 중 4구를 지칭한다.

요꼬히끼(よこ[橫]ひ[引]き)

'가로', '옆'을 의미하는 'よこ[橫]'와 '끌기'를 의미하는 'ひ[引]き'를 합친 것으로, 오브젝트볼과 충돌한 큐볼이 비스듬히 끌리도록 두께를 조절하는 것을 지칭한다. 우리말로는 '가로로 끌어 치기', 내지는 '비스듬히 끌어 치기' 정도가 된다.

우라까이(うら[裏]かい[改])

'뒤', '뒷면'을 의미하는 'うら[裏]'와 '새로 고치다'를 의미하는 'かい[改]'를 합친 것으로, 당구지를 뒤집어 사용하는 것을 지칭한다. 우리말로는 '당구지 뒤집기'가 된다.

우라마와시(うら[裏]まわ回し)

'뒤', '뒷면'을 의미하는 'うら[裏]'와 '돌림'를 의미하는 'まわ[回]し'를 합친 것으로, '뒤로 돌리기' 정도로 풀이된다. 오브젝트볼을 맞힌 큐볼이 '롱 레일 → 숏 레일 → 롱 레일 → 숏 레일', 혹은 '롱 레일 → 숏 레일 → 롱 레일 → 롱 레일'의 순서로 진행하는 것을 지칭한다. 영어로는 '아웃사이드 앵글 샷outside angle shot', 우리말로는 '뒤 돌리기'가 된다.

잇빠이(いっぱい[一杯])

　명사로는 '한 잔'의 의미이지만 부사로 사용되면 '가득', '최대한'의 뜻이 된다. 주로 비틀기나 스트록의 속도가 한계인 경우를 지칭한다. 영어로는 '맥시멈^{maximum}', 우리말로는 '최대' 정도가 된다.

ㅈ

자부통(ざーぶとん)

　'방석'을 의미하는 말이지만 당구에서는 선골의 파손을 막기 위해 큐 팁과 선골 사이에 덧대는 수지판을 의미한다.

죠우당(じょうだん[冗談])

　'농담'을 의미하는 단어이지만 특이하게도 당구에서는 큐볼이 '롱 레일 → 숏 레일 → 동일한 롱 레일', 혹은 '숏 레일 → 롱 레일 → 동일한 숏 레일'의 순서로 진행하는 것을 지칭한다. '쪼단', '조단조' 등은 잘못된 표현이다. 영어로는 '플레이트 샷$^{plate\ shot}$', 또는 '더블 레일 샷$^{double\ rail\ shot}$', 우리말로는 '되오기', 또는 '접시'가 된다.

지라이(じらい[地雷])

　말 그대로 '지뢰'라는 의미로, 코너에 입사한 큐볼이 숏 레일과 롱 레일에 거의 동시에 접촉했을 때 극단적인 회전력으로 튀어나오거나, 회전력을 아예 상실하고 흐르는 경우를 지칭한다. 영어는 '싱크로 터치$^{synchro\ touch}$', 우리말로는 '동시 접촉'이 된다.

ㅋ

켄꼬우마와시(けんーこう[權衡]まわ[回]し)

'저울'을 의미하는 'けんーこう[權衡]'와 '돌림'을 의미하는 'まわ[回]し'를 합친 것으로, '저울모양으로 돌리기'정도로 풀이된다. 오브젝트볼을 맞힌 큐볼이 '숏 레일 → 롱 레일 → 숏 레일', 혹은 '숏 레일 → 롱 레일 → 롱 레일'의 순서로 진행하는 것을 지칭한다. '겐꼬', '짱골라' 등은 잘못된 표현이다. 영어로는 '바이어스 앵글 샷$^{bias\ angle\ shot}$', 우리말로는 '길게 빗겨 치기'가 된다.

쿠라뿌(クラブ)

'단체', '클럽'을 의미하는 '클럽^{club}'의 가타가나로 표현한 것이며, 일본에서 종종 당구장이라는 상호대신 사용한다. '경성구락부'에서 '구락부(俱樂部)'는 클럽의 차음(借音)한자어이다.

키레이(きれい)

'고움', '아름다움'이라는 의미로 상대의 멋진 플레이를 칭찬하는 말이다.

키리가에시(き[切]りかえ[返]し)

'끊음', '자름'을 의미하는 'き[切]り'와 '돌리기'를 의미하는 'かえ[返]し'가 합쳐져 '잘라 돌리기'정도로 풀이된다. 레일 근처의 오브젝트볼을 먼저 맞힌 다음 동일한 레일을 시발로 하는 선회진로를 갖는 샷을 지칭하며, 이때 큐볼의 움직임이 멈칫하는 것처럼 느껴지는 데 착안한 명칭으로 추정된다. '기레까시', '기리까시'등은 잘못된 표현이며, 우리말로는 '빗겨 치기'가 된다.

키리오시(き[切]りお[押]し)

'끊음', '자름'을 의미하는 'き[切]り'와 '밀다', '누르다'의 의미를 가진 'お[押]す'의 명사형 'お[押]し'를 합친 것으로 '잘라 밀기' 정도로 풀이된다. 오브젝트볼과 매우 근접한 큐볼에 순 방향 종 비틀기를 가하는 것을 지칭한다. 미스큐나 중복터치의 위험이 높아서 기리히끼와 더불어 예술구에 자주 등장하는 고난도 기술이다. 우리말로는 '근접 밀어 치기' 정도가 된다.

키리히끼(き[切]りひ[引]き)

'끊음', '자름'을 의미하는 'き[切]り'와 '끌다', '당기다'의 의미를 가진 'ひ[引]く'의 명사형 'ひ[引]き'를 합친 것으로 '잘라 끌기' 정도로 풀이된다. 오브젝트볼과 매우 근접한 큐볼에 역 방향 종 비틀기를 가하는 것을 지칭하며, 매우 정교하고 순발력 있는 스트록이 요구되므로 기리오시보다 난이도가 한결 높다. 우리말로는 '근접 끌어 치기' 정도가 된다.

ㅌ

타부(タブ)

큐볼과 접촉하는 부품인 '큐 팁$^{cue\ tip}$'을 '큐 탭$^{cue\ tab}$', 또는 '탭^{tap}'이라 하는데, 이를 가타가나로 표현한 것이다. 우리말은 따로 없으므로 '큐 팁', '팁', '큐 탭', '탭' 등으로 부르면 된다.

텐방(てんーばん[天板])

(책상이나 카운터의) 널찍하고 평평한 상부를 의미하며, 당구에서는 테이블 '상틀'을 지칭한다. 영어로는 '프레임^{frame}'이 된다.

토리키리(と[取]り き[切]り)

'오사마리'의 유사어로 '확실히'라는 의미의 '取り'와 '끝내다'라는 의미의 '切り'가 합쳐져 남은 점수를 한 이닝에 처리하는 것을 지칭한다.

ㅎ

하꼬마와시(はこ[箱]まわ[回]し)

'상자'를 의미하는 'はこ[箱]'와 '돌림'을 의미하는 'まわ[回]し'를 합친 것으로, '상자 모양으로 돌리기' 정도로 풀이된다. 오브젝트볼을 맞힌 큐볼이 '롱 레일 → 숏 레일 → 롱 레일'의 순서로 진행하는 것을 지칭한다. '하꾸', '하꾸마오시' 등은 잘못된 표현이다. 영어로는 '사이드 앵글 샷side angle shot', 우리말로는 '옆으로 돌리기'가 된다.

헤리다(へりだ)

외관장식과 플레이어의 복장 보호를 위해 테이블의 가장자리를 감싸는 덮개를 지칭한다. 영어로는 '에이프런apron', 또는 '스커트 패널skirt panel', 우리말로는 '옆면 덮개'가 된다.

후루꾸(ふるく)

'요행'을 의미하는 영어 '플루크fluke'의 일본식 발음으로, 의도하지 않은 키스 등으로 득점하는 경우를 지칭한다. '뽀록', '뽀루꾸' 등은 잘못된 표현이다. 우리말로는 그대로 '요행'이 된다.

히까께(ひ[引]っか[掛]け)

'걸다', '걸치다'를 의미하는 'ひ[引]っか[掛]ける'의 명사형으로, '걸치기' 정도로 풀이된다. 레일을 먼저 맞힌 뒤 오브젝트볼의 바깥쪽 면을 맞히는 경우를 지칭한다. '히까끼', 또는 '시까끼'는 잘못된 표현이다. 우리말로는 '안으로 걸어 치기', 또는 '앞으로 걸어 치기'가 된다.

히끼(ひ[引]き)

'당기다', '끌다'의 의미인 'ひ[引]く'의 명사형으로, 큐볼에 역 방향 종 비틀기를 가해 오브젝트볼과의 충돌 후 큐볼이 후진하도록 하는 기술을 지칭한다. 종종 '뒤'를 의미하는 영어 '백back'을 덧붙여 '빠꾸히끼(パックひ[引]き)'라 하기도 한다. '시끼'는 잘못된 표현이다. 영어로는 '드로 샷draw shot', 우리말로는 '끌어 치기'가 된다.

히네루/히네리(ひねる/ひねり)

'꼬다', '비틀다'를 의미하며 'ひねる'는 동사, 'ひねり'는 명사이다. 따라서 회전을 가하는 것은 '히네루', 회전 자체를 지칭할 땐 '히네리'라 하는 것이 옳다. '시네루', '히네' 등은 잘못된 표현이다. 영어는 '잉글리시English', 우리말로는 '비틀기', '회전'이 된다.

히도쯔(ひとつ)

'한개', '하나'를 의미하며, 당구에서는 마지막 한 점을 지칭한다. '돗대'라는 속어의 어원으로 추정된다. 영어는 '매치 포인트match point'가 되며, 우리나라에선 3점, 혹은 5점을 남긴 시점부터 '나머지 몇 점'이라고 불러주는 것이 원칙이다.

3쿠션 마스터 2

저 자 : 이 현
발행자 : 남 용
발행소 : 일신서적출판사
주 소 : 121-855 서울 마포구 신수동 177-3
등 록 : 1969. 9. 12 No.10-70
전 화 : 703-3001~5(영업부)
　　　　703-3006~7(편집부)
F A X : 703-3009

Copyright ⓒ 2008 by 이현
ISBN 978-89-366-0980-1

※이 책의 모든 저작권 및 판권은 저자와 본사가 소유하고 있으므로
　무단전재와 복제를 금합니다.
　저자와의 협의에 의해 인지를 생략합니다.